KB130479

사회보장론

제도의 원리와 형태

이상은 · 권혁창 · 김기태 · 김정근 · 남현주 · 손동기
윤상용 · 정인영 · 정찬미 · 정창률 · 최유석 공저

Social Security: Principles and Types

학지사

머리말

한국은 지난 몇십 년 동안 사회보장에 있어서 비약적 발전을 이루어 왔다. 경제성장만큼이나 사회보장에 있어서도 급속한 성장을 이루었다. 과거에 어떻게 선진국들이 그러한 사회보장제도들을 갖출 수 있었는지 부러우면서도 이해하기 어려웠던 시절이 있었다. 그런데 이제 후발국들을 돌아보면서 어떻게 주요 사회보장제도 없이 국민들이 생활할 수 있는지 이해하기 어려운 입장이 되었다. 하지만 한국의 사회보장은 내부적으로 여전히 부실하고, 또한 급속하게 변화하는 사회경제적 환경은 새로운 사회문제들을 발생시키고 있다. 한국의 사회보장은 내실화를 기하면서도 새로운 도전에 대응해야 하는 이중적 과제에 직면하고 있다.

이 책은 이러한 상황에서 한국 사회보장을 전반적으로 돌아보면서 제도의 특성을 평가하고 정책과제를 제시해 보고자 하였다. 이 책에서는 사회보장제도를 소개함에 있어서 다음의 몇 가지 점에 초점을 두었다.

첫째, 제도에 초점을 두었다. 사회보장을 다룸에 있어서 크게 두 가지의 접근이 가능하다. 하나는 사회보장제도가 어떻게 발달하게 되었는지를 다루는 접근이다. 이런 접근에서는 거시적으로 정치경제학적 측면에서 사회보장의 발달과정을 분석한다. 다른 하나는 보다 정책적 관점에서 사회가 어떤 위험 또는 사회문제에 직면하고 있고, 사회보장제도를 통해서 어떻게 이러한 위험에 대한 보장을 제공하는지에 대해 분석하는 것이다. 이 책은 후자의 입장에서, 한국의 사회보장제도가 주요한 사회적 위험들에 대응하여 어떠한 보장을 제공하고 있는지, 그리고 보다 안정된 생활보장을 제공하기 위하여 무엇을 해야 하는지를 알기 쉽게 제시하고자 하였다.

둘째, 사회보장제도의 원리에 초점을 두었다. 개별 사회보장제도는 특정 위험에 대응하는 구체적인 대응책이다. 그렇기 때문에 개별 사회보장제도를 이해하기 위해서는 해당 위험의 특성과 이 위험에 대응하는 해당 사회보장제도의 특성을 이해하여야 한다. 그러므로 이 책에서는 각 사회보장제도를 소개함에 있어서 단순히 현재의 제도를 나열하기보다는 해당 위험과 제도의 특성을 우선적으로 소개하고자 하였다. 개별 사회보장제도의 원리에 대한 이해의 기반 위에서, 한국의 해당 제도에 대한 평가와 과제 도출이 가능할 것이다.

셋째, 사회보장제도의 형태의 비교에 초점을 두었다. 개별 사회보장에는 하나의 제도 형태만이 있는 것이 아니다. 개별 사회보장에 있어서 이론적으로 다양한 제도적 형태가 가능하고 또한 현실적으로 각 국가들은 다양한 형태를 취하고 있다. 한국의 사회보장제도의 경우에도 다양한 형태 중 하나를 선택한 것이다. 그런데 그동안 한국 사회보장의 도입 이후 일정한 시간이 경과되면서 어느새 선택의 문제는 잊히고 현재의 제도가 전부인 것처럼 받아들이는 양상이 나타나고 있다. 특정 위험에 대응하기 위한 사회보장에 어떠한 제도적 형태들이 있는지, 그중에서 한국은 어떠한 선택을 했는지, 그 결과 우리는 어떠한 상태에 있는지, 그리고 어떠한 방향으로 나아가야 하는지를 알아야 한다. 이 책에서는 개별 사회보장에 있어서 이론적으로 그리고 현실적으로 어떤 제도 형태들이 있는지를 제시함으로써, 한국의 선택에 대한 이해를 제고하고자 했다.

사회보장론을 집필할 때 사회보장의 범위를 어디까지로 설정해야 하는지의 이슈가 있다. 이 책에서는 사회보장을 포괄적으로 바라보고자 하였다. 사회보장이란 개념은 국가에 따라서 좁게는 소득보장을 지칭하는 것으로 사용되기도 하고, 넓게는 소득보장뿐만 아니라 사회서비스를 포함하는 것으로 사용되기도 한다. 이 책에서는 주요한 위험에 대응한 생활보장이라는 측면에서, 사회보장을 소득보장뿐만 아니라 사회서비스를 포함하는 광의의 개념으로 사용하였다. 그럼에도 불구하고 주거보장과 교육보장을 별도의 장으로 구분하여 다루지 못하였다. 최후의 사회안전망으로서의 국민기초생활보장제도에서 주거급여와 교육급여를 다루는 것으로 그쳤다. 사회보장의 영역에서 주거보장과 교육보장을 어느 범위까지 다루어야 하는가에 대해서는 앞으로 좀 더 사회적 논의와 고민이 필요해 보인다.

이 책은 다음과 같이 구성되었다. 제1부는 총론으로서 사회보장 전반에 대해 소개하고자 했다. 제1장에서는 사회보장이란 무엇인가에 대해 알아보기 위하여 사회보장의 개념과 범위, 목표와 원칙, 그리고 기능들을 살펴보았다. 제2장에서는 사회보장의 운영 원리와 형태에 대하여 알아보기 위하여 사회보장제도의 구성요소, 제도의 형태들, 그리고 주요 국가의 사회보장 구성을 검토하였다. 제2부는 개별 사회보장제도에 대한 각론으로 제3장부터 제11장까지로 구성하였다. 개별 사회보장제도를 요람부터 무덤까지의 생애 전 과정의 보장이라는 측면에서 생애주기별 순서에 따라 배열하였다. 구체적으로 아동 사회보장, 실업보장, 산업재해보상, 건강보장, 장애소득보장, 노후소득보장, 장기요양보장, 문화보장, 그리고 빈곤에 대응하는 최후의 사회안전망으로 아홉 개 장으로 구성하였다. 제3부는 전체 사회보장을 묶어서 사회보장의 과제와 전망을 종합적으로 제시하고자 하였다. 제12장에서 한국의 사회적 위험 상황을 검토하고, 한국 사회보장의 성과와 과제를 평가한 후, 어떠한 사회보장 개혁이 필요할 것인지에 대하여 살펴보았다.

이 책은 사회보장 각 분야의 전문가 11명이 역할을 분담하여 해당되는 분야를 집필하는 방식으로 작성되었다. 독자들이 이 책을 읽어 보면 금세 느낄 것처럼, 이 책은 각 분야의 전문가들이 집필한 결과 분야별 깊이 있는 이해에 기반을 둔 통찰을 제공한다. 다양한 전문가들이 참여한 장점이다. 한편, 이처럼 다양한 전문가들이 참여하게 되면 각 장들 간의 통일성을 확보하는 데 어려움이 발생한다. 통일성이 결여된 한 권의 책은 독자들에게 산만하게 느껴질 수 있다. 이 책에서는 이러한 문제에 대응하기 위하여 사회보장제도들에 대한 개별 장들이 통일된 구성을 따르도록 했다. 개별 사회보장제도의 장은 1절 위험의 특성과 상황, 2절 제도의 원리와 주요 형태, 3절 한국의 제도, 4절 과제와 전망으로 구성하였다. 또한 너무 지엽적인 부분으로 들어가지 않도록 주의를 기울였다. 전문가들의 특성 중 하나는 자칫 해당 분야의 세부적 내용을 너무 시시콜콜하게 자세히 다룬다는 점이다. 가급적 이를 자제하고 전체적으로 크게 해당 사회보장제도의 특성과 이슈를 이해할 수 있도록 하는 데 주안점을 두었다. 그리고 수차례 검토 및 수정과정을 통하여 각 장간의 통일성을 제고하고자 노력하였다.

이제 약 1년에 걸친 긴 과정을 통하여 이 책이 세상이 나왔다. 술술 읽히고 이해하기 쉬우면서도 사회보장에 대한 통찰력을 제공하는 책을 만드는 것이 집필진들의 목표였다. 만일 독자들이 이해하기가 어려운 부분이 있다면 이는 전적으로 집필진의 잘못이다. 독자들이 한국 사회보장제도의 특성을 이해하고 미래 방향을 고민하는 데 이 책이 좋은 길잡이로서의 역할을 수행할 수 있기를 기대한다.

마지막으로, 이 책을 집필하는 과정에서 원고를 읽고 검토 의견을 제시해 주신 한세대학교 김상철 교수님과 한국보건사회연구원 정은희 박사님께 감사를 드린다. 그리고 원고 작성과 수차례의 수정 과정에서 연락과 편집에 수

고를 아끼지 않은 경남과학기술대학교 사회복지학과 정수빈 학생에게 감사
를 드린다.

2019년 7월

저자들을 대표하여

이상은 씀

차례

제2부
**개별
사회보장
제도**

제3부
**과제와
전망**

총론

제1장
•
사회보장이란 무엇인가

　이 장에서는 사회보장이란 무엇인가를 알아보기 위하여, 사회보장의 개념과 범위, 목표와 원칙, 그리고 기능에 대하여 살펴본다. 먼저 사회보장의 개념과 범위에 있어서는 사회보장이란 단어의 의미와 그 용어의 역사적 형성과 확산의 과정을 살펴보고, 사회보장의 범위를 협의와 광의로 구분하여 살펴보았다. 이 책에서는 사회보장을 광의의 구분에 따라 소득보장뿐만 아니라 사회서비스를 포함하는 개념으로 사용한다는 것을 제시하였다. 그리고 사회보장이란 개념은 역사적으로 형성되어 국가마다 서로 다른 개념으로 사용해 왔음을 소개하였다.

　다음으로 사회보장의 목표와 원칙에 있어서는 사회보장의 목표가 생활보장에 있음을 제시하고, 적절한 생활보장의 목표를 달성하기 위한 사회보장의 원칙으로 포괄성, 급여수준의 적절성, 형평성, 재정적 지속 가능성의 네 가지가 충족되어야 함을 제시하였다.

　마지막으로, 사회보장이 수행하는 다양한 기능들을 소득재분배 기능, 경제적 기능, 정치 · 사회적 기능으로 구분하여 살펴보았다. 사회보장은 소득재분배 측면에서는 수직적 및 수평적 재분배와 세대 간 재분배 기능을 수행한다. 경제적 측면에서는 노동력 재생산, 자본축적, 경제순환에 대한 안정화 기능, 구조조정 원활화 기능 등을 수행한다. 그리고 정치·사회적 측면에서는 협조적 노사관계 형성, 노동자계급의 권력자원 강화, 사회적 연대감 형성, 계층화 기능, 사회통제적 기능 등을 수행한다.

1. 사회보장의 개념과 범위

사회보장은 무엇을 지칭하는가? 여기에서는 우선 사회보장이란 단어의 의미에 대해서 살펴보고, 그다음으로 사회보장이 지칭하는 범위의 다양성에 대해서 알아보며, 마지막으로 사회보장 개념의 역사성에 대하여 논의해 보고자 한다.

1) 사회보장이란 단어의 의미

사회보장(社會保障)이라는 단어는 영어의 social security를 번역한 것으로 '사회적(social)'이라는 단어와 '보장(security)'이라는 단어가 결합된 용어다. 먼저, '보장(security)'이라는 단어의 어원적 의미에 대해 살펴보자. 영어의 security는 라틴어의 'se-curus'로부터 유래했다. se는 해방(liberation)을 그리고 curus는 불안(uneasiness)을 의미한다. 두 단어가 합성된 se-curus는 불안으로부터의 해방 또는 위험이나 위협 없이 평화로운 상태를 말한다. 즉, 영어 단어 security는 안전하게 느끼는(to feel safe) 또는 보호되는(to be protected) 등의 뜻으로서, 어떤 위험이나 걱정이 없는 상태를 묘사하기 위해 사용된다. social security의 한자 표현인 보장의 경우 보(保)는 작은 성을, 그리고 장(障)은 요새를 의미한다. 그래서 보장은 ① 성이나 요새, ② 예방을 위한 지원, ③ 어떤 장애도 없을 것을 보증하는 것, ④ 피해나 파괴로부터 보호한다는 뜻이다(Ministry of Health, Labour and Welfare, 1999). 이러한 어원들에 기반하여 현대 한국에서 보장이란 "어떤 일이 어려움 없이 이루어지도록 조건을 마련하여 보증하거나 보호함(표준국어대사전)"을 의미하는 단어로 사용되고 있다.

다음으로 사회적(social)이라는 말은 어떤 의미를 가지는가? 사전적으로 사회적이라는 단어는 "공동생활을 하는 사람들의 조직화된 집단이나 세계와 관계된, 또는 그러한 것과 같은 성격을 띤(고려대한국어대사전)" 것으로 개인이 아니라 인간의 집단에 관련된 것을 말한다. 사회보장과 관련하여 사회적이라는 말의 의미를 좀 더 심도 있게 살펴볼 필요가 있다. 사회보장의 맥락에서 사회적이라고 하는 것은 어떤 의미를 가질까?

우선, 어떤 위험이나 문제의 성격이 사회적이다. 위험의 원인, 위험 발생의 공통성, 그리고 위험의 결과 측면에서 위험의 성격이 사회적이다.

첫째, 위험의 원인 측면에서 어떤 위험의 경우 그 발생 원인과 책임이 개인에게만 전적으로 귀속되지 않고 사회적 성격을 가진다. 예를 들어, 경기 불황으로 인해 발생하는 실업은 그 원인이 개별 근로자에게 있기보다는 사회 전체에 있다. 전염병과 같은 위험의 경우도 그 원인이 개인적이라기보다는 사회적이다. 둘째, 위험 발생의 공통성이란 측면에서 어떤 위험이 특정 개인에게만 발생하는 문제가 아니라 사회의 일정한 사람들에게서 공통적으로 발생된다는 성격을 가진다. 예를 들어, 노령의 경우 개인적으로 발생되지만 사회의 모든 사람에게 공통적으로 발생된다. 셋째, 위험 발생으로 인한 결과가 사회적으로 심각한 문제로 제기된다는 성격을 가진다. 예를 들어, 특정 장애의 경우 그 원인이 개인적일 수 있고 또한 그 숫자도 제한적일 수 있다. 하지만 장애는 개인과 가족의 경제적 능력과 사회구성원으로서의 사회 참여 능력을 현저하게 제한하므로 사회적으로 심각한 문제로 제기될 수 있다.

또한 사회적이라는 것은 위험의 성격만이 아니라 이에 대한 대응이 개인적 차원이 아니라 사회적 차원에서 이루어진다는 것을 말한다. 어떤 위험이나 문제에 대한 대응이 개인 차원에서 이루어진다면 이를 사회적 보장이라고 하

기 어렵다. 예를 들어, 개인이 자산을 축적하여 이를 처분하여 사용한다면 이
는 사회적 보장이 아니라 개인적 보장이라 부를 수 있을 것이다. 사회적 차원
의 대응에 있어서 자원의 강제적 수집과 배분을 할 수 있는 가장 강력한 주체
는 현대 사회에서 정부다. 그러므로 사회적 차원의 대응은 현대 사회에서 주
로 정부를 통한 위험의 대응을 지칭한다. 즉, 사회적이라는 단어는 사회적 성
격을 갖는 사회적 위험(social risks)에 대하여 사회적 차원에서 대응한다는 것
을 의미한다.

이상에서 살펴본 사회적(social)이라는 단어와 보장(security)이라는 단어를
합하여 보면, 사회보장(social security)은 사회구성원들에게 사회적 제도들을
통해 사회적 위험이나 사회문제로부터의 보호를 제공하는 것을 의미한다.

2) 사회보장 용어의 역사적 형성과 확산

사회보장이라는 용어는 19세기 말 이후 제기된 국민의 생활을 위협하는
일련의 위험으로부터 안정을 제공하고자 하는 시도의 과정을 통해 등장하게
되었다. 경제적으로 과거 봉건주의 경제체제가 붕괴되고 시장 자본주의체제
가 등장하면서 개인들은 시장에서 노동력을 상품으로 팔아서 임금을 획득하
는 임금노동자가 되었다. 그런데 임금노동자들은 시장으로부터 배제되어 노
동력을 팔 수 없는 경우에 소득의 단절로 인하여 생존의 위기에 처하게 된다.
이러한 문제에 대응하여 19세기 말부터 산업재해, 장애, 노령, 질병, 실업 등
의 노동자들로 하여금 노동시장에 참여할 수 없게 하는 다양한 위험들에 대
하여 사회적 보호를 제공하려는 시도들이 각 국가에서 시도되고 확산되었
다. 이렇게 개별 프로그램들이 하나씩 등장하여 조합되어 나간 결과 대부분
의 국민들에게 포괄적인 위험들에 대하여 보호를 제공하게 되면서 이러한 상
태를 지칭하는 용어로 사회보장이 등장하게 되었다.

사회보장이란 용어가 공식적으로 처음 사용된 것은 1935년의 미국의 「사

회보장법」에서다. 1930년대 초반 미국의 대공황에 따른 대규모 실업으로 인하여 국민들의 생활이 심각하게 위협받았다. 1935년의 「사회보장법」은 이러한 위협에 대응하여 국민들에게 생활의 안정을 제공하기 위하여 노령과 실업 등의 위험에 대하여 사회보험을 통하여 급여를 제공하고자 하였다. 또한 1938년에 뉴질랜드에서 「사회보장법」이 도입되면서 사회보장이라는 용어가 다시 공식적으로 사용되었다.

　이후 사회보장이라는 용어는 제2차 세계 대전의 발발 이후 미국의 루스벨트 대통령과 영국의 처칠 총리가 만나 전쟁의 목적을 밝히는 「대서양 헌장」을 1941년에 발표하였는데 여기에서 10개 조항 중 하나로 사회보장을 확보하기 위한 국제협력을 도모한다는 내용을 포함하였다. 이 「대서양 헌장」이 연합국의 공동 전쟁목표에 기초가 되고 국제연합의 이념적 기초가 됨으로써 사회보장은 국제적으로 확산되는 계기가 되었다. 영국에서는 1942년 「베버리지 보고서」가 발표되어 「대서양 헌장」의 정신을 반영하여 전후 영국의 사회보장체계 구축을 위한 청사진이 제시되었다. 그리고 1948년 「UN 인권 선언」을 통해 모든 인간은 사회구성원으로서 사회보장을 받을 권리가 있다는 사회보장의 권리가 천명되었다.

　또한 사회보장의 국제적 확산에 있어서 ILO(International Labor Organization)와 ISSA(International Social Security Association)와 같은 국제기구들이 중요한 역할을 하였다. ILO는 단순하면서도 전 세계 사람들의 열망을 담는 표현으로서의 사회보장의 가치를 인식하고, 사회보장의 국제적 확산에 기여하였다. 1942년 「사회보장에의 길」이라는 보고서를 통하여 전 세계적인 사회보장의 확산을 위한 가이드 역할을 하였고, 이후에도 국제적인 노동에 대한 규약들(international labour Conventions)을 통하여 각 국가들의 입법에서 고려할 국제적 기준을 제시하였다. 또한 ILO의 감독하에서 ISSA가 설립되어 3년마다 세계사회보장포럼과 총회를 개최하고 있다.[1]

　이와 같은 사회보장의 공식적 사용과 국제적 확산의 과정을 통해, 사회보장이 경제, 정치, 권리적 측면에서 다음과 같은 의미를 가진다는 것을 알 수 있다. 경제적 측면에서 사회보장은 자본주의 자유시장경제에서 사람들의 생활불안정 문제에 대응하여 경제적 안정의 제공을 강조한다. 또한 정치적 측면에서 제2차 세계 대전 후의 각 국가들의 걸어가야 할 목표로서 사회보장이 제시되었다. 그리고 권리적 측면에서 인간의 기본권으로서의 사회보장 권리가 제시됨으로써 사회보장이 권리적 성격을 가진다.

3) 사회보장 범위의 다양성

사회보장을 사회적 제도들을 통해 사회적 위험으로부터의 보호를 제공하는 것이라고 할 때, 사회적 제도란 어떤 것들을 지칭하는가? 이 질문은 바로 사회보장의 범위를 규정하는 것에 관련된다. 그런데 사회보장이 무엇을 지칭하는지 그 범위에 대해서는 국가나 상황에 따라 다양하게 사용되고 있다.

첫째, 사회보장의 범위를 가장 좁게 사용하는 경우는 사회보장을 공적연금(노령연금, 장애연금, 유족연금)을 지칭하는 개념으로 사용하는 것이다. 이러한 개념은 주로 미국에서 많이 사용되고 있다. 미국에서 사회보장(social security)이라는 제목을 가진 책이나 논문들 중 상당수가 미국의 공적연금인 OASDI(Old Age, Survivors and Disability Insurance)를 그 내용으로 다루고 있다.

둘째, 사회보장의 범위를 소득보장제도로 정의하는 경우다. 주로 영국에서 많이 사용되는 정의로서 사회보장을 소득유지를 위한 프로그램(income maintenance programs)을 지칭하는 개념으로 사용한다. 베버리지는 "사회보

---

1) ISSA는 1927년 International Conference of Sickness Insurance Funds and Mutual Benefit Societies로 창립되었다. 1936년에 이름을 International Social Insurance Conference로 바꾸었고, 1947년에 현재의 이름인 International Social Security Association으로 바꾸어 현재까지 운영되고 있다. ISSA에서는 미국의 Social Security Administration과 함께 매년 『Social Security Programs throughout the World』라는 책자를 펴내서 세계 각 국가들의 사회보장제도를 소개하고 있다.

장이란 용어는 사람들이 실업, 질병, 재해로 인한 소득의 중단에 대하여, 노령으로 인한 퇴직에 대해, 그리고 출생, 사망, 결혼과 같은 특별한 지출을 충족시키기 위해 소득을 보장하는 것을 지칭한다(Beveridge, 1942)"고 하였다. 영국의 대표적인 사회정책학자인 리처드 티트머스(Richard Titmuss)는 "사회보장을 노령, 배우자 사망, 질병, 장애, 실업, 아동부양 등의 소득상실이나 소득보호의 욕구의 구체적 상황들에서 개인들의 현금소득을 증가시키기 위한 정부의 지원에 관련되는 것이다(Titmuss, 1968)"라고 하였다. 폴 스피커(Paul Spicker)도 그의 사회보장에 대한 교과서에서 "영국에서 사회보장은 국가에 의해 제공되는 소득보장을 위해 사용되는 용어다(Spicker, 2011)"라고 규정하였다. 로버트 워커(Robert Walker)도 그의 교과서 『사회보장과 복지(Social Security and Welfare)』에서 사회보장을 개인과 가족에게 현금 또는 현금에 유사한 급여를 제공하는 것으로 그리고 복지서비스의 형태로 부조를 제공하는 것으로 구분하였다(Walker, 2005)."

셋째, 사회보장의 범위를 조금 더 확장하여 소득보장과 의료보장을 합한 것으로 정의하는 경우다. 이는 주로 ILO(International Labour Organization)나 ISSA(International Social Security Association) 등의 국제기구들에서 많이 사용되어 왔다. ILO(1984)에서는 사회보장을 "질병, 모성, 산업재해, 실업, 장애, 노령, 사망으로 인한 소득의 중단이나 감소에 의해 발생하는 경제적 및 사회적 곤란에 대응하여 사회가 공적 조치들을 통하여 제공하는 보호, 의료보호(medical care)의 공급, 그리고 아동을 가진 가족들에 대한 보조금의 제공을 의미하는 것"으로 정의하고 있다. ISSA(2016)에서도 사회보장을 "산업재해, 직업병, 실업, 모성, 질병, 장애, 노령, 퇴직, 유족 및 사망 등의 경우에 현금 또는 현물 보호, 아동과 가족구성원을 위한 급여들, 건강보장급여들, 예방, 재활, 그리고 장기요양을 제공하는 입법에 기반한 제도들 또는 다른 강제적 조치들"로 정의하고 있다. ILO(1984)에서 사회보장의 범위를 소득보장급여, 의료보장, 가족급여로 정하고 있고, ISSA(2016)에서는 여기에 예방, 재활, 장기요양을 더하고 있다는 것을 볼 수 있다.

넷째, 사회보장의 범위를 소득보장과 의료보장뿐만 아니라 기타 사회서비스를 포함하는 것으로 가장 포괄적으로 설정하는 것이다. 대표적으로 한국의 경우 「사회보장기본법」에서 사회보장을 포괄적으로 정의하고 있다(〈표 1-1〉 참조). 이 정의에 따르면, 사회보장은 출산, 양육, 실업, 노령, 장애, 질병, 빈곤 및 사망 등의 사회적 위험에 대응한 소득보장뿐만 아니라 복지, 보건의료, 교육, 고용, 주거, 문화, 환경 등의 분야에 있어서의 사회서비스의 제공을 포함하는 것으로 광범위하게 정의된다.

이상에서 살펴본 사회보장의 범위에 대한 정의들 중 이 책에서는 사회보장의 범위를 가장 광범위하게 설정하고 있는 한국의 「사회보장기본법」에서의 정의를 기준으로 설정하고자 한다. 그 이유는 이 책이 한국의 사회보장의 특성을 규명하고 정책 방향을 설정하는 데 그 기본적인 목적이 있으므로, 사회보장의 범위를 한국에서 통상적으로 사용되고 있는 것으로 설정하는 것이 그 적합성이 가장 크기 때문이다. 또한 이러한 포괄적인 사회보장의 범위 설정이 사회적 위험에 대응하여 보호와 안정을 제공하는 사회적 제도 및 조치들이라는 사회보장의 개념적 정의에 잘 부합되기 때문이다.

〈표 1-1〉 한국의 「사회보장기본법」 상의 사회보장 정의

- "사회보장은 출산, 양육, 실업, 노령, 장애, 질병, 빈곤 및 사망 등의 사회적 위험으로부터 모든 국민을 보호하고 국민 삶의 질을 향상시키는 데 필요한 소득 · 서비스를 보장하는 사회보험, 공공부조, 사회서비스를 말한다(제3조 제1항)"
- "사회보험이란 국민에게 발생하는 사회적 위험을 보험의 방식으로 대처함으로써 국민의 건강과 소득을 보장하는 제도를 말한다(제3조 제2항)."
- "공공부조란 국가와 지방자치단체의 책임하에 생활유지 능력이 없거나 생활이 어려운 국민의 최저생활을 보장하고 자립을 지원하는 제도를 말한다(제3조 제3항)."
- "사회서비스란 국가, 지방자치단체 및 민간부문의 도움이 필요한 모든 국민에게 복지, 보건의료, 교육, 고용, 주거, 문화, 환경 등의 분야에서 인간다운 생활을 보장하고 상담, 재활, 돌봄, 정보의 제공, 관련 시설의 이용, 역량개발, 사회참여 지원 등을 통하여 국민의 삶의 질이 향상되도록 지원하는 체계를 말한다(제3조 제4항)."

4) 사회보장 개념의 역사성

앞에서 사회보장이란 용어의 개념과 범위에 대하여 다소 분석적으로 검토해 보았다. 하지만 사회보장이라는 용어는 원래부터 그 개념과 범위가 설정되어 있었던 것이 아니라 각 국가들에서 국민들의 생활을 위협하는 사회적 위험으로부터 보호와 안정을 제공하는 사회적 조치들을 발달시켜 오는 과정에서 역사적으로 형성되었다. 그렇기 때문에 사회보장이 지칭하는 범위가 앞에서 살펴본 바와 같이 다양하게 설정되어 왔다. 사회보장 개념의 역사성과 관련하여 보다 구체적으로 살펴보자.

우선, 시대에 따라 사회보장의 개념은 변화해 왔다. 사회보장급여의 수준의 측면에서 초기에는 주로 전 국민에 대해 최저보장을 제공하는 것으로 인식되었다. 그래서 초기에는 사회보장을 실업, 노령, 사망, 장애, 질병 등의 위험에 대응하여 최저생활을 보장하는 것으로 정의하는 경우가 많았다. 하지만 사회보장이 발달해 감에 따라 점차 최저보장을 넘어서서 현저한 소득의 감축에 대응하여 이전의 생활수준을 유지시키는 기능이 점차 강조되었다. 그래서 현재에 와서는 사회보장을 최저보장을 제공하는 것으로 정의하는 경우는 거의 없다.

또한 범위의 측면에서도 초기에는 사회보장이 주로 사회보험제도를 의미하였으나 점차 비기여 소득보장[2] 프로그램들이 늘어나고 사회서비스들이 확대되어 감에 따라 그 범위를 확대하여 사용하게 되었다. 산업화와 함께 노동자들의 생활보장 문제가 제기되면서 과거의 「구빈법」은 더 이상 시대에 맞지 않게 되었다. 이에 대응하여 사회보험이 새로운 제도적 장치로서 등장하여, 노동자들의 생활보장을 위한 핵심적 제도로서 기능하게 되었다. 그래서

---

2) 비기여 소득보장제도란 보험료 기여에 기반하여 수급자격과 급여가 결정되는 사회보험과 달리 보험료 기여 없이 수급자격과 급여가 결정되는 소득보장제도를 말한다. 그래서 비기여 소득보장제도는 보험료가 아니라 정부의 예산에 의해 급여가 제공되는 제도들을 지칭한다.

초기에는 사회보장이 곧 사회보험을 의미하는 성격이 강하였다. 하지만 그 이후 가족수당(아동수당)이나 기초연금 등의 비기여 프로그램들이 등장하면서, 사회보장은 사회보험뿐만 아니라 비기여소득보장제도들을 포함하는 보다 포괄적인 제도로 형성되었다. 또한 전 국민들의 생활보장을 위하여 소득보장뿐만 아니라 사회서비스 제도들의 중요성이 증가되고 확대되면서 사회보장의 개념이 사회보험이나 소득보장을 넘어서 사회서비스 제도들을 포괄하는 것으로 확대하여 사용하게 되었다.

다음으로 각 국가들에서의 사회보장 개념의 차이도 각 국가의 사회보장 발달의 역사적 상황에 그 기반을 두고 있다. 미국의 경우 사회보장은 몇 가지의 상이한 개념으로 사용되고 있다. 이는 미국의 사회보장법의 형성과 발달과정에 기인한다. 1935년 미국에서 최초로 형성된 「사회보장법」 중에 연방정부가 직접 운영하는 제도는 노령연금제도(Old Age Insurance) 하나뿐이었다. 건강보험과 산재보험은 「사회보장법」에 포함되지 못했고, 실업보험은 연방정부의 규제 하에 주정부에서 운영하는 프로그램이었으며, 사회부조로서의 빈곤층 노인, 시각장애인, 편모가구에 대한 지원도 기본적으로 주정부에 의해 운영되는 제도였다. 이처럼 1935년 「사회보장법」에서 연방정부의 책임 하에 운영되는 제도가 노령연금제도뿐이었기 때문에, 미국에서 사회보장 하면 오늘날까지도 관행적으로 공적연금제도를 지칭하는 것으로 사용되는 경우가 많다. 하지만 1965년 「사회보장법」 개정으로 연방정부가 운영을 담당하는 노인들에 대한 공적의료보험(Medicare)이 도입되었다. 그 이후 사회보장이란 용어는 연방정부에서 운영하는 공적연금제도(OASDI)와 노인들에 대한 공적건강보험(Medicare)을 지칭하는 용어로 많이 사용되어 왔다. 그러나 사실 「사회보장법」에서는 공적연금제도와 노인들에 대한 공적건강보험제도 이외에도 실업보험제도와 사회부조제도, 그리고 사회복지서비스 제도들에 대한 규정들을 포함한다. 그러므로 엄밀하게 이야기하자면, 미국의 사회보장제도는 공적연금과 공적건강보험뿐만 아니라 실업보험, 사회부조, 그리고 사회복지서비스들을 포함한다. 하지만 이들 제도들은 주정부 책임하에 운영되는 제도이거나 상대적으로 규모가 작은 제도이기 때문에, 일반적으로 사회보장제도라 하면 공적연금제도 또는 여기에 공적건강보험을 덧붙이는 개념으로써 관행적으로 사용되고 있다.

영국의 경우, 사회보장의 개념은 소득보장을 지칭하는 것으로 국한되어 사용된다. 이는 「베버리지 보고서」에서 사회보장을 그렇게 규정한 데에서 기인할 뿐만 아니라, 영국의 경우에는 국가보건서비스와 소득보장체계가 별도의 양립적 체계로 구축되어 있다는 것과 관련된다. 한편에서는 의료의 공급과 수요 부문을 아우르는 국가보건서비스 제도로서 NHS(National Health Service)가 별도로 체계로 구축되어 있고, 다른 한편에서는 사회보험제도가 국가보험으로 통합되어 있고 그 국가보험 안에 노령, 질병, 장애, 사망, 출산 등에 따른 소득단절에 대응한 급여 종류들이 제공되도록 설정되어 있다. 즉, 국가보건서비스(NHS)와 소득보장제도가 별개의 양립적 체계로서 구축되어 있다. 예를 들어, 질병으로 인한 위험의 경우에도 치료와 요양은 NHS에서 질병으로 인한 소득단절은 국가보험의 질병급여에서 제공하는 것이다. 이처럼 의료보장 등의 사회서비스와 소득보장을 분리하는 특징 때문에 영국에서는 사회보장을 소득보장으로 국한하여 사용하게 된 것으로 보인다.

또한 유럽 대륙 국가들의 경우 사회보장은 사회보험을 지칭하는 것으로 제한적으로 사용하는 경우가 많다. 유럽 대륙 국가들에서는 현금 사회부조급여가 주로 사회사업(social work)의 한 구성요소로 제공되었기 때문에, 사회보장은 사회사업과 구분되는 사회보험을 지칭하는 개념으로 사용되었다. 이에 비해, 영국에서는 사회사업가들이 그들의 옹호자 및 상담자로서의 역할을 더 혼란스럽게 하는 것을 역할을 피하고 이 역할을 현금급여 제공자(paymaster)에게 위임했기 때문에, 현금 사회부조급여가 사회사업보다는 사회보장의 영역으로 포괄되었다(Walker, 2005).

한편 한국의 경우 사회보장은 사회보험, 사회부조, 그리고 사회서비스를 포괄하는 광의의 개념으로 사용된다. 한국의 경우에도 과거에는 사회보장이 주로 사회보험과 사회부조 제도를 지칭하는 개념으로 사용되다가 사회서비스가 확대되면서 사회서비스를 포함한 포괄적인 개념으로 사용하게 되었다. 한국이 이처럼 광의의 개념을 사용하게 된 데에는 사회보험과 사회부조의 역사가 짧은 상황에서 가족과 여성의 역할 변화와 관련하여 돌봄서비스 등 사회서비스가 급속하게 확대된 것과 관련된 것으로 보인다. 국민들의 생활보장을 위한 제도적 장치가 사회보험과 사회부조라는 인식이 국민들 사이에 굳어지기 전에 사회서비스가 확대되면서 이 모두를 사회보장으로 인식하게 된 것으로 생각된다.

[그림 1-1] 아마존닷컴(www.amazon.com)에서의 social security 검색 결과

[그림 1-2] 영국 아마존(www.amazon.co.uk)에서의 social security 검색 결과

이러한 각 국가의 사회보장 개념의 차이와 관련하여 참고로 여러분이 아마존에서 사회보장(social security)에 대한 책을 찾는다면 미국과 영국의 아마존에서 검색한 결과가 서로 다른 내용을 보여 준다. [그림 1-1]에 제시된 것처럼 아마존닷컴에서 social security를 검색하면 주로 미국의 공적연금(OASDI) 또는 여기에 공적건강보험(Medicare)을 덧붙인 책들이 제시된다. 하지만 [그림 1-2]에 제시된 것과 같이 영국의 아마존에서 social security를 검색하면 소득보장제도들에 대한 교과서들이 제시된다는 것을 볼 수 있다.

2. 사회보장의 목표와 원칙

이 절에서는 사회보장의 목표와 기능을 분리하여 제시하고자 한다. 목표와 기능을 분리하는 이유는 사회보장의 가장 주된 목표와 그 목표를 추구하는 과정에서 발생되는 결과로서의 기능을 분리해 보고자 하기 때문이다. 또한 사회보장의 목표 중에서도 기본적이고 일차적인 목표와 이차적인 목표를 구분해 보고자 하기 때문이다. 사회보장에서 가장 일차적이고 주요한 목표를 여기에서는 사회보장의 목표로 설정하고, 사회보장이 결과적으로 수행하는 기능 또는 사회보장에 결합되는 이차적인 목표를 사회보장의 기능으로 분류한다.

1) 사회보장의 목표

사회보장의 목표는 국민들이 직면하게 되는 사회적 위험에 대응하여 국민들의 생활을 보장하는 것이다. 한 국가에서 개인들은 다양한 원천으로부터의 사회적 위험에 직면하게 된다. 개인들이 사회적 위험에 처할 때 경제적 상실로 인하여 빈곤이나 이전생활수준의 급격한 하락과 같은 생활불안을 경험하게 된다. 이러한 개인들의 생활불안에 대응하여 사회보장은 소득보장과 사회서비스의 제공을 통하여 국민들에게 인간다운 생활보장을 제공하여 현재 및 미래 생활의 안정성을 제공하는 것을 목표로 한다.

자본주의 시장경제체제에서 한 개인은 시장에서의 경제활동을 통하여 생활안정에 필요한 자원을 확보하게 된다. 그런데 시장에서의 경제활동을 통하여 생활안정에 필요한 자원을 확보하지 못하게 되는 경우들이 발생한다. 주요 경제 주체들의 경우를 보면, 노동자들은 그들의 노동력을 상품으로 판매하지 못할 때 생활불안에 처하게 된다. 자영자와 자본가들도 그들의 사업이 위기에 빠지거나 파산할 수 있다. 시장에서 개인들이 민영보험을 통하여 주요한 위험들에 대비할 수도 있다. 하지만 시장에서의 민영보험은 보험회사들이 보험 상품을 판매하여 안정적인 수익을 얻을 수 있는 경우에만 제공되므로 민영보험에 의하여 생활보장은 대상자 측면에서 또한 위험 종류의 측면에서 제한적이다.

또한 한 개인은 시장 이외에 가족이나 지역사회의 지원을 통하여 생활을 보장받을 수도 있다. 하지만 산업화와 도시화의 과정에서 가족이나 지역사회의 생활보장 역할은 현저하게 축소되었다. 한 개인이 가족이나 지역사회를 통해 안정적인 생활보장을 받기를 기대하기는 어렵게 되었다.

이처럼 시장, 가족, 지역사회를 통하여 개인의 생활보장이 이루어지지 않기 때문에 국가가 개입하여 사회보장이라는 제도적 장치를 통하여 국민들의 생활을 보장하는 것이 필수적이게 되었다.

2) 사회보장의 원칙

사회보장제도가 한 사회 내에서 개인들에게 적절한 생활보장 제공이라는 목표를 달성하기 위해서는 사회보장제도가 다음의 기본적인 원칙들을 충족시켜야 한다. 하나의 제도가 다음의 원칙들을 다 충족시키지는 못한다 하더라도 일련의 제도들을 통하여 종합적으로 사회보장제도는 다음의 원칙들을 충족시키는 것이 필요하다.

(위험. 대상)
(1) 포괄성의 원칙
사회보장은 주요한 위험, 생애과정상의 생활불안, 그리고 대상의 측면에서 포괄적이어야 한다.

첫째, 위험의 측면에서, 모든 종류의 사회적 위험들에 대하여 생활보장을 제공해야 한다. 현대 사회에서 개인들이 직면하게 되는 실업, 산업재해,

질병, 노령, 출산 등의 주요 사회적 위험들을 포괄해야 한다. 제2차 세계 대전 중 베버리지는 영국 사회가 직면하고 있는 주요 문제를 결핍(want), 무위(idleness), 불결(squalor), 무지(ignorance), 질병(sickness)의 다섯 가지로 제시하고, 이에 대응하여 각각 소득보장, 고용보장, 주거보장, 교육보장, 그리고 건강보장이 필요하다는 것을 제시하였다.

둘째, 생애과정상의 측면에서 개인들의 생활불안을 야기하는 문제들에 대해 생활보장을 제공해야 한다. 임신과 출산, 보육, 교육, 실업, 산업재해, 장애, 노령, 요양 등의 인간의 생애과정에서 발생하는 생활불안의 문제들에 대하여 포괄적으로 대응해야 한다. '요람에서 무덤까지(from the cradle to the grave)'라는 표현은 사회보장의 이러한 성격을 잘 보여 준다.

셋째, 사회보장은 대상의 측면에서 전 국민을 포괄해야 한다. 사회보장이 반드시 하나의 제도로 전 국민을 포괄해야 하는 것은 아니다. 하지만 일련의 제도들을 통해서 전 국민이 사회적 위험으로부터 보호될 수 있어야 한다. 특정 사회적 위험에 대응하여 복수의 제도들이 구축되고 그 제도들 사이에 사각지대가 광범위하게 존재한다면 사회보장제도는 이 사각지대에 처한 사람들의 생활 안정에 실패하게 된다. → 사각지대 참고

(2) 급여수준의 적절성

사회보장급여는 사회적 위험에 대응하여 생활의 안정을 보장할 수 있는 수준으로 제공되어야 한다. 어느 정도가 적절한가에 대해서는 상당한 논란이 있을 수 있다. 역사적으로 또 사회에 따라 어느 정도가 적절한가에 대해서는 상당한 차이가 있을 수 있다. 하지만 급여수준의 적절성을 평가하기 위한 기준으로 다음의 몇 가지가 중요한 것으로 인식되어 왔다.

첫째, 기초보장이다. 사회보장급여는 최소한 그 사회의 구성원들이 빈곤에 빠지지 않도록 빈곤선 이상의 급여를 제공하여야 한다. 이러한 측면에서 국민적 최저수준(national minimum)을 설정하고 사회보장급여가 최소한 이를

보장하게 하려는 시도들이 역사적으로 전개되어 왔다. 그런데 기초보장의 수준은 단순히 한 사람의 육체적 생존을 보장하는 데 그치는 것이 아니라 한 사회의 구성원들의 전반적인 생활수준을 반영하여 인간적이고 문화적인 생활을 할 수 있는 수준으로 또한 사회의 한 구성원으로서 사회참여가 가능하도록 하는 수준에서 설정되어야 한다. 역사적으로 초기에는 단순한 육체적 생존의 측면에 초점이 맞추어졌지만, 점차 인간적이고 문화적이며 사회참여를 가능하게 하는 수준에 초점이 맞추어져 왔다.

둘째, 이전생활수준의 유지다. 사회보장급여는 개인들이 생활수준의 급격한 하락 없이 위험에 빠지기 이전의 생활수준을 유지할 수 있도록 하는 수준에서 제공되어야 한다. 한 개인이 위험에 처하여 갑작스런 생활수준의 하락을 경험하는 것은 그가 비록 빈곤에 빠지지는 않을지라도 상당한 생활상의 불안과 고통을 야기하게 된다. 그러므로 사회보장급여가 단순한 빈곤구제를 넘어서서 생활수준의 급격한 하락을 방지하는 것이 필요하다. 경제학에서는 이를 소득평준화(income smoothing)로 표현한다. 이러한 측면에서 사회보험은 정액급여가 아니라 개인들의 이전의 소득에 비례하여 소득비례급여를 제공하는 경우가 많다.

이 두 가지 급여수준의 적절성에 대한 기준 중 어느 기준을 중심으로 사회보장제도를 설계할 것인가는 국가에 따라 역사적으로 상당한 차이를 가진다. 영국과 독일은 대표적으로 차이가 나는 두 국가다. 영국의 경우 복지국가의 청사진을 제공했던 「베버리지 보고서」에서는 사회보장급여가 빈곤 구제를 위한 기초보장 수준이 되어야 한다고 주장했다. 이를 위해서 모든 사람이 정액의 보험료를 기여하고 정액의 급여를 받는 사회보험제도를 제안했다. 그래서 일반적으로 이러한 정액 급여방식의 사회보험제도를 베버리지 유형이라고 한다. 반면, 독일의 경우에는 비스마르크 시기에 사회보험을 도입하면서 소득수준에 따라 보험료와 급여에 차이가 있는 소득비례방식의 사회보험제도를 구축했다. 이후 사회보험은 단순히 빈곤구제의 수준을 넘어서서 이전의 소득수준을 유지시켜 주는 전통을 가지게 되었다. 그래서 일반적으로 이러한 소득비례방식의 사회보험제도를 비스마르크 유형이라고 부른다.

(3) 형평성

형평성이란 아리스토텔레스에 따르면 적절하고 마땅한 분배로 이루어진 공정한 평등을 의미한다(지식엔진연구소, 2018). 그런데 무엇이 적절하고 마땅한 분배인지에 대해서는 여러 가지 논란이 있다. 형평성에 대해 좀 더 구체적으로 표현한 정의를 보면 동일한 경우에는 동일하게 취급하고(수평적 형평) 서로 다른 것은 서로 다르게 취급(수직적 형평)하는 것이라고 한다. 형평성이란 여러 가지 측면을 포함하는 어려운 개념이다. 사회보장의 맥락에서도 형평성은 여러 가지 맥락에서 사용된다. 한 사회에서의 사회보장 전체를 평가하는 기준으로 형평성을 사용할 것인지 아니면 사회보장제도의 개별 제도 유형, 또 그 유형 내에서의 하위 제도적 장치에 대해 사용할 것인지에 따라서 상당히 다양한 논의가 이루어져 왔다.

사회보장 전체적으로는 형평성은 기본적으로 욕구에 따라 분배하고 능력에 따라 부담한다는 것을 의미한다. 급여의 측면에서는 동일한 욕구에 대해서는 동일한 급여를 제공한다는 원칙이 강조된다. 한 사회의 구성원이라면 인종, 지역, 성, 연령 등에 따른 급여의 차별이 존재해서는 안 된다는 것을 의미한다. 이는 다른 욕구에 대해서는 다른 급여가 제공되어야 한다. 욕구가 더 큰 사람에게 더 많은 급여가 제공되어야 한다는 것이다.

기여의 측면에서는 동일한 능력을 가진 사람들은 동일한 부담을 해야 한다. 한 사회의 구성원으로서 기여의 부담을 회피하지 않고 능력에 따른 부담을 해야 한다는 것이다. 그래서 일반적으로 소득이 더 높은 사람이 더 높은 부담을 한다. 하지만 소득이 더 높은 사람이 어느 정도 더 높은 부담을 해야 하는가에 대해서는 뚜렷하게 합의된 바는 없다. 소득세의 경우처럼 소득이 더 높을수록 더 높은 세율을 적용하여 누진세율[3] 방식을 채택하기도 하고,

사회보험료의 경우처럼 소득에 동일한 보험료율을 적용하여 비례세율[4] 방식
을 채택하기도 한다.

　이처럼 사회 전체적으로는 급여와 기여의 측면에서 각각 욕구에 따라 분
배하고 능력에 따라 부담하는 것이 형평성에 부합된다는 것에 상당한 합의가
존재한다. 하지만 기여와 급여를 종합하는 개별적 사회보장제도들에 있어서
는 상당한 차이들이 있고 또한 이를 둘러싼 논란들이 발생된다. 사회부조[5]의
경우, 기본적으로는 욕구에 따른 분배의 원칙이 강조된다. 하지만 기여와 급
여를 종합하여 사회부조의 운영에 있어서 열등처우(less eligibility)의 원칙과
자격성(deservingness) 원칙 등이 결합되어 논란이 된다. 열등처우의 원칙이
란 빈자에 대한 사회부조가 노동시장에서의 저임금 근로자의 임금수준보다
낮아야 한다는 것이다. 하지만 현대 사회에서 불안정 저임금 노동시장에서
인간으로서의 문화적이고 사회참여가 가능하게 하는 최소수준의 임금이 지
급되지 못하는 문제가 광범위하게 발생되어 왔다. 따라서 이처럼 노동시장
이 적절한 임금수준을 제공하지 못하는 경우 빈곤선을 보장해야 하는 사회부
조 급여수준이 더 높게 되어 열등처우의 원칙과 충돌된다. 또한 사회부조에
서는 자격성 원칙도 논란이 된다. 자격성 원칙이란 사회부조의 수급 대상자
가 경제활동을 할 수 있는 능력을 가지고 있는 사람은 최대한 일을 통해 자립
을 도모하고 그럼에도 불구하고 빈곤선 이하의 소득을 가지는 경우에는 급여
를 제공한다는 것이다. 만일 경제활동 능력을 가진 사람이 일하지 않고 사회
부조 급여에 의존하는 경우에는 급여수급을 위해 적절한 자격을 갖추지 못했
다고 보는 것이다. 그래서 근로 가능한 사람들에 대해서는 과거 「구빈법」 시

3) 예를 들어, 한국의 소득세의 경우 소득세율은 2018년에 소득구간별로 6%에서 42%까지 차등적으
　로 부과된다.
4) 예를 들어, 한국의 국민연금의 경우 보험료율은 보험료 부과 대상 소득에 대해 동일하게 9% 보험
　료율이 부과된다.
5) 사회부조란 개별 개인이나 가구의 소득과 재산을 조사하여 일정수준 이하의 저소득 계층에 대하
　여 급여를 제공하는 제도다.

기에는 작업장에 수용하여 강제노동에 종사하게 하는 것이 일반적이었고, 현대에도 근로하거나 근로를 위한 준비활동을 하는 것을 조건으로 급여를 제공하는 경우가 많다.

사회보험의 경우,[6] 형평성의 문제는 상당한 논란의 대상이다. 사회보험은 그 명칭에서 보이는 것처럼 '사회'와 '보험'이 합쳐진 개념이다. '사회'란 단어에서는 욕구에 따른 분배와 능력에 따른 기여가 기본 원칙이다. 하지만 '보험'에서는 개인들 간의 보험수리적 측면에서 형평성(individual actuarial equity)이 중요하다. 개별적인 보험수리적 형평성이란 한 사람이 낸 보험료와 급여가 균형을 이루어야 한다는 것이다. 그래서 사회적인 측면과 보험적 측면이 종합되었을 때 그 결과가 어떻게 나타날 것인가는 사회보험의 종류마다 상당히 달라진다. 예를 들어, 공적연금의 경우, 사회보험방식의 기초연금의 경우에는 소득수준에 따라 보험료를 납부하고 정액의 급여를 제공하는 반면, 소득비례 공적연금의 경우에는 보험의 측면을 강조하여 소득에 따른 보험료 기여와 납부한 보험료에 따른 급여수준을 지급한다. 또한 이 두 가지 방식을 혼합하는 경우들도 많다.

보편적인 수당제도(데모그란트 프로그램)들의 경우,[7] 동일한 인구집단은 동일한 욕구를 가지고 있다고 가정하고 정액의 급여를 지급한다. 정액급여를 제공하는 보편적인 아동수당이나 기초연금이 이러한 경우다. 그런데 이 경우 동일한 인구집단 내에서의 개인들 간의 욕구의 차이를 반영하지 못한다.

이처럼 사회부조, 사회보험, 보편적 수당제도들은 이 제도 유형 간에 형평성의 원칙의 적용에 있어서 상당한 차이가 있고, 또한 각 제도 유형 내부에서

---

6) 사회보험이란 개인이 보험료를 납부하여 보험에 가입하고 보험가입 중에 해당 위험이 발생하였을 때 급여를 제공하는 제도다.

7) 보편적 수당제도란 아동이나 노인 등 특정 인구집단에 대하여 그 집단에 속하는 전체 인구에 대하여 정액의 급여를 제공하는 제도다. 특정 인구집단에 제공되는 급여라는 점에서 데모그란트(demogrant) 프로그램이라고 불리기도 한다.

도 국가들 간에 현실적인 제도 운영에 있어서 상당한 차이가 존재한다.

하지만 이들 서로 다른 제도 유형들을 묶어서 사회보장 전체적으로 보면, 사회보장제도는 세부적 차이는 있더라도 욕구에 따른 분배와 능력에 따른 기여라는 측면에서의 형평성 원칙에 따라 운영된다.

(4) 재정적 안정성 = 지속가능성

사회보장제도는 재정이 안정적이고 지속 가능하도록 운영되어야 한다. 재정의 안정성이란 현재와 미래의 급여지출을 재정 수입이 감당할 수 있는지에 대한 것이다. 재정의 안정성을 평가함에 있어서 두 가지의 차원을 고려해야 한다.

첫째, 시간적으로 현재뿐만 아니라 미래의 재정적 지속 가능성을 종합적으로 평가해야 한다. 현재에는 재정이 안정적으로 조달된다고 하더라도 미래에 재정이 안정적으로 조달되기 어렵다면 이러한 제도는 재정적 안정성을 확보하고 있다고 보기 어렵다. 인구구조는 특히 이러한 측면에서 중요한 영향을 미친다. 저출산과 수명 증가로 인해서 인구구조의 고령화가 심해지는 경우, 현재에는 재정적으로 안정적이라 할지라도 미래에는 노인 인구의 증가와 젊은 경제활동인구의 감소로 재정적 안정성이 위협받을 가능성이 높다. 노인들이 주된 수급자가 되는 건강보험과 노령연금제도의 경우 이러한 미래의 인구고령화에 의해 재정적 안정성이 위협받을 가능성이 큰 대표적 제도다.

둘째, 재정적 안정성을 제도 내적인 측면뿐만 아니라 제도 외적인 측면까지 종합해서 평가해야 한다(유희원, 2018). 제도 내적인 측면에서는 한 제도에서의 급여지출을 정부예산이나 보험료 수입, 기금투자수익 등의 그 제도 내에서의 수입 흐름을 통해서 지불할 수 있는지를 평가한다. 제도 외적인 측면에서는 한 제도의 범위를 넘어서서 그 제도를 둘러싸고 있는 한 국가의 인구구조, 소득수준, 경제규모, 경제성장률 등의 부담 능력을 평가한다. 한 제도가 단기 또는 장기적으로 제도 내적 측면에서 재정불안의 구조를 가지고 있다고

하더라도, 제도 외적으로 국가 전체적인 부담여력이 양호하다면 그 제도 내
적 재정불안정성은 통제 가능한 범위 내에 있다고 평가할 수 있을 것이다.

3. 사회보장의 기능

사회보장은 사회적 위험으로부터 국민들의 생활을 보장한다는 목표를 추
구하면서 동시에 이와 관련하여 사회 내에서 다양한 기능을 수행한다. 사회
보장의 기능들을 여기에서는 소득재분배 기능, 경제적 기능, 정치적 기능, 그
리고 사회적 기능으로 구분하여 검토한다.

1) 소득재분배 기능

사회보장은 소득재분배의 기능을 수행한다. 시장에서 일차적으로 자원이
분배되고 난 뒤 이차적으로 자원을 재분배하는 기능을 수행한다. 소득재분
배의 기능은 몇 가지 차원으로 구분될 수 있다. 먼저, 수직적 재분배(vertical
redistribution)와 수평적 재분배(horizontal redistribution)로 구분될 수 있다. 수
직적 재분배란 소득계층 간의 재분배를 말한다. 고소득층으로부터 저소득층
으로의 재분배가 이루어진다면 이를 긍정적 재분배(positive redistribution), 반
대로 저소득층으로부터 고소득층으로 재분배가 이루어진다면 이를 부정적
재분배(negative redistribution)라고 부른다. 일반적으로 사회보장은 고소득층
으로부터 저소득층으로의 재분배를 통하여 시장에서의 일차 분배를 통하여
충분한 소득을 획득할 수 없는 사람들의 생활보장을 이루고자 한다. 수평적
재분배란 동일 소득계층 내에서 위험에 처하지 않은 사람들로부터 위험에 처
한 사람으로의 재분배를 말한다. 한 개인의 생애과정에서 위험에 처하지 않
은 시기로부터 위험에 처한 시기로의 재분배도 수평적 재분배에 해당된다.

　사회보장의 제도 형태적 측면에서 보면, 사회부조는 비빈곤층으로부터 빈곤층으로의 수직적 재분배 효과를 발생시킨다. 사회보험은 주로 위험에 처하지 않은 사람(시기)으로부터 위험에 처한 사람(시기)로의 수평적 재분배를 발생시킨다. 예를 들어, 동일 소득계층 내에서 실업에 처하지 않은 사람들의 보험료로 실업에 처하게 된 사람들에게 실업급여를 지급한다. 젊은 경제활동 참여자들의 보험료로 노인들에게 노령연금을 지급한다. 한 개인의 경우를 가정해 보더라도, 취업 시에 보험료를 납부하고 실업 시에 실업급여를 수급한다. 젊은 경제활동 시기에 보험료를 납부하고 퇴직 이후의 노령기에 노령연금급여를 수급한다. 또한 보편적인 인구학적 수당제도의 경우에도 경제활동 연령기로부터 아동기 및 노년기로의 수평적 재분배 효과가 중심이다.

　이렇게 볼 때, 한 나라의 사회보장제도가 사회부조를 중심으로 구성되어 있으면 사회보험이나 보편적 수당 제도를 중심으로 구성되어 있는 나라보다 소득불평등을 더 많이 감소시킬 수 있을 것으로 생각할 수 있다. 하지만 실제 각 국가들이 사회보장을 통하여 소득불평등을 얼마나 많이 감소시켰는지를 분석해 본 결과, 예상과는 달리 오히려 사회부조 중심 국가들에 비하여 소득비례형 사회보험이나 보편적인 인구학적 수당제도 중심의 국가들에서 소득불평등 감소효과가 더 큰 것으로 나타났다. 이를 재분배의 역설이라고 한다(Korpi & Palmer, 1998). 이러한 현상이 나타나는 이유는 규모와 예방의 두 가지 측면 때문이다. 재분배의 정도는 사회보장이 얼마나 빈곤층에 집중되어 있는가 하는 측면뿐만 아니라 전체 사회보장의 규모가 얼마나 큰지와 관련된다. 일반적으로 사회보험과 보편적인 인구학적 수당제도 중심의 사회보장제도를 가진 나라들의 경우 사회보장 지출의 규모가 크다. 따라서 전체 소득불평등 감소효과도 크게 나타나는 것이다. 또한 사회보험과 보편적인 인구학적 수당제도의 경우 수평적 재분배를 기본으로 하지만 위험 발생에 따른 계층 하락을 예방하기 때문에 결과적으로는 이러한 제도들이 없었을 경우에 비하여 소득불평등 감소의 효과를 발생시킨다.

다음으로 소득재분배의 기능은 세대 내 재분배(intergenerational redistribution)
와 세대 간 재분배(intergenerational redistribution)로 구분될 수 있다. 세대 내
재분배가 한 세대 내에서의 집단 간 재분배라면, 세대 간 재분배는 인구학적
세대 간의 재분배를 말한다. 대표적인 예가 부과방식의 노령연금이다. 부과
방식의 노령연금 체계에서는 현재의 근로세대의 재정부담으로 현재의 노령
세대에게 연금을 지급한다. 이러한 방식은 현재의 근로세대가 미래에 노인
이 되었을 때 미래의 근로세대가 재정을 부담해 줄 것이라는 가정에 기초한
다. 강한 세대 간 연대성의 가정에 기반한 것이다. 노인세대와 근로세대의 인
구 비중이 유사하게 유지되면 큰 문제가 없지만, 현재와 같이 저출산·고령
화의 영향에 의해 미래에 노인들의 규모는 증가되고 미래 근로세대의 규모는
축소될 것으로 예상되는 상황에서는 세대 간 재분배에 기반한 제도들은 장차
위기에 처하게 될 것으로 우려된다.

2) 경제적 기능

사회보장은 경제적으로 다양한 기능들을 수행한다. 노동력 재생산, 자본
축적, 경제순환에 대한 안정화 기능, 구조조정 원활화 기능 등이 대표적 기능
들이다.

첫째, 사회보장은 노동력 재생산의 기능을 수행한다. 경제에서 어떤 재화
나 서비스의 생산이 이루어지기 위해서는 노동의 투입이 필수적이다. 그런
데 시장은 노동력을 상품으로만 취급하여 필요할 때 구매하려고 할 뿐 노동
력의 재생산을 보장하지 못한다. 사회보장은 노동력의 재생산을 보장함으로
써 시장의 작동을 위한 토대를 형성한다. 사회보장은 노동자와 그 가족의 생
활을 보장함으로써 노동력 재생산에 기여한다. 아동수당과 보육서비스는 아
동의 적절한 양육을 지원함으로써 미래 노동력을 형성한다. 건강보험 등을
포함하는 보건의료서비스는 질병으로부터의 치료와 요양 및 재활을 통하여

건강한 노동자원을 유지할 수 있도록 한다. 교육과 직업훈련은 생산을 위해 필요한 지식과 기술을 갖춘 숙련 노동력의 형성에 기여한다. 사회부조제도는 빈곤에 처한 사람들과 그 가족들에게 인간으로서의 기초적인 생활을 보장함으로써 노동력의 유지와 재생산에 기여한다. 노령연금은 직접적으로 노동력을 공급하는 것은 아니지만 노동시장으로부터의 은퇴 이후의 마무리를 가능하게 함으로써, 전체적으로 인간의 생애주기의 완성을 가능하게 한다.

둘째, 사회보장은 자본주의 시장경제에서 경기순환에 대응하여 경제의 안정화에 기여한다. 경제는 일정한 주기에 따라 경기상승, 호황, 후퇴, 불황의 국면들을 주기적으로 반복한다. 사회보장은 경기순환에서 과도한 호황과 과도한 불황의 상태를 억제함으로써 경제를 안정화시키는 기능을 수행한다. 대부분의 사회보장제도들은 경기의 변동과 무관하게 생활보장을 위해 필수적인 급여들을 제공한다. 사회보장 지출이 경기의 변동과 무관하게 항상적으로 이루어짐으로써 그 자체로 경제의 안정화에 기여한다. 또한 일부의 사회보장제도들은 경기의 변동과 역의 방향으로 지출이 이루어진다. 실업이나 빈곤은 경기불황 시에 급격하게 증가하고 경기호황 시에 감소된다. 그러므로 실업이나 빈곤에 대응한 사회보장제도들은 경기불황 시에 지출이 확대됨으로써 유효수요를 증가시키고 그 결과 경기불황을 억제하고 탈출시키는 데 기여한다. 그리고 경기가 상승하여 호황 상태가 되면 실업이나 빈곤 지출은 감소하게 되어 과도한 호황으로 인한 거품의 억제에 기여한다. 그래서 이러한 사회보장의 경기안정화 효과를 가리켜 자동경제안정장치(automatic economic stabilizer)의 기능을 가지고 있다고 평가한다.

셋째, 사회보장은 경제의 구조조정을 원활하게 하는 데 기여한다. 경제의 구조조정은 고통스러운 과정이다. 새롭게 성장하는 영역에서는 일자리가 창출되고 새로운 부가가치가 창출되지만, 생산성이 낮은 쇠퇴하는 영역에서는 공장이 문을 닫고 일자리가 없어진다. 구조조정이 이루어지는 분야에 종사하던 노동자들은 실업의 위험에 직면하여 구조조정에 저항하게 된다. 그 결과 구조조정이 지연되고 경제는 새로운 경제영역으로 성장하지 못하여 경제의 활력이 떨어지고 국제적 경쟁력이 약화되는 악순환에 빠지게 된다. 사회보장은 이러한 상황에서 생산성이 낮은 쇠퇴하는 영역의 기업들이 구조조정될 때 발생하는 노동자들의 실업 문제에 대응하여 실업급여 등을 통하여 생활을 보장해 줌으로써 구조조정에 대한 저항을 완화시킨다. 또한 구조조정으로 발생하게 되는 실업자들을 적극적 노동시장정책을 통하여 재훈련시키고 성장부문으로 재투입시킴으로써 구조조정을 활성화시켜 경제의 활력을 제고하고 국제경쟁력을 증진시킨다.

넷째, 사회보장제도는 자본축적에 기여한다. 자본축적의 기능은 노령연금제도에서 주로 나타난다. 젊은 근로연령 시기에 보험료를 적립하여 노령기에 연금급여를 받는 적립방식의 노령연금제도를 구축하는 경우 적립기간 동안 보험료가 쌓여 막대한 규모의 자금이 축적된다. 이 기금은 직접적으로 국가의 경제 및 사회개발을 위하여 투자될 수 있고, 또한 주식이나 채권 등으로 금융시장을 통하여 경제 분야에 투자될 수 있다. 이러한 효과는 적립방식의 공적연금에서뿐만 아니라 기업연금이나 개인연금 등의 사적 연금 분야에서도 대규모로 발생된다.

3) 정치·사회적 기능

첫째, 사회보장은 계급갈등을 완화시키고 협조적 노사관계를 형성하는 데 기여하여 자본주의 체제를 안정화시키는 기능을 수행한다. 자본주의 사회에서 생산의 두 요소인 자본과 노동을 각각 소유한 자본가계급과 노동자계급은 생산물의 분배를 놓고 대립한다. 자본주의 초기에 노동자계급은 시장에서 각종 사회적 위험들에 무방비 상태로 노출되어 있었고, 노동자계급 사이에서는 사회주의 혁명을 통하여 자본가 없는 사회주의 사회로 전환을 주장하는 급진적 혁명세력이 세력을 확대하였다. 사회보장은 노동자들을 사회적 위험으로부터 보호받을 수 있도록 함으로써 자본가와 노동자 계급 간의 갈등을 완화시킨다. 그 결과 사회보장은 노동자계급을 탈급진화시키고 협조적 노사관계를 형성할 수 있도록 함으로써 자본주의 체계를 유지하는 데 기여한다.

둘째, 사회보장은 노동자계급의 권력자원을 강화하는 기능을 수행한다. 사회보장은 노동자들의 생활을 보장함으로써, 노동자들의 권력자원을 강화한다. 사회보장을 통하여 노동자들은 자신의 건강이나 사회적 관계, 지식 및 기술 습득 등의 측면에서 인적 자본을 강화할 수 있다. 또한 노동자들은 사회보장을 통하여 생활이 보장됨으로써, 자본가와의 관계에서 지나치게 저임금이거나 불안정한 노동환경을 거부하고 협상을 진행할 수 있는 힘을 갖게 된다. 그리고 유럽 국가들에서는 노동조합이 직접 또는 사용자와 공동으로 사회보험제도들을 운영한다. 이러한 노동조합에 의한 사회보험 운영은 노동조합의 힘을 증가시키는 데 기여한 것으로 평가된다. 이러한 측면들에서 권력자원론자들은 사회보장을 노동자계급의 계급투쟁의 승리물로서 노동자계급의 권력자원을 강화하는 것으로 해석한다.

셋째, 사회보장은 사회적 연대감을 형성하는 기능을 수행한다. 사회보장은 사회구성원들 간에 위험에 공동으로 대비하는 보험적 성격을 가진다. 한 집단에서 공동으로 실업이나 질병 등의 위험에 대비하는 보험을 형성하여 운영할 때 그 집단구성원들 사이에서는 같은 배를 탄 구성원으로서의 공동체의식이 형성된다. 이러한 집단 보험이 국가 전체적으로 확대될 때, 국민들 사이에서 국민적 연대감이 형성된다. 이러한 국민적 연대감은 유럽 국가들에서 민족국가의 형성에 기여한 것으로 알려진다.

또한 소득재분배는 소득계층 간 및 세대 간의 연대감 형성에 기여한다. 수직적 재분배는 고소득층으로부터 저소득층으로 소득을 지원함으로써 소득계층 간 연대감을 형성한다. 또한 세대 간 재분배는 현재 경제활동연령인구가 현재 노인세대를 부양하고, 또 미래에 현재의 경제활동연령인구가 노인이 되었을 때에는 후세대 경제활동연령 인구가 자신들을 부양해 줄 것으로 신뢰

함으로써 세대 간에 연대감을 형성한다.

넷째, 사회보장은 계층화의 기능을 수행한다. 소득비례방식의 사회보험은 소득수준에 비례하여 보험료를 기여하고, 그 보험료 수준에 따라서 급여를 제공하는 구조를 가진다. 그 결과 소득이 높은 계층은 높은 보험료 기여를 통해 높은 급여를 받고, 소득이 낮은 계층은 낮은 보험료 기여를 통해 낮은 급여를 받는다. 그 결과 소득계층별로 급여가 차등적으로 지급됨으로써 위험이 발생되기 이전인 경제활동 시기의 소득계층이 위험 발생 후의 상황에서도 계속 유지되도록 한다.

다섯째, 사회보장은 사회통제적 기능을 수행한다. 과거 「구빈법」에서는 노동능력이 있는 빈자들을 작업장에 수용하여 구호하였다. 이는 노동능력이 있는 빈자들을 일종의 부랑자로 보고 직접적으로 통제한 것이다. 현대 사회에서도 급여를 제공함에 있어서 어떤 행동을 취할 것을 요구하는 조건부 급여제도들에 의해 사회통제 기능들이 직접적으로 수행된다. 노동윤리를 준수하도록 통제하기 위하여, 근로 능력이 있는 사람들의 경우에는 정부가 제공하는 일자리 또는 취업 준비활동에 종사할 것을 조건으로 급여가 제공된다. 사회부조에서 근로를 조건으로 급여를 제공하거나 또는 실업보험에서 적극적으로 구직하고 또한 정부가 정한 기준에 따라 적합하다고 간주되는 일자리에는 취업을 조건으로 실업급여를 제공한다. 또한 아버지로서의 아동양육책임 규범을 강조하기 위하여, 아동을 부양하지 않는 아버지들에게 해당 아동에 대한 부양비를 국가가 먼저 제공하고, 이를 아버지들로부터 징수하는 아동지원(child support) 프로그램도 있다. 또한 청소년들의 학업 수행 규범을 준수시키기 위해, 10대 편모들에 대하여 학교에 다니는 것을 조건으로 사회부조를 제공하기도 한다. 아동을 부양하는 저소득 가구에 대하여 아동에 대한 적절한 예방접종을 조건으로, 생계급여를 지급하는 경우도 있다. 이와 같은 경우 사회보장은 사회규범을 준수하도록 하는 직접적인 사회통제 기능을 수행한다.

참고문헌

유희원(2018). 공적연금 재정안정성의 개념과 측정도구 검토. 연금이슈 & 동향분석. 제51호.

지식엔진연구소(2018). 시사용어사전. 서울: 박문각.

Beveridge, W. (1942). Report on Social Insurance and Allied Services, Part V, Plan for Social Security. London: HMSO.

International Labour Organization (1984). *Introduction to Social Security*. Geneva: International Labour Office.

International social security association (2016). Constitution.

Korpi, W., & Palmer, J. (1998). The Paradox of Redistribution and Strategies of Equality. *American Sociological Review, 63*(5), 661−687.

Ministry of Health, Labour and Welfare (1999). Annual Reports on Health and Welfare 1998−1999.

Spicker, P. (2011). *How Social Security Works: An Introduction to Benefits in Britain*. Policy Press.

Titmuss, R. M. (1968). *Commitment to Welfare*. London, UK: George Allen and Unwin Ltd.

Walker, R. (2005). *Social Security and Welfare: Concepts and Comparisons*. Maidenhead Berkshire, UK: Open University Press.

제2장

•

사회보장제도의 운영 원리와 형태

이 장에서는 국민의 인간다운 삶을 보장하기 위한 사회보장제도의 주요 운영 원리와 형태를 살펴볼 것이다. 우리나라의 사회보장제도는 운영방식에 따라 크게 사회보험, 공공부조, 사회서비스, 보편적 수당, 조세지출 등으로 구분할 수 있다. 어떤 제도가 사회보험에 속하는지 아니면 공공부조에 속하는지 사회보장제도의 형태를 구분하는 기준을 먼저 살펴볼 것이다. 사회보장제도는 ① 대상자의 자격요건, ② 재원조달방식, ③ 급여의 형태 등에 따라서 상이한 형태로 구분할 수 있다. 사회보험, 공공부조, 사회서비스, 보편적 수당, 조세지출 등 주요 형태별로 어떠한 특징을 갖는지를 살펴볼 것이다. 마지막으로, 독일, 미국, 스웨덴 등 상이한 방식으로 사회보장제도를 운영하는 주요 국가들은 어떠한 차이점을 보이는지 다룰 것이다.

1. 사회보장제도의 구성요소

국민의 인간다운 생활을 보장하고 행복을 증진하기 위한 사회보장제도를 설계하기 위해서는 먼저 정책 목표를 명확하게 설정해야 한다. 또한, 정책 목표를 효과적으로 구현할 수 있도록 제도의 핵심적인 구성요소와 관련한 중요한 의사결정을 해야 한다. 다양한 의사결정 내용에는 '누구를 지원할 것인가' 하는 사회보장 대상자의 자격요건, '어떻게 재원을 마련할 것인가' 하는 재원조달방식, '어떠한 형태로 지원할 것인가' 하는 급여의 형태, '누가 재화와 서비스를 제공할 것인가' 하는 제공주체 등이 포함된다. 이외에도 '얼마나 지원할 것인가'와 같은 급여수준에 대한 의사결정이 필요하다.[1] 이 절에서는 사회보장제도의 주요 구성요소를 이루는 대상자 선정, 재원조달방식, 급여의 형태, 제공주체의 유형 등을 살펴볼 것이다.

1) 급여 대상자 선정: 보편주의 vs 선별주의

사회보장을 위해 마련한 재원을 누구에게 분배할 것인지, 누구에게 급여를 제공할 것인지를 결정하는 방식은 크게 보편주의와 선별주의로 구분할 수 있다. 보편주의 원칙은 국민들의 기본적인 생활보장은 국가의 책임이라는 가치관에 근거하고 있다. 보편주의는 질병, 실업, 노령, 장애 등으로 개인이 사회경제적 욕구를 충족시키지 못하여 인간다운 생활을 하지 못하는 경우에는 개인 소득 또는 재산과는 무관하게 국가가 급여를 제공해야 한다고 주장한

---

1) 사회보장제도의 설계에서 급여수준의 결정도 매우 중요한 과업이다. 급여수준의 결정은 각 제도별로 다양한 기준에 따라 이루어진다. 이 장에서는 사회보장제도의 운영 원리와 유형에 주로 초점을 두고 있다. 급여수준과 관련된 구체적인 내용은 각종 사회적 위험에 대응하는 개별적인 제도를 다루는 후속 장에서 다룰 것이다.

다. 해당 국가의 시민이라면 누구나 인간다운 생활을 할 권리가 있으며, 국가는 이러한 사회보장 권리를 지닌 모든 시민들에게 필요한 사회보장급여를 제공한다. 이와 같이 사회보장에서 국가의 책임을 강조하는 점에서 보편주의는 제도적 사회복지(institutional welfare)의 성격을 띤다(Wilensky & Lebeaux, 1958).

예를 들어, 무상급식은 대표적인 보편적 복지제도다. 소득과는 무관하게 초등학생 또는 중학생이면 누구나 신체적·정신적 발달과 학습활동에 필요한 영양 공급을 위해 무상으로 급식을 제공받기 때문이다. 영유아 보육료 지원 정책도 보편주의방식의 사회보장이다. 만 0∼5세에 해당하는 아동의 경우 소득과 무관하게 어린이집에서 보육서비스를 지원받을 수 있기 때문이다.

반면에 선별주의에서는 충족되지 못한 사회경제적 욕구에 덧붙여, 소득 또는 자산조사를 통해 사회경제적 지원이 필요한 집단을 선정하여 사회보장을 제공한다. 국가가 모든 국민에게 사회보장을 제공하기보다는 경제적 지원 등이 필요한 집단 또는 계층에 한정하여 지원을 한다는 점에서 보편주의와 구별된다. 선별주의는 시장과 가족을 통해서 생계를 유지하기 어려운 집단에게 국가가 생계를 지원한다는 점에서 일부 잔여적 복지(residual social welfare)의 특성을 갖는다(안병영 외, 2018).

선별주의에서는 특히 경제적 필요(needs)가 있는 집단은 누구인지, 어떠한 기준을 활용하여 이들을 선정할 것인지를 결정하는 데 깊은 관심을 보인다. 소득과 자산은 대상자를 선정하는 중요한 기준으로 활용된다. 대표적인 선별주의 복지제도인 국민기초생활보장제도에서는 가구 소득과 자산뿐만 아니라 부양의무자의 소득 등의 기준을 통해 대상자를 선정한다. 예를 들어, 고령이나 건강상의 이유로 취업이 어렵고, 혼자 생활하는 노인의 경우 해당 노인의 소득과 자산, 부양의무자의 소득을 조사해서 일정한 기준 미만에 해당하는 경우, 생계급여 등을 지급한다.

한편 자산조사가 반드시 저소득층을 선별하기 위해서 이루어지는 것은 아니다. 우리나라 기초연금제도에서는 고소득층을 선별하기 위해 자산조사를 수행한다(안병영 외, 2018). 기초연금의 경우 전체 노인 중의 상위 30% 노인은 제외된다. 전체 노인 중의 70%가 받는 기초연금은 선별주의라기보다는 준보편주의적인 제도라고 할 수 있다. 또한 대학생들의 등록금을 지원해 주는 소득연계형 국가장학금제도의 경우에도 자산조사를 실시한다. 소득 8분위 이하에게 지원해 주기 때문에 상위 20% 가구에 속한 대학생을 선별하기 위해서 자산조사를 수행한다(안병영 외, 2018). 따라서 기초연금, 국가장학금 등의 제도에서는 자산조사를 수행하기 때문에 선별주의 원리를 적용하지만 해당 제도를 잔여적 복지제도라고 주장하는 것은 적절하지 않다(안병영 외, 2018).

2) 재원조달방식: 보험료, 조세, 민간재원

사회보장제도의 재원은 크게 보험료, 일반조세, 민간재원 등으로 구성된다. 국민연금, 건강보험 등의 사회보험에서는 가입자와 사용자(고용주)가 납입한 보험료를 주된 재원으로 사회보장제도를 운영한다. 「사회보장기본법」에서는 사회보험에 소요되는 비용을 "사용자, 피용자(被傭者) 및 자영업자가 부담하는 것을 원칙으로 하되, 관계 법령에서 정하는 바에 따라 국가가 그 비용의 일부를 부담할 수 있다."고 정의하고 있다(「사회보장기본법」, 제28조 제2항). 예를 들어, 국민연금에서는 직장인의 경우 가입자와 사용자(고용주)가 소득의 9%를 절반씩 부담한다.

서구에서 사회보험이 등장하기 이전에는 주로 빈곤층, 장애인 등의 생계지원을 위해서 국민들이 낸 세금을 재원으로 사회복지제도를 운영하였다. 당시에 생계유지의 책임은 기본적으로 개인과 가족에게 있었다. 장애, 노령 등의 이유로 근로활동에 참여하지 못하고, 가족이 없어서 빈곤에 처한 이들을 위해 정부가 복지제도를 운영하였다. 사회보험제도가 등장하면서 근로자인 가입자와 고용주가 소득의 일부를 보험료로 납입하여 사회보험을 운영하게 되었다. 사람들이 살아가면서 공통적으로 겪게 되는 질병, 노령, 장애, 실업 등의 사회적 위험에 대한 대응으로서 근로활동 기간 동안에 보험료를 납입하고, 보험료를 축적한 기금을 통해 사회보험 지출에 필요한 재원을 충당하는 것이다.

사회보험제도의 운영이 순전히 보험료 수입으로 충당되는 것은 아니다. 제도에 따라 다르지만, 정부는 일반조세를 통해 사회보험제도의 관리운영비와 보험급여 등 사업비용 일부를 지원하기도 한다. 예를 들어, 국민건강보험제도에서 정부는 건강보험료 예상수입의 14%를 국고에서 지원하도록 규정하고 있다(「국민건강보험법」 제108조). 건강보험을 관리운영하는 국민건강보험공단에서는 국고지원을 통해 보험급여 지급, 저소득층, 노인가구, 한부모가구 등의 건강보험료 감면사업 등을 추진하고 있다.

한편 빈곤층에게 생계급여를 제공하는 공공부조제도와 기초연금, 아동수당과 같은 보편적 수당제도에서는 정부가 거둬들인 각종 세금을 활용하여 재원을 충당한다. 가난한 국민들의 기초생활보장을 위해 생계급여, 의료급여, 교육급여, 주거급여 등을 제공하는 공공부조제도는 세금을 재원으로 운영한다. 사회보험은 대체로 근로활동 등을 통해 소득을 얻는 지불능력이 있는 사람들이 낸 보험료를 재원으로 한다. 반면에 사회보험에 가입한 경력이 없고, 노령으로 인해 보험료를 낼 수 없는 빈곤한 사람들을 위한 경제적 지원은 국민들이 낸 세금을 재원으로 이루어진다. 이들은 사회보험의 혜택을 받을 수 없기 때문이다.

보편적 복지제도를 운영하기 위한 재원의 경우에도 세금을 활용한다. 기초연금, 아동수당, 무상급식 등의 보편적 사회보장제도의 재원은 일반조세다. 아동수당과 같은 보편적 수당의 경우에는 만 0~5세 아동이 있는 가구는 누구나 받기 때문에서 일반조세를 통해서 재원을 충당한다.

대부분의 국가에서는 보험료에 기반한 사회보험제도와 일반조세를 기반으로 한 공공부조제도가 공존한다. 다만 국가별로 어떠한 형태가 지배적인

지에 따라 차이를 보인다. 이는 국가마다 복지제도 도입과 변천과정에서 정부의 정책적 지향, 특정 세력의 영향력, 국민적 공감대에 따라서 차이를 보이기 때문이다. 예를 들어, 스웨덴의 경우 전통적으로 농민들이 사회보장제도의 도입과정에서 상대적으로 큰 영향력을 미쳤다(Baldwin, 1992). 스웨덴에서는 생활방식과 소득수준이 유사한 농민들을 제도에 포함하기 위해 일반조세를 재원으로 하는 보편주의적 사회보장제도가 상대적으로 발전하게 되었다(Baldwin, 1992). 반면 후발산업국가였던 독일의 경우에는 급격한 산업화를 추구하는 과정에서 농민들의 세력이 약화되었다. 당시 사회주의 운동의 확산에 따른 사회혁명의 분위기를 완화하기 위해서 독일에서는 사회보험을 도입하여 노동자들의 사회적 위험에 대응하는 전략을 취하였다(안병영 외, 2018).

일반조세와 사회보험료 수입은 공공재원의 성격을 띤다. 사회보험료의 경우 비록 가입자와 사용자가 납부하지만 정부가 법령을 통해 강제적으로 징수하고, 해당 목적을 위한 공공기금으로 축적되고 관리되기 때문에 공적인 성격을 갖는다.

사회보장제도의 한 부분을 이루는 사회서비스의 재원은 정부뿐만 아니라, 민간재원을 통해서 조달되기도 한다. 민간재원은 ① 이용료, 본인부담금, ② 기부금, 후원금 등으로 구성된다. 서비스를 이용하는 개인이 이용료를 납입하거나 본인부담금을 지급하여 서비스 제공에 필요한 재원을 마련할 수 있다. 또한 국민들과 민간기업이 낸 기부금과 후원금 등은 사회서비스를 제공하는 기관의 사업비 등으로 제공된다. 사회복지공동모금회에서는 기업과 국민들의 기부금을 모금하여 사회서비스를 제공하는 기관의 다양한 사업을 지원하고 있다. 사회복지관 등 사회복지서비스를 제공하는 기관에서도 점차 정부 보조금에만 의존하지 않고, 민간재원을 적극적으로 활용하여 새로운 사업을 시도하고 운영하는 추세다.

3) 급여의 형태: 현금 vs 현물

사회보장급여의 형태는 현금과 현물로 구분할 수 있다. 은퇴한 노인이 매달 지급받는 국민연금이나 저소득층에게 제공되는 생계급여는 현금으로 지급된다. 기초연금, 아동수당의 경우에도 현금으로 지급된다. 반면 건강보험, 장기요양보험의 경우에는 의료서비스 등 현물의 형태로 제공된다. 사회복지관에서 제공하는 다양한 사회서비스도 현물급여의 성격을 띤다. 재직근로자의 직업훈련비를 결재할 수 있는 내일배움카드, 만 0~5세 아동의 부모가 어린이집 보육료를 결재하는 데 쓰는 아이행복카드 등 서비스 이용권 또는 바우처(voucher)의 경우에도 현물이라고 할 수 있다.

급여의 형태로서 현금과 현물 중에서 어떤 것이 더 나은가? 아동이 있는 가구에게 현금으로 수당을 지급하는 것이 나은가, 아니면 상품권을 지급하여 아동의 영양에 좋은 식료품이나 서비스를 구입하도록 하는 것이 나은가? 이에 대한 대답은 해당 사회보장제도의 목표, 정책당국자와 수급자의 선호, 국민 여론 등에 따라서 달라질 수 있다.

급여를 받는 사람의 입장에서는 현금을 선호할 수 있다. 활용에 제약이 있는 상품권 등의 현물에 비해, 현금은 이른바 소비자의 효용을 극대화할 수 있기 때문이다. 이는 무엇을 선호하고 어떤 재화와 서비스를 구입할지는 소비자가 가장 잘 알고 있다고 보기 때문이다. 소비자로서 수급자에게 현금이 주어졌을 때, 수급자는 자신의 효용을 극대화하는 구매결정을 내릴 수 있다.

그러나 이러한 효용극대화 가정이 적절한 것인지에 대해서는 상당한 논란이 있다. 효용을 극대화하는 합리적 선택은 활용 가능한 정보가 충분하고, 다양한 대안이 있을 경우에 가능한 것이기 때문이다. 또한 소비자가 여러 대안 중에서 효용을 극대화하는 선택을 할 수 있는 능력을 갖추었을 때 가능한 것이다.

한편 정책당국자와 납세자로서 국민들은 현물의 형태를 선호할 수도 있다. 현금의 형태로 수급자에게 급여를 제공할 경우, 수급자는 의도한 것이 아닌 다른 용도로 활용할 가능성이 있다고 보기 때문이다. 정책당국자는 가난한 기초생활수급자가 생계급여로 받은 현금을 주류나 담배를 구입하는 데 활용할 가능성을 우려할 수 있다. 국민들도 땀 흘려 번 돈으로 낸 세금이 낭비되지 않고 효과적으로 쓰이는 것을 선호한다. 이와 같이 급여의 형태와 관련하여 관련된 당사자들은 상이한 가치관과 선호를 갖고 있다.

사회서비스의 경우 과거에는 중앙정부와 지방자치단체가 특정 서비스 기관에서만 서비스를 받도록 지정하였다. 정부는 사회서비스 제공기관에 서비스 대상자를 할당하여 서비스를 제공하도록 하였다. 서비스 대상자는 서비스 기관을 선택하는 데 제약이 있었다. 서비스 대상자는 서비스 기관을 선택할 수 있는 권한이 없이 특정 기관에서 제공되는 서비스를 받을 수밖에 없었다. 또한 서비스 제공기관 간의 경쟁이 낮은 상황에서 사회서비스가 제공되었다. 서비스 대상자의 입장에서는 정부로부터 현금을 받고 자신이 원하는 서비스를 구매하는 것을 더 선호할 수도 있다.

사회서비스 분야에서 활용되는 바우처(voucher) 제도는 소비자의 선택을 증진하고 서비스 기관 간의 경쟁을 유도하기 위해 도입된 제도다. 정부는 서비스 참여자에게 서비스 이용권인 바우처를 제공하고, 서비스 참여자들은 여러 서비스 제공기관 중에서 마음에 드는 기관을 선택하여 서비스를 제공받고 전자바우처 등을 이용하여 서비스 이용료를 결제한다. 어린이집 보육료 지원, 아동·청소년 심리상담, 실업자 직업훈련, 노인을 위한 가사간병돌보미 등 다양한 사회서비스가 바우처 제도를 통해서 운영되고 있다.

바우처 제도의 도입은 사회서비스 제공에서 상당한 논란을 가져오기도 하였다. 바우처 제도의 도입으로 인해 서비스 제공기관 간의 경쟁이 증가되고, 소비자의 서비스 선택권이 증진될 것이라는 기대가 있었다(양난주, 2009). 반면에 서비스 참여자를 모집하기 위한 마케팅 비용 지출이 증가하여 실제 제공되는 서비스의 품질이 악화될 가능성도 제기되었다.

4) 서비스 제공주체: 공공 vs 민간, 영리 vs 비영리

사회보장제도를 관리운영하고 사회서비스를 제공하는 주체는 크게 공공부문과 민간부문으로 구분된다. 민간부문은 다시 영리기관과 비영리기관으로 구별된다. 공공부문은 중앙정부와 시·도, 시·군·구와 같은 지방자치단체 및 산하기관을 지칭한다. 우리나라에서 사회보험과 공공부조는 공공기관이 관리운영하고 법령에서 정해진 급여를 제공한다. 예를 들어, 국민연금과 건강보험은 각각 국민연금공단, 국민건강보험공단과 같이 보건복지부 산하의 공공기관을 통해서 운영된다. 기초생활보장제도에 속하는 생계급여의 경우 중앙정부인 보건복지부의 위임을 받아 시·군·구 등 지방자치단체에서 자격기준 판정 및 급여관리 업무를 수행한다. 사회보험과 공공부조는 전국적으로 단일한 기준을 활용하여 전 국민을 대상으로 운영된다.

한편 사회서비스는 공공부문과 민간부문이 함께 서비스를 제공하는 역할을 수행한다. 예를 들어, 어린이집의 경우에 국공립 어린이집과 민간 어린이집이 병존하면서 서비스를 제공하고 있다. 병원 중에서 국공립의료원은 공공부문에 속하지만 사립대학교 부설병원은 민간부문에 속한다.

민간부문에서 사회복지관 등 사회서비스를 제공하는 기관들은 대부분 비영리기관이다. 영리기관이 운영하는 사회서비스도 있다. 노인장기요양보험제도에서는 영리기관이 노인요양원을 운영할 수 있도록 허용하고 있다. 지역사회투자사업, 이른바 바우처 사업의 경우에도 영리기관이 참여하여 사업을 운영하고 있다.

그러나 대부분의 사회서비스를 영리기관이 아닌, 비영리기관에서 제공하는 이유는 무엇인가? 정부에서 영리기관이 사회서비스를 제공하는 것을 제한하는 이유는 무엇인가? 이 질문에 대답하기 위해서 영리와 비영리 간의 차이점을 살펴볼 필요가 있다. 우리 동네에 있는 보건소에 비해 서울 강남의 성형외과는 이윤을 좀 더 추구하는 것처럼 여겨진다. 그러나 보건소가 공공 비영리조직이듯이 성형외과도 민간 비영리조직이다.

상식적인 기준과는 달리, 법적으로 영리와 비영리의 구분은 조직의 외부로 이익을 반출할 수 있는지 여부에 따라 이루어진다(Hansman, 1980). 영리기관과 비영리기관 모두 수익사업을 할 수 있다. 두 기관 모두 수입에서 비용을 차감하고 남는 이익을 추구하는 행위를 할 수 있다. 영리와 비영리기관 간의 차이는 사업을 통해 얻은 이익을 외부 투자자 등에게 제공하는 것이 가능한지 여부에 달려 있다. 영리조직은 투자자들에게 배당금 등의 형태로 외부로 이익을 반출하는 것이 가능한 반면, 비영리조직에서는 이익의 외부 반출이 금지된다. 비영리기관의 경우에는 사업을 수행하여 이익을 얻었을 때, 이를 외부로 반출하지 못하고 인건비로 지급하거나 시설투자 및 사업 운영자금으로 재투자해야 한다. 이를 비분배 제약(non-distributional constraint)이라고 한다(Hansman, 1980).

이러한 분배 제약의 유무는 조직의 행위에도 영향을 미친다. 영리기관은 많은 투자자를 끌어모으기 위해 높은 수준의 이윤율 또는 배당률 등 사업실적의 극대화를 모색한다. 사회서비스 영역에서 이러한 행위는 서비스 참여자의 복리에 어떠한 영향을 미칠 것인가?

사회서비스에 영리기관이 참여하였을 때 예상 가능한 우려 중의 하나는 이윤 극대화를 위해서 서비스의 품질이 저하될 수도 있다는 점이다(Weisbrod, 1998). 이는 사회서비스에 관한 정보 문제와도 관련을 맺는다. 서비스기관이 제공하는 서비스의 품질에 대해 소비자가 정확히 파악하지 못하는 이른바 정보의 비대칭성(assymetric information)이 존재한다. 영리기관은 과도한 영리추구 인센티브로 인해서 소비자 또는 감독기관이 정확히 파악하기 어려운 영역에서 서비스의 품질을 저하시킬 가능성이 있다(Weisbrod, 1998). 이러한 가능성으로 인해 정부는 사회복지서비스를 비롯한 교육, 건강 등의 영역에서 영리기관이 참여하지 못하도록 규제해 왔다.

반면 비영리기관의 경우에는 이러한 이윤추구 인센티브가 낮기 때문에 비대칭적인 정보를 이용하여 서비스의 품질을 저하시킬 유인이 낮다(Weisbrod, 1998). 따라서 상대적으로 서비스의 품질을 보장할 수 있다는 점이 사회서비스 제공기관으로서 비영리기관을 선호하는 이유다.

그러나 과도한 사업수익을 추구하는 무늬만 비영리기관이 존재할 수 있다(Weisbrod, 1998). 사업수익을 기관장이나 관리자 등 운영 책임자에게 보너스 등의 형태로 과도하게 제공할 가능성이 있기 때문이다. 예를 들어, 성형외과에서 창출한 많은 수익을 의사의 월급으로 제공하는 경우 이것은 불법이 아니다. 따라서 비영리기관이라는 지배구조 자체는 소비자에게 많은 혜택을 줄 수 있는 장치로서 유용하지 않을 수 있다. 최근의 서비스 제공기관의 인센티브에 관한 논의에서는 영리, 비영리의 구분뿐만 아니라 이들 기관을 규제하는 정부기관의 역할, 서비스 시장의 경쟁구조 등을 강조하고 있다(Schlesinger, 1998).

2. 사회보장제도의 형태

우리나라의 사회보장제도는 사회보험, 공공부조, 사회서비스, 보편적 수당, 조세지출 등으로 구분할 수 있다. 각종 제도는 앞서 살펴본 ① 급여 대상자의 선정, ② 재원조달방식, ③ 급여의 형태 등의 주요 기준에 따라 상이한 특성을 보인다. 다음에서는 사회보장제도의 형태별로 주요 특성을 살펴볼 것이다.

1) 사회보험

우리나라의 사회보험제도에는 국민연금, 건강보험, 고용보험, 산재보험, 노인장기요양보험 등 다섯 가지 제도가 있다. 사회보험은 생애 전반적인 과

정에서 누구나 경험할 수 있는 은퇴, 질병, 실업, 산업재해, 치매 등 각종 사회
적 위험에 보험원리를 통해 대응하는 방식이다. 「사회보장기본법」에서는 사
회보험을 "국민에게 발생하는 사회적 위험을 보험의 방식으로 대처함으로써
국민의 건강과 소득을 보장하는 제도"라고 정의하고 있다(「사회보장기본법」
제1장 제3조 제2항). 〈표 2-1〉은 각종 사회보험제도의 기본적인 특성과 가입
인원을 나타낸 것이다.

　예를 들어 국민연금의 경우, 은퇴 후에 소득이 감소함으로써 발생하는 생
계유지 문제를 해결하기 위해서 고안되었다. 노령과 배우자의 사망으로 인
한 소득감소 위험에 대비하여 국민들의 노후생활 안정과 복리증진을 위해 도
입되었다(국민연금공단, 2019). 취업한 근로자는 일하는 기간 동안 급여의 일
부를 국민연금 보험료로 납부하고, 은퇴라는 사회적 위험이 발생했을 때, 연
금의 형태로 받는 제도다. 따라서 보험료를 납부하지 않은 경우에는 국민연
금의 혜택을 받지 못한다.

　국민건강보험은 질병과 부상 등에 대한 치료, 예방 및 건강증진을 위한 의
료서비스를 제공하고 있다. 산업재해보상보험은 우리나라 최초의 사회보험
제도로서 산업재해를 입은 근로자에 대한 치료와 생활보장의 기능을 수행해
왔다(안병영 외, 2018). 고용보험제도는 근로자가 실업한 경우에 실업급여를
제공하여 실업자의 생활안정과 구직활동을 지원하기 위한 목적으로 도입되
었다. 단순한 실업급여 제공을 넘어서 근로자의 직업능력 개발, 취업활동 지
원을 위한 사업을 동시에 추진하고 있다. 노인장기요양보험은 노인 가족의
노인 부양 부담을 완화하려는 목적으로 도입되었다. 이 제도는 치매 등 노인
성 질병으로 인해 일상생활을 혼자 수행하기 어려운 노인에게 신체활동 또는
가사활동을 지원하는 장기요양급여를 제공한다(국민건강보험공단, 2019).

　이러한 제도를 '사회'보험이라고 지칭하는 이유는 국가가 국민들로 하여금
의무적으로 보험에 가입하도록 강제하기 때문이다. 일정 규모 이상 사업장
의 근로자들은 매월 급여에서 일부를 국민연금, 건강보험 등의 사회보험료로

〈표 2-1〉 사회보험제도의 구성과 가입 인원(2017년 12월 말 현재)

제도	내용	가입자수
국민연금	노령, 폐질, 사망에 대한 연금 제공	21,814,172명
건강보험	질병, 부상에 대한 예방, 치료, 재활, 출산, 사망 및 건강증진을 위한 급여 제공	52,427,000명
노인장기요양보험	노인성 질병 등으로 신체활동, 가사활동 지원을 위한 장기요양급여 제공	52,427,000명
고용보험	실직, 고용촉진, 직업훈련 등을 위한 급여 제공	12,958,825명
산업재해보상보험	산업재해를 입은 근로자의 치료 및 급여 제공	18,560,142명

출처: 국민연금공단(2018), 국민건강보험공단(2018), 근로복지공단(2018).

납부한다. 이들을 고용한 사업주의 경우에도 법령에서 정한 일정 금액을 보험료로 납부해야 한다.[2]

예를 들어, 국민연금의 경우 은퇴라는 위험이 발생했을 때 보장을 받는다는 점에서 개인보험 등 민간회사에서 제공하는 보험과 유사한 특성을 갖는다. 그러나 국가가 국민들을 의무적으로 사회보험에 가입하도록 한 배경에는 몇 가지 이유가 있다. 첫째, 국가는 국민들의 인간다운 생활을 보장할 의무가 있기 때문이다. 국민들이 살아가면서 일상적으로 경험할 수 있는 질병이나 생애주기에서 누구나 경험하게 될 은퇴와 생계유지에 대해 국가가 기본적인 책임을 져야 하기 때문이다.

둘째, 국가가 많은 국민들을 포괄하여 보험의 형태로 운영하는 방식이 개인마다 유사한 위험에 대비하는 방식에 비해 더 효과적이기 때문이다. 국민

---

2) 모든 사회보험에서 근로자와 고용주가 재원을 절반씩 부담하는 것은 아니다. 산재보험의 경우에는 대부분의 사업의 재정을 고용주가 부담한다. 고용보험의 경우에도 실업급여의 경우에는 고용주와 근로자가 절반씩 분담하지만 직업훈련 등의 사업은 고용주가 모두 재정을 부담한다. 한편 자영업자들은 본인이 각종 사회보험료를 전액 부담한다.

들은 각자 생업에 바빠서 은퇴 후 생활에 필요한 자금을 치밀하고 계획적으로 준비하지 못할 수 있다. 따라서 근로활동을 하는 기간에 급여의 일부를 국민연금 보험료로 납부하고, 은퇴 후에 연금의 형태로 받도록 하는 일종의 강제적인 저축제도가 더 효과적일 수 있다. 또한 민간금융기관의 개인연금의 경우, 가입자 유치를 위한 높은 수준의 마케팅 비용이 발생할 수 있는 반면, 국민연금의 경우 전국에 걸친 단일한 관리기구를 통해 관리운영비를 절감할 수 있다.

셋째, 사회보험 재정의 안정화를 위해서는 가급적 많은 사람들이 보험에 가입하는 것이 필요하기 때문이다. 강제적인 방식이 아니라, 국민들이 가입 여부를 자유롭게 선택하도록 할 경우 어떠한 일이 발생할 것인가? 위험이 발생할 가능성이 높은 사람들이 보험에 가입하여 보험금을 받는 경우가 발생할 수 있다. 반면에 위험 발생 확률이 낮은 사람들은 점점 더 보험에 가입하지 않음으로써 보험재정이 악화되는 결과를 가져 올 것이다. 이로 인해 보험제도의 재정적 기반이 취약해질 수 있다. 결국 재원 부족으로 인해 사회적 위험에 대해 적절하게 대응하지 못하는 결과가 발생할 수 있다.

넷째, 위험의 재분배 기능이다. 건강보험의 경우, 가입자들이 납부한 보험료는 질병이 발생한 사람들의 치료에 쓰인다. 즉, 위험이 발생하지 않은 건강한 사람으로부터 위험이 발생한 질병이 있는 사람에게로 건강보험기금의 재분배가 이루어진다. 국민연금의 경우에도 근로연령대의 보험료 수입이 은퇴한 노인의 국민연금으로 지출된다. 또한 국민연금의 수익률은 상대적으로 저소득층에게 좀 더 유리하게 설계되어 있다.

사회보험은 서구를 비롯한 대부분의 국가에서 사회보장제도의 근간을 이루어 왔다. 그러나 탈산업화로 인한 서비스업 비중의 확대, 비정규직 근로자의 증가 등으로 사회보험의 혜택을 받는 집단과 배제되는 집단 간의 급여의 격차가 확대되고 있다(Thelen, 2014). 예를 들어, 국민연금의 경우, 가입기간과 기여금에 따라 급여수준이 상당 부분 결정된다. 연금의 형태로 급여를 받기 위해서는 10년 이상을 납입해야 한다. 따라서 안정된 정규직 근로자는 장기간 동안 가입하여 은퇴 후에도 높은 수준의 연금혜택을 받는다. 그러나 불안정한 비정규직 근로자는 가입경력도 짧고, 납부액도 낮아서 연금의 형태로 받지 못하거나 받더라도 상대적으로 적은 금액을 받게 된다.

대기업과 중소기업, 정규직과 비정규직으로 구분된 노동시장의 이중구조에서 빚어진 소득격차가 결과적으로 사회보장 혜택에도 그대로 재현된다(정인영, 2015). 국민연금에는 소득재분배 장치가 있어서 저소득층에게 상대적으로 높은 수익률을 제공한다. 그러나 납입기간이 짧고 기여액이 적어서 은퇴 후에 생활에 충분한 급여를 받지 못하고 있다. 정부에서는 저소득층 근로자에게 사회보험료를 지원해 주는 사회보험 두루누리 사업 등을 통해서 저소득 근로자들의 사회보험 가입 기간을 늘려 주는 정책을 추진하고 있다(정인영, 2015).

2) 공공부조

사회복지의 역사에서 가장 먼저 등장한 것은 공공부조(public assistance) 제도다. 고령, 장애, 실업 등 다양한 이유로 빈곤에 처한 개인과 가족에게 정부가 세금을 재원으로 생계유지를 지원하는 제도다.「사회보장기본법」에서는 공공부조를 "국가와 지방자치단체의 책임하에 생활 유지 능력이 없거나 생활이 어려운 국민의 최저생활을 보장하고 자립을 지원하는 제도"로 정의하고 있다(「사회보장기본법」 제1장 제3조 제3항).

공공부조는 '선별적' 복지(selective welfare), 또는 '잔여적' 복지(residual welfare)의 특성을 갖는다. 모든 국민들을 대상으로 제공하는 것이 아니라, 고령, 질병, 장애 등으로 취업이 어려워서 생계를 유지하기 어려운 특정 빈곤층에게 급여를 제공하기 때문이다. 소득과 재산, 부양의무자 등을 면밀하게 조사하여 이들이 실제로 궁핍한 상태에 처했는지를 파악하고, 수급자격이 있는 대상자들에게 급여를 제공한다는 점에서 선별적인 복지의 특성을 지닌다. 사람들은 일차적으로 취업을 해서 소득을 얻어야 하는데, 그렇지 못한 사람들에 한정하여 복지를 제공한다는 점에서 잔여적 복지의 성격을 띤다.

우리나라의 공공부조제도에는 국민기초생활보장제도에 속하는 생계급여, 주거급여, 교육급여, 의료급여 등이 있다. 정부의 세금으로 운영하기 때문에 누가 급여를 받을 자격이 있는가 하는 자격요건에 대한 엄격한 심사가 이루어진다. 각국마다 공공부조 급여를 받을 수 있는 자격기준은 다르다. 우리나라에서는 신청한 가구의 재산, 소득, 부양의무자의 유무 및 소득 등을 기준으로 자격요건을 결정한다. 국민기초생활보장제도에 속하는 각종 급여의 수급 자격요건과 급여금액은 이후 제11장에서 다룰 것이다.

3) 사회서비스

사회보험과 공공부조는 전국에 걸쳐서 동일한 기준이 적용되어 국민들이 기본적인 생활을 유지하도록 지원해 준다. 그러나 완전고용이 이루어져서 모두가 일자리를 얻을 수 있는 사회, 연금이 충분히 제공되어서 노후생활이 풍족한 사회에서도 사람들은 일상적인 도움을 받을 수 있는 서비스를 필요로 한다. 거동이 불편한 가난한 독거노인은 어떠한 도움을 받을 수 있을까? 미취학 아동이 있는 한부모 가정의 부모는 일하는 동안 자녀를 어디에 맡길 수 있을까? 이러한 일상적인 도움을 제공하기 위한 각종 사회서비스가 제공되고 있다. 사회서비스는 개인과 가족이 지닌 문제를 해결하고 행복을 증진하기 위해 제공되는 각종 서비스다.

「사회보장기본법」에서는 사회서비스를 "국가·지방자치단체 및 민간부문의 도움이 필요한 모든 국민에게 복지, 보건의료, 교육, 고용, 주거, 문화, 환경 등의 분야에서 인간다운 생활을 보장하고 상담, 재활, 돌봄, 정보의 제공, 관련 시설의 이용, 역량 개발, 사회참여 지원 등을 통하여 국민의 삶의 질이 향상되도록 지원하는 제도"라고 정의한다(「사회보장기본법」 제3조 제4항). 이러한 정의에 따르면 사회서비스는 복지뿐만 아니라 교육, 문화 등 인간다운 생활을 누리고 삶의 질을 향상하는 데 필요한 매우 다양한 서비스를 포함하고 있다. 병원에서 제공하는 의료서비스, 학교와 지역아동센터에서의 방과후 교육, 청소년 수련원에서 제공하는 청소년 상담서비스, 고용센터의 직업훈련 및 취업지원서비스도 사회서비스에 포함된다.

사회서비스는 현물의 형태로 제공되는 서비스와 서비스를 구입할 수 있는 현물 바우처 등을 모두 지칭한다. 예를 들어, 사회복지관에서 직접 제공하는 각종 서비스(예: 아동, 청소년 상담서비스), 어린이집에서 제공하는 보육서비스 등이 대표적인 예다. 저소득층 가정에게 제공되는 문화바우처, 독거노인들의 생활지원을 위한 노인돌봄 바우처 제도 등도 사회서비스에 속한다. 거동이 불편한 혼자 사는 가난한 노인의 경우를 예로 들어 보자. 변변한 반찬 없이 밥과 김치만으로 매 끼니를 혼자서 해결하는 경우가 많다. 사회복지관에서는 자원봉사자의 도움으로 독거노인을 위해 반찬을 만들어 배달하는 서비스를 제공한다. 집안 청소가 어려운 노인들을 위해서 가사지원 서비스를 제공하기도 한다. 또한 주변 이웃과 교류가 부족한 경우가 많기 때문에 말벗이 되어 주기도 한다.

사회복지학을 공부하고 졸업한 학생들이 많이 취업하는 사회복지관에서는 사회서비스를 주로 제공한다. 과거에 사회서비스는 빈곤층, 노인 등 취약계층을 대상으로 제공되었다. 점차 서비스의 대상자가 확대되어 이제는 일반인도 자신이 거주하는 인근의 사회복지관에서 제공하는 아동 · 청소년 상담, 건강강좌, 컴퓨터 교육 등 다양한 사회서비스에 참여할 수 있게 되었다.

4) 보편적 수당

많은 국가에서는 보험료 납입 등 기여 여부와 질병, 은퇴 등의 사회적 위험 발생 여부와는 무관하게 보편적 수당의 형태로 국민들에게 급여를 제공한다. 또한 대상자의 소득이나 자산과는 무관하게 노인, 아동 등 특정 인구학적 범주에 포함되면 이러한 수당을 지급받는다. 이 점에서 보편적 수당은 사회보험, 공공부조와 다른 특성을 갖는다(안병영 외, 2018).

우리나라 정부에서도 보편적 수당의 형태로 국민들에게 현금급여를 제공한다. 기초연금, 아동수당이 대표적인 제도다. 기초연금은 소득기준 하위 70%의 노인들에게 소득과 재산에 따라 차등적으로 지급된다. 2019년 현재 만 65세 이상 노인 중에서 소득기준 하위 25% 이하 저소득 노인에게는 최대 30만 원이 지급된다. 저소득 노인을 제외한 소득기준 하위 70%의 노인에게는 최대 25만 원의 기초연금이 제공된다. 정부는 2021년까지 기초연금액을 최대 30만 원으로 인상할 계획이다(보건복지부, 2017). 정부는 만 6세 미만 아동이 있는 가구에게 아동 1명당 10만 원씩 아동수당을 지급하고 있다. 아동수당은 아동이 있는 가구의 양육비 지출을 보전하여 아동양육 부담을 완화하기 위해서 도입되었다.

기초연금은 소득을 자격요건으로 삼는다는 점에서 공공부조로 분류되기도 한다. 그러나 기초연금은 공공부조라기보다는 보편적 성격의 제도에 더 가깝다. 재원은 국민들이 납부한 일반 조세를 통해서 조달하고 자산조사를 한다는 점에서 공공부조와 유사하다. 그러나 수당을 받는 대상자가 노인의 70%를 포괄하고 있기 때문에 공공부조와 다른 준보편적 사회보장의 형태로 분류하는 것이 타당하다. 어찌 보면 사회보험, 공공부조, 사회서비스라는 우리나라의 전통적인 사회보장제도의 분류방식이 시대가 변화함에 따라 새롭게 등장하는 제도를 제대로 포괄하지 못한다고 볼 수도 있다.

5) 조세지출

조세지출은 정부가 사회경제적 목표 달성을 위해 특정 산업, 활동, 집단에게 제공하는 각종 면세, 소득공제, 세액공제 등의 혜택을 의미한다. 사회보장과 관련하여 조세지출에는 자녀 공제, 다자녀 공제 등 직장인이 연말정산에서 신청하여 받는 각종 세금혜택이 포함된다. 정부의 입장에서 보면 이러한 각종 공제제도가 없었더라면 해당 공제분만큼 추가로 조세수입으로 거둬들였을 것이다. 그러나 이러한 돈을 수입으로 징수하지 못했기 때문에 정부 입장에서 조세'지출'이라고 간주하는 것이다.

OECD에서는 조세지출 유형을 ① 세금감면, ② 소득공제, ③ 세액공제, ④ 세율우대, ⑤ 납입일 연장 등으로 분류하고 있다(OECD, 2010: 12). 세금감면은 소득에 부과되는 세금을 감액하거나 면제해 주는 제도다. 우리나라에서는 중소기업 취업자에 대해 소득세 90% 감면정책이 시행 중이다. 소득공제는 세금부과 대상이 되는 소득, 즉 과세표준 소득을 줄여 주는 제도다. 예를 들어, 근로소득공제, 인적공제, 신용카드 사용금액에 대한 소득공제 등을 통해 일정 금액을 소득에서 차감하여 과세 대상 소득을 감소해 주는 기능을 한다. 한편 세액공제는 과세표준 소득에 따라 세금을 산정한 후에 세금에서 다시 일정 부분을 차감해 주는 제도다. 자녀세액공제, 월세세액공제 등이 있다. 세율우대는 납부세율을 감소시켜주는 제도다. 세금우대저축의 경우 일정 금액까지 이자소득세를 감면해 준다. 납입일 연장은 세금납부일을 연장해 주는 제도다.

일정 소득 미만의 저소득층 근로자는 근로장려금의 혜택을 받을 수 있다. 정부(국세청)는 연말정산을 통해 이미 납부한 근로소득세를 환급해 줄 뿐만 아니라, 저소득층 근로자에게 근로활동을 장려하는 성격의 현금을 추가로 지급한다. 미성년 자녀가 있는 저소득층은 자녀장려금을 받을 수 있다. 정부는 저소득층 가구의 소득과 부양자녀 수에 따라 자녀 1명당 최대 50만 원까지 자녀장려금을 지급해 준다.

조세지출 중에서 소득공제와 세액공제는 고소득층과 저소득층 중에서 누구에게 유리할까? 일반적으로 소득공제는 고소득층에게 유리하다. 소득세율은 과세표준 소득이 높을수록 증가하는 누진적인 성격을 띤다. 저소득층과 고소득층 모두 동일한 소득공제 혜택을 받는 경우에도 고소득층은 소득공제 혜택을 통해 과세표준이 되는 소득을 낮출 수 있기 때문이다. 따라서 고소득층은 소득공제를 통해 더 적은 세금을 낸다.

세액공제의 경우에도 고소득층이 유리할 수 있다. 세액공제는 납부해야 할 세금의 범위 내에서만 공제 혜택을 받을 수 있기 때문이다. 저소득층은 이미 소득공제 등을 통해 납입할 세액 자체가 고소득층에 비해 적거나, 세액공제를 최대한도까지 받지 못할 수 있다. 반면에 고소득층은 많은 세금을 내야 하는 상황에서 각종 세액공제를 최대한도까지 받을 수 있기 때문이다.

또한 소득계층에 따라 소득공제와 세액공제 혜택을 주는 제도의 활용률에 차이가 있다. 예를 들어, 신용카드 소득공제의 경우, 고소득층이 신용카드를 더 많이 활용하고 소득공제 혜택을 더 많이 받을 수 있다. 개인연금의 경우에도 연간 납입한 일정 금액까지 세액공제 혜택을 받을 수 있다. 저소득층의 경우 현재의 생계유지에 급급한 나머지 개인연금에 가입할 수 있는 경제적 여력이 부족하다. 반면에 고소득층의 경우 세액 공제를 받을 수 있는 최대한도까지 개인연금에 가입하고 세액공제의 형태로 돌려받을 수 있기 때문이다. 이와 같이 소득공제와 세액공제 혜택은 일반적으로 고소득층에게 유리하게 구성되어 있다.

이러한 조세지출은 사회보장제도로서의 성격이 명시적으로 드러나지 않았던 측면이 있다. 부모부양공제, 배우자공제, 자녀공제, 자녀장려금 등의 세금 혜택은 일종의 가족수당정책이라고 할 수 있다. 명시적으로 매월 일정 금액을 지급하지는 않지만, 가족을 부양하는 가구의 소비지출을 보전하기 위한 지원이기 때문이다. 최근에 도입된 아동수당, 노인을 위한 기초연금의 확대에 따라 암묵적인 가족수당 성격의 조세지출을 조정할 필요성이 제기되고 있다. 이제는 사회보장 성격의 다양한 수당이 지급되고 있다. 보편적 수당이 없었던 시절에 제공되었던 중복되는 각종 세금 혜택을 축소할 필요가 있기 때문이다.

3. 주요 국가들의 사회보장

이 절에서는 독일, 미국, 스웨덴 등 세 개 국가의 사회보장제도의 특성이 무엇인지를 살펴볼 것이다. 왜 이 세 국가인가? 이 국가들은 국민들의 인간다운 삶을 보장하기 위한 각종 제도를 구축하는 방식에서 매우 특징적인 양상을 보이고 있기 때문이다. 〈표 2-2〉는 사회보장과 관련된 세 국가의 주요 지표를 나타낸 것이다.

1) 독일

독일, 네덜란드 등 유럽 대륙 국가의 사회보장체제는 보수주의 복지국가, 또는 기독교 민주주의 유형으로 구분된다(Esping-Anderson, 1990; Iversen & Wren, 1998). 과거 독일에서는 지역사회, 교회, 가족 등의 전통적인 조직이 시장의 위협에 대응하는 주된 역할을 수행해 왔다(Iversen & Wren, 1998). 독일에서는 사회보험 중심의 사회보장제도가 구축되어 왔다. 따라서 미국, 스웨덴과는 달리 공적연금이 상대적으로 높은 비중을 차지한다(〈표 2-2〉 참조).

독일에서는 산업화 과정에서 직업집단별로 실업보상, 연금 등의 제도가 발전하면서 정규직 남성근로자와 가족의 사회보장을 중심으로 제도가 발전하였다. 또한 전통적인 남성 생계부양자 모델을 근간으로 사회보장제도가 발전하였다. 남성들이 생계유지를 위한 직업활동에 참여하고, 여성들은 자녀 양육과 가사노동을 하는 전통적인 가족의 생계 유지 방식을 가정하여 사회보장제도가 구축되었다.

독일의 사회보장제도는 주로 제조업 직업집단별로 공적연금을 비롯한 사회보험제도가 발전하면서 정규직 산업 근로자의 직업활동 기간에 얻은 소득 수준을 보전하는 데 초점을 두어 왔다. 또한 다른 국가에 비해 가족부양을 위한 지출이 높은 특성을 보인다. 그러나 독일에서도 점차 탈산업화가 진행되면서 서비스 부문의 고용이 증가하고 여성들의 경제활동 참여가 증가하고 있다. 또한 서비스업에 종사하는 불안정한 비정규직 노동자들이 증가하여 안정적인 정규직 일자리를 가진 제조업 부문 노동자의 처우와 대비되는 노동시장의 이중화 현상이 가속화되고 있다(Thelen, 2014).

2) 미국

미국은 자유주의 복지국가로 일컬어지고 있다(Esping-Anderson, 1990). 이른바 신자유주의 이데올로기에 근거하여 사회적 위험에 대한 대응에서 개인과 시장의 역할을 강조하고 있다. 미국에서는 국민들의 복지를 최대화하는 곳은 시장이며, 경제활동에 대한 정부 개입은 자원배분을 왜곡시킨다는 신자유주의 이데올로기가 확산되어 있다(Iversen & Wren, 1998). 또한 국민들은 적극적인 근로활동을 통한 개인의 자립에 중요한 가치를 부여하고 있다(Ellwood, 1988).

따라서 사회보장제도에서도 불평등의 완화보다는 시장경제의 원활한 작동을 지원하는 방식으로 이루어지고 있다. 공적연금제도의 보장성은 상대적으로 높은 수준이지만, 공적 건강보험의 포괄 범위는 노인층을 대상으로 하거나, 저소득층에게 한정되어 있다. 사회서비스에서는 민간부문의 비중이 상대적으로 높다. 미국은 공공부문의 고용과 정부의 재정지출 확대를 꺼리고, 민간기업에서의 고용을 창출하는 데 주력하고 있다(Iversen & Wren, 1998). 낮은 세금과 민간부문에서의 고용창출을 강조한 결과, 미국은 독일, 스웨덴에 비해서 높은 수준의 소득 불평등을 보이고 있다(〈표 2-2〉 참조).

3) 스웨덴

스웨덴은 사회민주주의 복지국가로 불린다(Esping-Andersen, 1990). 사회민주주의 정당이 중심이 되어 노동자 계급의 지지를 기반으로 다른 정당과의 연합정치를 통해 복지국가의 기틀을 확립하였다(Korpi, 1984). 스웨덴에서는 정부의 적극적인 재정정책을 통해 공공부문의 고용을 확대하고 불평등을 완화하는 노력을 기울여 왔다(Iversen & Wren, 1998). 실업급여 제공 등 실직자의 소득보장을 넘어서, 실업자에 대한 직업훈련, 취업지원서비스를 강조하는

〈표 2-2〉 **각국 사회보장제도의 주요 특성**   (단위: %)

	한국	독일	미국	스웨덴
사회 지출 (GDP 대비, 2018)	11.1	25.1	18.7	26.1
연금 지출 (GDP 대비, 2015)	2.9	10.1	7.1	7.2
공적 실업 지출 (GDP 대비, 2015)	0.3	0.9	0.2	0.3
가족 지출 (GDP 대비, 2015)	1.2	2.2	0.6	3.5
공적 노동시장 지출 (GDP 대비, 2016)	0.7	1.5	0.3	1.7
취업률(2017)	66.6	75.3	70.1	76.9
여성취업률(2017)	56.9	71.5	64.9	75.4
소득불평등 (GINI 계수, 2016)	0.30	0.29	0.39	0.28
빈곤율(2015)	13.8	10.1	16.8	9.2
실업률(2017)	3.7	3.7	4.4	6.7
장기실업률(2017)	1.3	41.9	15.1	16.8

출처: OECD (2019).

적극적 노동시장정책을 추진해 왔다. 그 결과 고용률은 독일, 미국에 비해 높은 수준이다. 사회보장을 위한 공공지출도 독일, 미국에 비해 상대적으로 높은 수준을 보인다.

    스웨덴에서는 여성의 경제활동 참여를 확대하면서 여성의 고용창출을 통해 소득 불평등을 완화시켜 왔다. 스웨덴에서 여성의 경제활동 참여율은 독일, 미국에 비해 높은 수준을 보인다. 스웨덴에서는 보건, 복지 등 공공부문 서비스업을 확대하여 여성의 일자리를 창출하는 데 주력하였다. 이는 스웨덴 국민들의 평등주의적 심성과 강한 근로윤리가 기반이 된 것이다. 예를 들어, 과거 스웨덴에서는 연대임금정책을 시행하였다. 기업의 규모 등 기업의 지불능력, 노동생산성과는 무관하게 동일한 직종 내에서 일하는 노동자에게는 동일한 임금체계를 적용하여, 이들은 유사한 수준의 임금을 받았다. 스웨덴에서는 시장소득의 불평등을 해소하기 위한 누진세와 적극적인 재정지출 정책을 통해 독일, 미국에 비해 불평등 수준이 낮게 유지되고 있다(〈표 2-2〉 참조). 그러나 공공부문의 확대에 필요한 재정지출이 증가하면서 재정 적자가 증가되는 문제점을 안고 있다(Iversen & Wren, 1998).

    이와 같이 독일, 미국, 스웨덴은 각국의 고유한 정치경제적 여건을 반영하여 상이한 방식으로 사회보장제도를 구축해 왔다. 이러한 의미에서 에스핑-앤더슨은 보수주의, 자유주의, 사회민주주의 복지국가를 복지자본주의를 구현하는 세 개의 상이한 세계(three worlds of welfare capitalism)라고 표현하기도 하였다(Esping-Anderson, 1990).

    각국에서 발전시켜 온 사회보장제도는 서로 다른 형태의 장단점을 갖고 있다. 예를 들어, 독일과 같은 보수주의 복지국가는 사회보험제도를 중심으로 복지국가를 발전시킴으로써 기존 정규직 제조업 근로자의 안정적인 소득보장을 유지할 수 있었다. 그러나 이는 비정규직 불안정 노동자의 희생을 배경으로 한 것이다(Thelen, 2014). 미국에서는 사회보장에 대한 정부의 개입을 최소화하고 민간부문에서 고용을 활성화하여 낮은 실업률을 유지할 수 있었다. 그러나 시장소득의 불평등을 시정하지 못하고 상대적으로 높은 소득불평등을 보이고 있다.

　각국의 사회보장제도는 해당 국가 국민들이 중시하는 가치관과 고유한 정치경제체제에 기반을 둔 것이다. 어떤 국가가 더 나은 사회보장제도를 갖고 있는가 하는 점을 여러 기준을 갖고 평가할 수 있다. 그러나 모든 기준에서 뛰어난 국가를 찾아보기는 힘들다. 예를 들어, 사회보장의 안정성이 높은 국가는 고용률이 낮거나 정부의 재정지출이 큰 단점을 갖고 있기 때문이다(Iversen & Wren, 1998). 각국에서는 각종 정책 목표 간의 상충관계를 고려하여 어떻게 단점을 최소화하면서 사회보장을 구축할 것인지를 고민하고 있다.

　이 장에서는 사회보장의 기본 원리와 사회보장제도의 다양한 유형을 살펴보았다. 각국에서는 사회보장의 고유한 목표를 달성하기 위해서는 여러 제도를 동시에 시행한다. 하나의 정책 목표를 달성하기 위해 사회보험, 공공부조, 사회서비스가 결합되어 제공된다. 예를 들어, 노인의 소득보장을 위해서 공적연금제도, 기초생활보장제도, 노인일자리 제도 등을 동시에 운용할 필요가 있다.

　한편 한 제도의 각종 구성요소를 다양한 방식으로 결합하여 특정 제도를 구축할 수 있다. 공적연금과 같은 특정 제도를 설계하는 과정에서 누구에게 공적연금 혜택을 주는지, 연금의 수준은 어떠한지, 재원을 어떻게 마련할 것인지, 어떤 기관이 운영할 것인지 등 제도의 다양한 측면에서 의사결정을 해야 한다. 이러한 결정은 전문가의 판단에 따른 기술적인 결정일 수도 있지만, 다양한 이해관계자들의 이해관계를 조율하여 합의를 도출하는 정치적 의사결정의 결과다.

　다음 장부터 제11장까지는 사회보장의 다양한 영역별로 각종 사회적 위험에 대응하여 국민들의 인간다운 삶을 보장하기 위해서 우리나라와 다른 국가에서는 어떠한 방식의 제도가 운영되고 있는지를 살펴볼 것이다.

국민건강보험공단(2018). 2017 국민건강보험통계연보, 국민건강보험공단, 건강보험
심사평가원.

국민건강보험공단(2019). 노인장기요양보험제도, 국민건강보험공단(http://www.
longtermcare.or.kr/npbs/e/b/101/npeb101m01.web?menuId=npe000000003
0&zoomSize=)

국민연금공단(2018). 2017 국민연금통계연보. 전북: 국민연금공단.

국민연금공단(2019). 알기 쉬운 국민연금, 국민연금공단(http://www.nps.or.kr/
jsppage/info/easy/easy_01_01.jsp)

근로복지공단(2018). 2017 근로복지공단 통계연보. 울산: 근로복지공단.

보건복지부(2017). 기초연금, 2018년 4월부터 25만 원 지급. 보도자료(2017. 8. 21.).

안병영, 정무성, 신동면, 양재진(2018). 복지국가와 사회복지정책. 서울: 다산출판사.

양난주(2009). 노인돌보미바우처 정책집행분석. 사회복지연구, 61(3), 77-101.

정인영(2015). 국민연금 사각지대 완화를 위한 제도적 개선방안 연구. 사회복지정책,
42(2), 33-62.

Baldwin, P. (1992). *The Politics of Social Solidarity: Class Bases of the European
Welfare State 1875-1975*. Cambridge University Press.

Ellwood, D. T. (1988). *Poor Support: Poverty in American Family*. Basic Books.

Esping-Aderson, G. (1990). *The Three Worlds of Welfare Capitalism*. Cambridge,
Polity.

Hansman, H. (1980). The Roles of Nonprofit Enterprise. *Yale Law Review, 89*, 835-
999.

Iversen, T., & Wren, A. (1998). Equality, Employment, and Budgetary Restraint:
The Trilemma of the Service Economy. *World Politics, 50*(4), 507-574.

Korpi, W. (1984). *The Democratic Class Struggle*. London: Routledge & Kegan
Paul.

OECD (2010). *Tax Expenditures in OECD Countries*. OECD.

OECD (2019). Social Expenditure Database(http://www.oecd.org/social/ expenditure.htm)

Schleginger, M. (1998). Mismeasuring the Consequences of Ownership: External Influences and the Comparative Performance of Public, For-Profit, and Private Nonprofit Organization, in Powell, W., & Clemens, E. (Eds.), *Private Action and the Public Good*. Yale University Press.

Thelen, K. (2014). *Varieties of Liberalization and the New Politics of Social Solidarity*. New York and Cambridge: Cambridge University Press.

Weisbrod, B. A. (1998). Institutional Form and Organizational Behavior, in Powell, W., & Clemens, E. (Eds.), *Private Action and the Public Good*. Yale University Press.

Wilensky, H. L., & Lebeaux, C. N. (1958). *Industrial Society and Social Welfare*. New York: Russel Sage Foundation.

제2부

개별 사회보장제도

제3장
•
아동에 대한 사회보장

  빈곤은 아동의 신체·인지·학업성취·정서 발달에 부정적 영향을 미친다. 특히 빈곤 진입연령이 어릴수록, 빈곤 지속기간이 길수록 복지 의존성이 증가하여 빈곤에서 벗어나기 어려워진다. 이에 빈곤의 악순환을 막기 위해 아동기의 빈곤 해결 및 예방을 위한 아동에 대한 사회보장정책이 필요하다.

  아동에 대한 사회보장정책은 아동 개인뿐만 아니라 아동을 부양하는 가구에 대한 지원으로 이해할 수 있다. 그래서 아동에 대한 사회보장급여는 'Child Benefits'로 불리기도 하지만 'Family Benefits'로 사용되기도 한다. 국가가 아동에게 공적으로 제공하는 사회보장은 현금이전, 조세혜택, 서비스 등 다양한 원리와 형태로 제공할 수 있으며, 아동의 대표적 현금지원제도인 아동수당은 국가 내 제도 간의 연계와 정책 시행 목적이 상이하여 국가별 아동의 연령기준, 급여수준, 급여체계 등에 차이가 있다.

  한국은 최근 무상보육료 지원, 아동수당 도입 등 아동에 대한 사회보장정책이 급격하게 확대되었으나, 여전히 아동에 대한 복지지출의 비중이 낮은 편이다. 여성의 임신기부터 성인이 되기 전까지 아동의 전 생애에 적절한 사회적 안전망이 확립되어 아동을 부양하는 가구의 아동 양육 부담을 국가가 함께 지면서 부모의 자녀 양육 부

담을 덜고, 아동의 권리 증진 및 삶의 질을 높여 아동이 건강하고 살기 좋은 국가가
건설되면 한국의 심각한 저출산 문제를 해결하는 실마리가 될 수 있을 것이다.

1. 사회적 위험

1) 아동과 빈곤

빈곤의 사전적 의미는 '기본적 욕구가 충족되지 않은 상태로 물질적·경제
적인 궁핍, 부족 또는 결핍의 상태'를 뜻한다. 그래서 일반적으로 소득, 자산
등이 일정한 기준[1]에 미치지 못할 경우 빈곤한 사람(또는 가구)으로 정의한
다. 빈곤은 단순히 물질적·경제적 차원을 넘어서 심리·사회·문화적 차원
에 많은 영향을 미치게 되며, 특히 아동[2]은 성인보다 빈곤으로 인한 부정적
인 영향이 더욱 크다. 〈표 3-1〉은 Brooks-Gunn과 Duncan(1997)의 연구에
서 빈곤아동과 비빈곤아동의 신체·인지·학업성취·정서 등의 발달 차이
를 분석한 결과다. 대부분의 지표에서 빈곤한 아동은 비빈곤한 아동에 비해
발달이 늦고, 위험 환경에 노출될 가능성이 큰 것으로 분석되었다. 빈곤한 아
동은 비빈곤한 아동에 비해 건강 상태가 양호하지 못한 경우가 1.8배 높았으
며, 영아 사망률은 1.7배, 아동기(0~14세) 사망률은 1.5배 높은 것으로 나타
났다. 또한 발달지연, 학습부진의 확률도 높으며, 결식 경험은 9.9배, 아동학
대 및 방임률은 6.8배나 높은 것으로 나타났다.

---

1) 객관적으로 결정한 최저수준(예: 최저생계비) 미만일 경우 절대적 빈곤, 사회의 다른 사람들보다
   비교하여 적게 가지는 것(예: 중위소득의 50%)을 상대적 빈곤으로 정의한다.
2) 「UN 아동권리협약」에 따르면 아동은 18세 미만의 사람을 의미한다.

　빈곤한 가구에서는 음식, 건강, 주거, 교육 등에 있어 아동에 대한 투자가
어려우며 이는 아동의 신체 · 인지 · 정서적 발달을 저하시키는 원인으로 작
용한다. 아동의 발달 저하는 학습부진, 학교부적응, 반사회적 행동 등으로 이
어지고, 학업중단과 낮은 교육수준으로 인한 기술의 부족과 낮은 생산성을
초래하며, 노동시장에서 실업, 저임금, 고용불안 등으로 연결되어 성인기에
도 빈곤에 처할 확률을 높게 한다. 아동기의 빈곤은 발달 및 기회의 불평등을
초래하고 결과적으로 성인기의 삶에도 부정적 영향을 미치게 된다. 이러한
현상을 빈곤의 세습, 대물림 또는 빈곤의 악순환이라고 부른다.

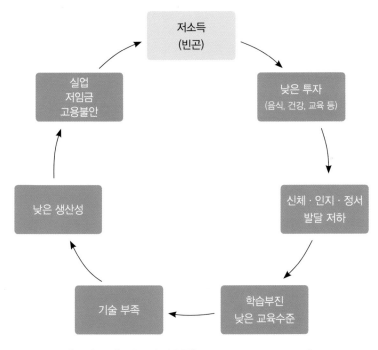

[그림 3-1] **빈곤의 악순환**(vicious cycle of poverty)

출처: Ongkiko, I. V. C., & Flor, A. G. (2006). 재구성.

〈표 3-1〉 미국의 빈곤아동과 비빈곤아동의 복지 지표 차이

지표	빈곤아동 %	비빈곤아동 %	빈곤아동/ 비빈곤아동
신체적 건강(0~17세 아동)			
− 건강 상태 양호 보고율	37.5	55.2	0.7
− 건강 상태 비양호 보고율	11.7	6.5	1.8
− 사고, 중독, 상해 경험률	11.8	14.7	0.8
− 만성 천식	4.4	4.3	1.0
− 저체중아(2,500g 미만)	1.0	0.6	1.7
− 영아 사망률(아동 100명당)	1.4명	0.8명	1.7
− 아동기(0~14세) 사망률	1.2	0.8	1.5
− 상위 15% 신장(2~17세)	10	5.0	2.0
− 질병경험일수	5.3일	3.8일	1.4
− 단기입원일수(아동 1,000명당)	81.3일	41.2일	2.0
인지			
− 발달지연(0~17세)	5.0	3.8	1.3
− 학습부진(3~17세)	8.3	6.1	1.4
학업성취(5~17세)			
− 유급률	28.8	14.1	2.0
− 제적 또는 유예율	11.9	6.1	2.0
− 고등학교 중퇴율	21.0	9.6	2.2
정서 또는 행동(3~17세)			
− 지난 3개월 이상 정서·행동문제 경험	16.4	12.7	1.3
− 정서·행동문제로 치료 경험	2.5	4.5	0.6
− 지난 3개월간 1개 이상 행동문제 경험	57.4	57.3	1.0
기타			
− 10대 출산율	11.0	3.6	3.1
− 1년에 1회 이상 배고픔 경험	15.9	1.6	9.9
− 아동학대, 방임률	5.4	0.8	6.8
− 폭력범죄율	5.4	2.7	2.1
− 사회활동 부적응	19.5	8.7	2.2

출처: Brooks-Gunn, J., & Duncan, G. J. (1997).

  아동이 빈곤을 경험하는 시기와 기간에 따라 아동에게 미치는 영향과 욕
구가 다르게 나타나기 때문에, 아동의 연령에 따라 국가가 아동에게 지원하
는 영역과 규모에 차이가 발생한다([그림 3-2] 참고). 빈곤으로 영유아 시기의
영양 불균형은 아동의 신체 · 인지적 발달 부진으로 이어져 아동의 삶 전체에
부정적 영향을 미칠 수 있다. 빈곤을 경험하는 시기가 이를수록, 빈곤에 노출
된 기간이 길수록 장기 빈곤에 빠질 확률이 높으며, 장기 빈곤은 복지수급의
의존성에 영향을 미쳐 빈곤에서 벗어날 확률이 줄어든다(Brooks & Duncan,
1997). 그러므로 아동기에 발생하는 빈곤은 조기에 개입하여 해결하고, 나아
가 빈곤을 예방하는 정책을 통하여 빈곤의 악순환을 막고 복지의존으로 발생
될 막대한 사회적 비용을 줄여야 한다. 또한 아동은 국가의 미래 노동력으로
서 국가 전체 발전에 영향을 미치므로 아동기의 빈곤 해결 및 예방을 위해 국
가는 사회보장정책을 통해 적절한 개입을 해야 한다.

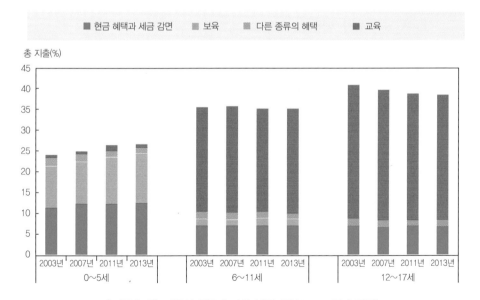

[그림 3-2] 아동의 연령에 따른 공적지출(OECD 국가 평균)

출처: OECD Family Database (2017). www.oecd.org/els/family/database.htm

2) 한국의 아동빈곤

　일반적으로 아동보다 노인에 대한 국가의 공적 지원의 비중이 큰 것은 아동은 투표권이 없고 자신의 권리 보장 및 복지증진을 위한 목소리를 내기 어려운 집단이기 때문에 국가의 정책적 지원 대상에서 후순위로 밀리기 쉽기 때문이라고 한다. 그런데 한국은 이와 더불어 심각한 노인 빈곤율(45.7%, 2015년 기준)에 비하여 아동 빈곤율(7.1%, 2015년 기준)이 현저히 낮아 아동에 대한 사회보장 개입의 근거를 제시하기 어려운 부분이 있다. OECD 가입국의 대부분이 전체 빈곤율보다 아동 빈곤율이 높은 것에 비해, 한국은 전체 빈곤율보다 아동 빈곤율이 낮으며 그 차이도 가장 큰 것으로 나타났다([그림 3-3] 참고). 아동 빈곤율 수치 자체도 OECD 가입국 중 네 번째로 낮은 것으로 나타나(〈표 3-2〉 참고), 빈곤한 아동의 비중이 크지 않는 것으로 보인다. 한국의 아동 빈곤율이 낮은 이유는 무엇일까? 실제로 빈곤한 아동이 적은 것인지 고민할 필요가 있다.

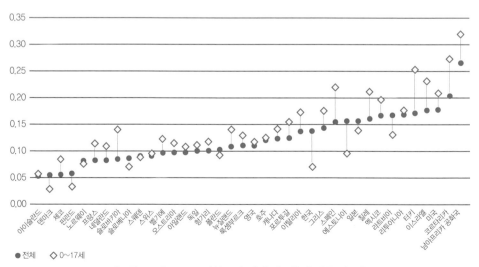

● 전체　◇ 0~17세

[그림 3-3] OECD 가입국의 전체 빈곤율과 아동 빈곤율

출처: OECD (2019). Poverty rate (indicator). doi: 10.1787/0fe1315d-en (Accessed on 01 March 2019)

〈표 3-2〉 **국가별 아동 빈곤율**[1]

국가	덴마크	핀란드	아이슬란드	한국	노르웨이	체코	스웨덴	폴란드	스위스	네덜란드
아동 빈곤율	2.9%	3.3%	5.8%	7.1%	7.7%	8.5%	8.9%	9.3%	9.5%	10.9%

주: 1) 국가별 조사 연도가 상이함(2015~2017년).
출처: OECD (2019). Poverty rate (indicator). doi: 10.1787/0fe1315d-en (Accessed on 01 March 2019) 재정리.

빈곤율은 보통 가구의 소득을 기준으로 측정하게 되는데, 아동을 부양하는 가구는 아동에 대한 지출의 부담으로 맞벌이 비율이 높아 상대적으로 가구 소득이 높을 것으로 보인다. 하지만 이는 실질적인 생활수준의 상승이 아니라 아동에 대한 지출 증가에 대한 부담으로 주 경제활동자 외의 취업자 수가 증가되면서 상대적 가구 소득 증가의 영향이다. 가구의 지출까지 고려된다면 아동부양가구의 경제적 수준이 높다고 평가하기 어려울 것이다.

또한 낮은 아동 빈곤율의 수치는 저출산과 관련이 있다. 자녀의 양육·교육비의 부담과 여성의 임신·출산으로 인한 경력단절의 불안으로 가정은 아동을 출산함으로써 생기는 위험을 회피하려는 전략으로 출산을 기피하게 된다(이상은, 김희찬, 2017)는 것이다. 즉, 가구의 소득이 낮고 위험이 높은 가구에서는 아동의 출산을 기피하면서 점차 아동 빈곤율이 낮아지는 데 영향을 준 것으로 볼 수 있다. 더불어 전체 아동 빈곤율의 수치는 감소되었지만 모자가구 44.9%, 부자가구 27.7%(2015년 기준)가 빈곤한 것으로 나타나 아동가구의 사회적 편차가 심하여 빈곤을 경험하는 아동들은 절대적 부족과 더불어 심각한 상대적 박탈의 문제를 겪고 있다(여유진, 2017).

3) 한국의 초저출산

한국에서 아동과 관련된 사회적 이슈 중 하나는 저출산이다. 우리나라의 출산율은 매년 기록을 갱신하고 있다. 합계 출산율이 1.3명 이하일 때 초저

[그림 3-4] 연도별 출생아 수, 합계 출산율 변화

출처: 통계청(2019). 2018년 출생·사망통계 잠정 결과.

출산 국가로 분류되는데 2002년에 1.18명으로 하락되어 초저출산 국가에 진입하였고, 2018년 합계 출산율은 1970년 출생통계 작성 이래 최저치인 0.98명을 기록하였다. 출산율이 세계에서 가장 낮다. 저출산은 고령화로 인한 노인 인구의 증대와 함께 진행되어 인구 구성의 불균형을 야기하므로, 젊은 층의 노인 부양 부담 증가와 노동력 감소로 국가의 운영이 어려워질 수 있는 심각한 문제다.

심각한 저출산 문제 대응에 대한 정부의 계속적 노력이 있음에도 불구하고 출산율이 증가되지 않은 원인은 무엇일까? 출산율 감소의 원인을 몇 가지로 정리하면 다음과 같다.

첫째, 혼인율의 지속적인 하락과 초혼연령의 상승이 출산율 하락의 원인으로 볼 수 있다. 결혼을 포기하거나 미루는 이유는 일자리와 관련 있는 것으로 보인다. 실제로 임금의 수준이 높고 고용 형태가 안정적일 수록 결혼 확률이 높아지는 것으로 나타났다(국회예산처, 2018). 양질의 일자리는 줄어들고 비정규직·임시직 등의 불안정 고용 및 소득 불안정과 주택가격 상승 등의 높은 결혼 비용과 맞물려 더욱 결혼이 힘들어지고 있다.

둘째, 근로활동에 참여하는 여성들은 증가되고, 일하는 여성들은 임신·출산으로 인한 고용단절의 불안감과 아동 보육시설의 부족 등의 불확실성이 커지면서 위험을 회피하고자 하는 전략의 일환으로 출산을 기피하게 된다(이상은, 김희찬, 2017). 부모의 육아휴직정책의 사용과 유연한 노동시간 설정 등의 가족지원정책이 제대로 작동 될 필요가 있다.

셋째, 자녀 양육비와 교육비의 부담 증가가 저출산의 원인으로 작용한다. '2018년 전국 출산력 및 가족보건·복지 실태조사'에서 기혼여성(15~49세)을 대상으로 조사한 결과 평균 이상 자녀 수는 2.16명이였으나 실제 출생아 수는 1.75명이었다. 기혼여성이 출산을 중단한 이유에 대해 자녀 교육비 부담, 자녀 양육비 부담, 소득·고용 불안정, 일·가정 양립 곤란 등의 경제적 이유가 큰 비중을 차지하였다. 우리나라는 높은 교육열로 사교육비가 증대되고, 대학 진학률은 높으나 청년의 취업률은 낮아져 경제적 독립의 시기도 늦어지고 있어 부모의 자녀 양육에 대한 부담은 더욱 증대될 것으로 예상된다.

이러한 출산율 감소 원인을 해결하는 방안 중 하나로 아동부양가구의 적절한 사회보장정책으로 사회적 안전망을 견고히 할 필요가 있다. 여성의 임신기부터 아동의 연령대별 성장과정에 걸쳐 장기적인 개입이 필요하며 필수적으로 지출되어야 하는 항목에 대한 국가의 적절한 개입이 작용하여 자녀 양육의 경제적 부담을 완화시키고 자녀 양육에 대한 사회적 책임을 증대시켜야 한다.

2. 아동에 대한 사회보장의 원리와 형태

「UN 아동권리협약」에 따르면 가입국은 모든 아동의 권리 증진을 위하여 사회보장으로부터 급여를 제공하여야 한다고 명시하고 있다. 또한 「ILO 사회보장협약」에서는 아동의 복지증진과 아동부양가족의 경제적 안정을 위한 목적으로 'Family Benefits'를 제공하도록 하고 있다. 아동의 대부분은 경제활

동을 할 수 없어 소득이 없고 가구의 지출(양육비, 교육비 등)을 발생시키는 대
상으로, 아동의 사회보장은 아동 개인을 위한 지원이기보다 아동을 부양하는
가구에 대한 지원으로 이해할 수 있다. 그래서 아동에 대한 사회보장급여는
'Child Benefits'로 불리기도 하지만 'Family Benefits'로 사용되기도 한다.

　국가가 아동에게 공적으로 제공하는 사회보장은 다양한 원리와 형태로 제
공할 수 있다. 아동의 사회보장급여는 아동이 있는 가구에 대한 공적지출로
제공 형태에 따라 현금이전, 조세혜택, 서비스로 구분하여 해당하는 사회보
장급여 종류를 알아본다. 또한 아동부양가구에 직접적으로 현금을 제공하는
사회보장정책의 원리를 살펴보고, 대표적인 현금지원제도인 아동수당제도
의 급여체계를 주요 국가를 중심으로 살펴보겠다.

1) 아동 사회보장의 형태: 현금, 조세혜택, 서비스

　국가가 아동부양가구에 제공하는 사회보장급여는 세 가지 형태가 있다.
먼저 현금을 직접적으로 제공해서 아동부양가구의 소득을 보장할 수 있다.
현금으로 제공하는 아동 사회보장급여는 대표적인 제도가 아동수당제도이
며, 아동수당급여는 국가에 따라 아동의 수·연령·가구 소득에 따라 급여체
계를 구분하여 지급하고 있다. 아동수당과 더불어 출산 전·후 기간에 대한
급여를 지급하는 출산급여, 육아휴직기간 동안 공적으로 급여를 지원받는 육
아휴직급여는 대부분의 국가에서 아동에 대한 현금지원제도로 시행하고 있
으며, 양육수당, 한부모가족급여 등은 몇몇 국가에서 시행하고 있다.

　두 번째는 조세체계를 통해 아동이 있는 가구에 지원을 할 수 있다. 조세혜
택에도 여러 가지 종류가 있는데 아동에 대해 사용된 비용을 소득에서 공제
시켜 주는 소득공제, 아동에 대한 세액을 면제해 주는 세액공제, 아동이 있는
가구 중 소득이 일정수준 이하일 경우 세금을 현금으로 환급하여 돌려주는
환급형 세액공제가 있다. 또한 독일, 프랑스, 스위스 등과 같은 많은 OECD

국가에서는 아동이 있는 가구와 아동이 없는 가구의 과세소득기준에 차이를 둠으로써 직접적 조세지출이 발생하지는 않지만 아동부양가구에 제공하는 조세 혜택으로 볼 수 있다.

마지막으로는 서비스를 통한 지원도 있다. 대표적인 서비스는 보육료 지원과 교육시설, 공공 보육시설에 대한 지원이 있으며, 아동을 양육하는 데 필수적 욕구를 충족시킬 수 있는 다양한 서비스를 제공함으로써 아동부양가구의 부담을 완화시켜 주고 있다.

[그림 3-5]에서 제시한 바와 같이 국가별로 아동부양가구에 제공하는 사회보장급여의 형태별 비중에 차이가 존재한다. 한국은 아동부양가구의 공적 지출 비중이 GDP 대비 1.5% 이하로, OECD 평균 2.43%에 비해 낮은 편에 속하며, OECD 대부분의 국가는 현금의 비중이 높은 편이나 한국은 현금에 대한 비중보다 서비스에 대한 비중이 상대적으로 큰 편이다. 하지만 그림에서 제시한 자료는 2015년을 기준으로 조사되어 아동수당이 도입된 2018년 이후 조사에서는 현금의 비중이 다소 증가될 것으로 예상된다. 또한 현금과 서비

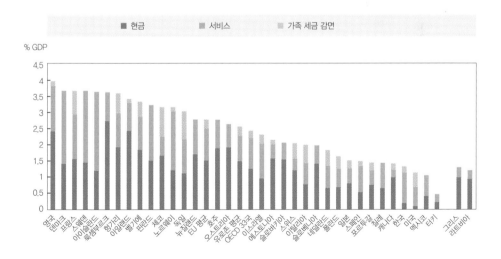

[그림 3-5] 아동부양가구에 대한 사회보장급여 유형 및 비중(2015년)

출처: OECD Social Expenditure Database (2015). http://www.oecd.org/els/familydatabase.htm

스에 대한 지원은 국가가 제공한 행정 기록을 중심으로 조사하였지만, 조세
혜택은 재정지원 가치를 추정한 것으로 다른 국가에 비해 아동부양가구에 대
한 조세혜택의 종류와 비중이 큰 한국은 [그림 3-5]에서 제시된 수치보다는
더 높을 가능성이 있다. 몇 가지 가능성을 감안한다고 하더라도 한국의 아동
소득보장급여 수준은 OECD 국가 평균의 2/3 수준으로 지속적 확대가 필요
한 것으로 보인다.

2) 아동 사회보장의 원리: 기여 vs 비기여

[그림 3-6]은 아동 또는 아동을 부양하는 가구에 현금급여(이하 아동/가족
급여)를 제공하는 186개국에 대한 급여체계를 분류한 것이다. 186개국 중
117개가 아동/가족급여에 대한 법적 기반이 존재하며 전체 1/3 이상을 차지
하는 69개국이 법적 기반이 없는 국가다. 법적 기반이 존재하는 국가의 아
동/가족 급여체계는 크게 기여형과 비기여형으로 구분할 수 있다.

기여형은 고용 관련 급여로 근로자로 고용되어 아동급여에 대한 일정 보험
료를 지불하고 급여를 받는 체계다. 비기여형은 아동급여에 대한 대가를 지
불하지 않고 급여를 받는 것으로, 저소득층의 일부에게 급여를 제공하는 자
산조사형과 모든 아동에게 급여를 제공하는 보편적 급여로 구분될 수 있다.
또한 기여형과 비기여형이 혼합된 형태도 존재한다.

아동의 복지증진 및 아동부양가구의 경제적 안정이라는 근본 목적을 충족
시킬 수 있는 체계가 보편급여이며, 유럽 복지국가들에서 아동급여(대표적인
제도로 아동수당)를 대체로 보편급여로 제공하고 있어 아동급여는 보편급여
의 원리로 제공하는 것이 바람직한 것으로 여겨지고 있다. 하지만 아동/가족
급여를 제공하는 국가 중 32개국만 보편급여 체계로 제공하며, 37개국이 자
산조사형, 34개국이 기여 후 급여를 받는 고용 관련 급여의 형태로 받는 등
아동/가족급여는 다양한 원리로 제공될 수 있다는 것을 이해할 필요는 있다.

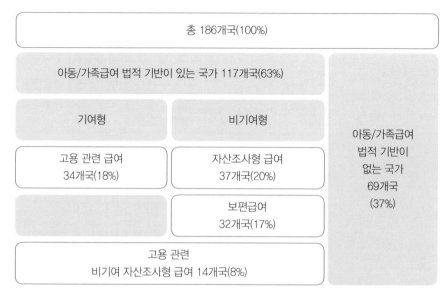

[그림 3-6] **아동/가족 급여체계**

출처: ILO (2017). 'Social protection for children: Key policy trends and statistic 재구성.

3) 아동 사회보장의 대표적 현금지원제도: 아동수당

아동에 대한 사회보장정책 중 대표적 제도는 아동수당(Child benefit 또는 Children's allowance)이다. 〈표 3-3〉은 주요국의 아동수당 급여체계를 나타낸 것이다. 대부분의 유럽 국가는 보편적 급여의 원리로 운영되고 있으나 각

〈표 3-3〉 **주요국의 아동수당 급여체계**

국가	아동 연령	출생순위	월 급여수준 (각국 화폐 단위)	월 급여수준 (원으로 환산[9])	특징
한국[1]	5↓	관계없음	10만 원	10만 원	2018년 9월 도입
독일[2]	18(25)[8]↓	1st	€ 204	약 26.1만 원	아동에 대한 소득공제와 아동수당 중 선택하도록 함
		2nd	€ 204	약 26.1만 원	
		3rd	€ 210	약 26.9만 원	
		4th↑	€ 235	약 30.1만 원	

스웨덴[3]	16↓	1st	SEK 1,250	약 15.2만 원	둘째 이상부터 가족 추가급여가 지급되어 출생순위가 높을수록 급여액이 증가됨
		2nd	SEK 1,400	약 17.1만 원	
		3rd	SEK 1,830	약 22.3만 원	
		4th	SEK 2,260	약 27.5만 원	
		5th↑	SEK 2,500	약 30.5만 원	
영국[4]	16(20)↓	1st	£ 82	약 12.2만 원	가구 소득이 £6만 이상이면 급여를 받을 수 없음
		2nd↑	£ 54.2	약 8.1만 원	
프랑스[5]	20↓	1st	0	0만 원	아동의 연령이 14세 이상이 될 때 추가 급여가 지급됨
		2nd	€ 131.16	약 16.8만 원	
		3rd	€ 168.04	약 21.5만 원	
		4th↑	€ 168.04	약 21.5만 원	
	(+14↑)	2nd↑	+ € 65.58	약 8.8만 원	
네덜란드[6]	0~5	관계없음	€ 73.32	약 9.4만 원	부모의 연소득이 € 145.136 이상이면 급여를 받을 수 없음
	6~11		€ 89.03	약 11.4만 원	
	12~17		€ 104.74	약 13.4만 원	
덴마크[7]	0~2	관계없음	DKK 1502	약 25.7만 원	부모 중 한 명 이상이 근로할 때 수급 가능
	3~6		DKK 1189	약 20.4만 원	
	7~14		DKK 936	약 16.0만 원	
	15~17		DKK 936	약 16.0만 원	

주: 1) 한국(2019. 기준) www.ihappy.or.kr, 2019년 9월부터 만 6세 이하로 확대 예정.
   2) 독일(2019. 6.~ 기준) http://dendax.com/en/germany-child-benefit
   3) 스웨덴(2019. 기준) www.forsakringskassan.se
   4) 영국(2019. 기준) https://www.gov.uk/child-benefit-rates
   5) 프랑스(2018. 4. 1.~2019. 3. 31. 기준) https://www.cleiss.fr/docs/regimes/regime_france/an_
      a1.html
   6) 네덜란드(2019. 기준) https://www.svb.nl/int/en/kinderbijslag/betaling/hoeveel_kinderbijslag_
      krijgt_u/
   7) 덴마크(2019. 기준) https://lifeindenmark.borger.dk/Coming-to-Denmark/Family-and-children/
      family-benefits
   8) ( )는 full-time 학생의 경우 아동수당 제한연령.
   9) 2019. 3. 1. 환율 기준으로 환산.

국가마다 아동의 제한연령이 다르며, 아동의 출생순위, 연령, 부모의 소득에
따른 상이한 급여체계를 가지고 있다.

대부분의 국가는 아동수당의 제한연령을 만 16세 이상으로 제한하고 있으
며 full-time 학생으로 소득이 없을 경우 많게는 25세까지 아동수당을 지급하
고 있다.

급여체계는 아동의 출생순위, 연령, 부모의 소득 등에 따라 국가별로 다른
체계를 가지고 있다. 먼저 출생순위에 따라 급여액에 차등을 두는 국가는 독
일 · 스웨덴 · 영국 · 프랑스 등이 있다. 출생순위가 뒤로 갈수록 급여액이 높
아지는 국가는 독일 · 스웨덴 · 프랑스가 있고, 반대로 첫째에게 더 많은 급
여를 주는 영국과 같은 국가도 있다. 대개 아동수당을 통해 출산율 제고를
실현하고자 하는 국가들은 출생순위가 후순위로 갈수록 더 높은 급여액을
지급한다.

출생순위와는 관계없이 아동의 연령에 따라 급여액에 차등을 두는 국가는
네덜란드와 덴마크가 있다. 네덜란드는 연령이 높을수록 많은 급여를, 덴마
크는 연령이 낮을수록 많은 급여를 제공하고 있다. 또한 출생순위와 아동의
연령을 혼합해서 급여체계를 설정할 수도 있는데, 프랑스는 출생순위가 높고
연령이 많을수록 더 많은 급여를 제공하고 있다.

또한 서구 복지국가들의 경우 아동수당을 가구의 소득수준과 관계없이 아
동의 연령기준만 맞으면 급여를 보편적으로 지급하는 국가들이 대부분이지
만, 부모의 소득이 일정기준 이상 될 경우 아동수당의 수급을 제한하는 영국
과 네덜란드 같은 국가도 있다.

앞에서 살펴본 바와 같이 아동수당의 제한 연령 및 급여체계가 국가마다
다르게 설정되어 있다. 이는 국가마다 아동에 대한 다양한 소득보장제도가
존재하여 제도 간 연계로 급여의 누락 및 중복을 방지하기 위해 급여체계를
조정하기 때문이며, 또한 아동수당을 시행하는 정책적 목적이 국가마다 차이
가 있기 때문이다.

3. 한국의 아동에 대한 사회보장

우리나라의 아동과 아동부양가족에 대한 공공지출의 수준은 OECD 다른 국에 비해 굉장히 낮은 편이다. 공공지출의 많은 비중을 서비스로 제공하고 있어 아동과 가구에 대한 서비스와 프로그램을 개수로 나열하면 족히 수십 가지가 넘는다. 게다가 보건복지부 이외에도 교육부, 여성가족부, 국토부 등 다양한 부처에서 지원하고 있고, 중앙정부 이외에 각 지방정부에서도 다양한 지원을 제공하고 있어 아동 사회보장제도 전체를 체계적으로 파악하기 힘들다.

그래서 이 절에서는 아동을 부양하는 가구의 소득에 직접적으로 영향을 미칠 수 있는 제도를 중심으로 사회보장의 제공 형태에 따라 현금지원, 조세혜택, 서비스지원으로 구분하여 설명하겠다.

1) 현금지원

(1) 아동수당

아동수당은 대표적인 아동에 대한 현금지원정책이다. 우리나라의 아동수당은 2018년 9월에 처음 시행되었으며, 처음 시행 당시에는 소득·재산 기준 하위 90% 가구의 만 6세 미만 아동에게 월 10만 원을 제공하였으나, 2019년 1월부터 소득의 제한 없이 만 6세 미만 모든 아동에게 제공되며 2019년 9월부터는 연령을 만 7세 미만으로 확대할 예정이다. 앞으로 아동수당의 대상 연령 확대 및 급여수준 증가로 제도가 확대되어 아동부양가구의 경제적 부담을 경감시키는 데 긍정적 영향을 줄 것으로 기대된다(아동수당 홈페이지: www.ihappy.or.kr).

(2) 양육수당

양육수당은 보육료, 유아학비, 종일제 아동돌봄 서비스 지원을 받지 않고,

가정에서 아동을 양육하는 경우에 지원하는 제도다. 장애·농어촌·입양 등 아동의 특수한 상황에 따라 양육수당의 지급연령과 급여액에 차이가 있다 (〈표 3-4〉 참고). 입양아동 양육수당은 가정·장애·농어촌양육수당과 중복 수급 가능하며 생계급여와 중복수급이 불가능하다.

〈표 3-4〉 양육수당의 종류 및 특징

구분	지원 내용	특징
가정양육수당	12개월 미만: 20만 원 12개월 이상 24개월 미만: 15만 원 24개월 이상 84개월 미만: 10만 원	아이돌봄서비스 만 0~5세 보육료 지원
장애양육수당	36개월 미만: 20만 원 36개월 이상 84개월 미만: 10만 원	장애아 보육료 지원 방과후 보육료 지원 시간연장형 보육료 지원 만 3~5세 누리과정 지원
농어촌양육수당	12개월 미만: 20만 원 12개월 이상 24개월 미만: 17.7만 원 24개월 이상 36개월 미만: 15.6만 원 36개월 이상 48개월 미만: 12.9만 원 48개월 이상 84개월 미만: 10만 원	위의 사업과 중복수급 불가능
입양아동양육수당	만 16세 미만: 월 15만 원	생계급여와 중복수급 불가능

출처: 보건복지부 복지로 www.bokjiro.go.kr

(3) 한부모가족 아동양육비 지원

한부모가족이나 조손가족이 안정된 생활을 할 수 있도록 아동양육비를 지 원하는 제도다. 소득인정액을 기준으로 기준 중위소득 52% 이하의 한부모가 족 및 조손가족에서 아동이 만 17세 이하일 때 아동양육비로 월 20만 원을 지 원하며, 아동의 연령이 만 5세 이하일 경우 추가 아동양육비로 월 5만 원이 지원된다. 아동이 중·고등학생일 경우 학용품비로 연 5만 4,100원이 지원되 며, 한부모가족 복지시설에 입소한 가족은 생활보조금으로 가구당 월 5만 원 을 지원받게 된다.

(4) 출산전후휴가급여

출산전후휴가급여는 출산한 여성 근로자의 근로의무를 면제하고, 임금상실 없이 휴식을 보장받도록 하는 제도다. 출산 전·후 총 90일(다태아 120일)의 휴가가 주어지며 휴가기간 중 출산 후 기간이 45일 이상이 확보되어야 한다. 출산전후휴가급여는 통상임금의 100%이며, 급여의 상한액은 480만 원(다태아 640만 원)이고 하한액은 통상임금이 최저임금액 미달의 경우 최저임금액을 지급한다. 재원은 대기업의 경우 60일(다태아 75일)은 기업 내에서 제공, 30일(다태아 45일)은 고용보험에서 지원하며, 우선지원 대상기업의 경우 출산전후휴가급여 전액을 고용보험에서 지원하고 있다(보건복지부 복지로 홈페이지).

(5) 육아휴직급여

육아휴직급여는 만 8세 이하의 자녀를 양육하기 위하여 사용하는 휴직으로서, 자녀 1명당 1년의 유급 휴직기간을 가질 수 있으며 부모가 모두 근로자이면 한 자녀에 대해 각각 1년씩 사용 가능하다. 육아휴직 처음 3개월은 기준 통상임금의 80%(상한액 150만 원/하한액 70만 원), 4개월째부터는 통상임금의 40%(상한액 100만 원/하한액 50만 원)을 지급한다. 같은 자녀에 대해 부모가 순차적으로 사용할 경우 '아빠 육아휴직 보너스제'로 두 번째 사용한 사람의 육아휴직 3개월의 급여를 통상임금의 100%(상한액 250만 원)로 상향하여 지급한다(고용보험 홈페이지-육아휴직: www.ei.go.kr).

(6) 아동발달지원계좌(디딤씨앗통장) 지원

아동발달지원계좌 지원은 복지시설에서 생활하거나 가정위탁, 소년소녀가장, 공동생활가정 및 장애인 시설 생활, 생계·의료급여 수급가정의 만 18세 미만의 아동에게 지원하는 제도다. 저소득층 아동(보호자 또는 후원자)이 월 4만 원 내에 금액을 저축하면 국가가 동일 금액을 적립해 줌으로써 아동이 성인기를 맞아 독립할 때 사회인으로 성장할 수 있도록 도와주는 자산

형성지원사업이다. 적립된 금액은 학자금, 기술자격 및 취업훈련비, 창업지
원금, 주거비, 의료비, 결혼자금 등 오직 아동의 자립 목적을 위해서만 사용
가능하다(디딤씨앗통장 홈페이지: www.adongcda.or.kr).

2) 조세혜택

우리나라는 다른 국가에 비해 아동에 대한 조세혜택이 다양하며 조세혜택
을 통한 지원 수준이 높은 편이다(정찬미, 2017). 조세혜택은 크게 소득공제,
세액공제, 환급형 세액공제로 나눌 수 있다. 소득공제는 세율을 곱하는 과세
표준 이전에 소득을 공제시켜 주는 것으로 동일 금액을 공제 받아도 높은 세
율이 적용되는 고소득자일수록 혜택이 커지게 된다. 세액공제는 세액을 산
출한 다음 공제해 주는 것으로 같은 항목에 대해서는 동일한 혜택을 받지만,
납부할 세액이 없는 사람은 혜택을 받지 못한다. 환급형 세액공제는 공제 받
을 세액이 없는 저소득층에게 현금으로 환급해 주어 저소득 가구의 소득 증
가에 도움을 줄 수 있다.

아동을 부양하는 가구에서 아동에 대한 항목으로 받는 조세혜택은 소득공
제에서는 기본공제, 세액공제에서는 자녀세액공제, 보험료·의료비·교육
비 공제, 환급형 세액공제로는 자녀장려세제가 있다.

기본공제는 20세 이하 자녀에 대해 1명당 연 150만 원을 종합소득금액에서
공제해 주는데, 적용되는 세율에 따라 실제 조세혜택의 금액은 달라진다. 예를
들어, 최저 세율인 6%를 적용하면 9만 원의 혜택을 받고, 최고 세율인 42%를
적용하면 63만 원의 혜택을 받게 되어 소득공제는 역진적 성격을 가지고 있다.

자녀세액공제는 부양 아동에 대해 세액을 공제해 주는 제도다. 아동수당
이 도입되면서 대상 연령이 7세 이상 20세 이하로 변경되었다. 자녀 1명은 연
15만 원, 자녀 2명은 연 30만 원, 자녀가 3명 이상 될 경우 2명을 초과하는 1명
당 연 30만 원을 합한 금액을 공제해 준다. 자녀수가 많을수록 많은 조세혜택

을 받게 된다. 부양 아동에 대해 사용된 보험료·의료비·교육비에 대해서도 세금을 공제해 주며 공제 가능 금액은 항목별로 차이가 있다(〈표 3-5〉 참고).

자녀장려세제(Child Tax Credit: CTC)는 아동에 대한 대표적인 조세혜택 제도다. 저소득 가구의 부양자녀에 대한 환급형 세액공제로서 총소득이 4,000만 원 미만이면서 부양 자녀가 18세 미만일 경우 자녀 1인당 최대 연 70만 원을 환급 받을 수 있다. 자녀장려세제의 급여체계는 홑벌이-맞벌이 여부, 총 급여액 수준, 부양자녀 수에 따라 달라지도록 설정되어 있다.

아동에 대한 현금지원 및 서비스지원의 아동에 대한 제한연령은 보통 「아동복지법」에서 정의하는 만 18세 미만으로 설정되고 있는 것과는 달리 조세혜택 중 역진적 성격을 지니는 소득공제와 세액공제에서 아동의 기준 연령은 20세 이하로 설정되어 있으며, 저소득층을 위한 자녀장려세제는 18세 미만으로 제한하여 형평성에 어긋나는 측면이 있어 각 사회보장제도의 아동에 대한 연령기준의 체계를 재설정할 필요가 있다.

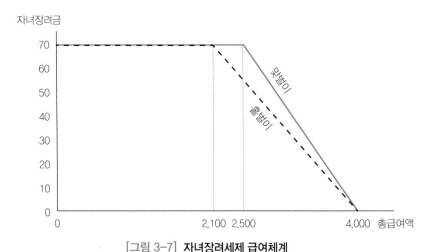

[그림 3-7] **자녀장려세제 급여체계**

〈표 3-5〉 **우리나라 아동에 대한 조세혜택**

구분	소득공제	세액공제				환급형 세액공제
	기본공제	자녀세액공제	보험료	의료비	교육비	자녀장려세제
내용	직계비속으로서 20세 이하인 사람 1명당 연 150만 원 공제(근로소득 500만 원 이하)	기본공제 대상에 해당하는 자녀로서 7세 이상에 대해서 세액공제	기본공제 대상을 피보험자로 하는 보험료	기본공제 대상을 위하여 사용된 의료비	기본공제 대상을 위하여 사용된 교육비	저소득 가구 자녀 양육 부담 경감 위한 지원
아동 연령	20세 이하	7세 이상 20세 이하	20세 이하	20세 이하	20세 이하	17세 이하
금액	연 150만 원	자녀 1명: 연 15만 자녀 2명: 연 30만 자녀 3명 이상: 1명당 30만 원 추가 출생·입양신고 첫째: 연 30만 둘째: 연 50만 셋째 이상: 연 70만	총 금액의 12% (한도 100만 원)	총 급여액의 3%를 초과한 금액 (한도 700만 원)	총 금액의 15% (한도 취학 전, 초·중·고: 연 300만 원 대학생: 연 900만 원)	최대급여: 자녀 1인당 70만 원 * 홑벌이-맞벌이, 총급여액에 따라 급여액에 차이 발생

출처: 소득세법 www.law.go.kr/법령/소득세법, 자녀장려금. www.hometax.go.kr

3) 서비스 제공

국가가 아동 및 아동부양가구에 제공하는 서비스는 건강, 돌봄(보육료 지원), 교육, 생활지원(보호) 등의 사회보장 영역에 따라 다양한 프로그램이 운영되고 있다. 아동에게 제공하는 서비스의 항목 중 만 0~5세 아동은 보육료 지원서비스, 만 6세 이상 아동은 교육서비스가 지출의 가장 큰 비중을 차지한다.

만 0~5세 아동을 대상으로 하는 보육료 지원은 아동부양가구의 실질적인 소득보전에 긍정적 영향을 준다고 평가되고 있다. 2011년까지는 일정 소득

〈표 3-6〉 **아동에 대한 서비스 종류**

사회보장영역	서비스	
돌봄 (보육료 지원)	만 0~2세 보육료 지원 만 3~5세 누리과정 지원 다문화 아동 보육료 지원 시간연장형 보육료 지원 시간제 보육 지원 장애아 보육료 지원	장애아동 시간연장형 보육료 지원 공동육아나눔터 운영 농촌 공동 아이돌봄센터 초등 돌봄교실 아이돌봄서비스 육아종합지원센터
건강	만 12세 이하 국가예방접종 지원사업 미숙아 및 선천성이상아 의료비 지원 소아 암환자 의료비 지원 장애 입양 아동 의료비 지원 신생아 난청 조기진단 아동 입원진료비 지원 어린이 불소도포	언어발달 지원 영양플러스 영유아 건강검진 취학 전 아동 실명 예방 청소년 인터넷·스마트폰 중독 예방 및 해소 지원 특수교육 대상자 치료지원 서비스
교육	고교학비 지원 교육정보화 지원(PC, 인터넷통신비) 급식비 지원 다문화가족 방문교육 서비스 다문화가족 자녀 언어발달 지원 방과후 학교 자유수강권	스포츠강좌이용권 온라인 정보화교육 장애학생 정보격차 해소 지원 지역아동센터 지원 청소년 방과후 아카데미 운영 지원 학교 우유급식
생활지원 (보호)	발달장애인 부모 상담 지원 저소득층 기저귀·조제분유 지원 통합문화이용권 희망복지재단 통합사례관리사업	성폭력 피해아동·청소년 전용쉼터 운 영 지원 실종아동 보호 및 지원 청소년쉼터 운영 지원

이하 가구의 영유아에 대해 보육료를 지원하였으나, 2012년에는 전 소득계
층의 0~2세 아동의 보육료를 지원했고, 2013년부터는 만 5세 미만 모든 아
동에게 무상보육을 시행하고 있다.

현재 보육료 지원은 만 0~5세 아동이 어린이집을 이용할 경우 아동의 연
령과 이용시간에 따라 보육료를 지원한다. 종일반(7:30~19:30)을 기준으로
만0세는 454,000원, 만 1세는 400,000원, 만 2세는 331,000원 만 3~5세는

220,000원을 지원받는다. 2019년 보육 관련 예산은 56,479억 원으로 가장 큰 지출을 차지하며, 보육료 지원으로 아동의 보육시설 이용률도 현저히 증가하였다(2001년 28.2% → 2016년, 93.2%). 하지만 무상보육 지원과 보육시설의 이용률 증가에 맞추어 보육의 질적인 측면까지 내실 있는 발전을 이루지 못하여 보육시설에 따른 보육 질의 차이와 보육시설의 부족, 보육교사의 자질 등의 문제가 발생되고 있다. 보육료 지원과 동시에 보육시설의 보육 질을 보편화하고 국공립 어린이집을 확충하는 등의 노력이 동반되면 아동부양가구의 자녀 양육의 부담을 경감에 긍정적 영향을 미칠 것이다.

4. 한국의 아동 사회보장의 과제와 전망

요보호아동의 문제 해결 중심으로 시행되었던 아동 사회보장정책이 심각한 저출산-고령화 문제, 아동의 권리 증진, 가족해체 증가 등의 다양한 이유로 보편적·예방적 차원의 아동 사회보장정책으로 확대되어 왔다. 통계청 장래인구추계에 의하면 우리나라 만 18세 미만 아동의 수는 2015년 617만 명에서 2035년 485만 명, 2065년에는 338만 명까지 줄어들 것으로 전망된다. 아동 수의 감소는 생산가능인구(15~64세)의 감소에도 영향을 주며, 급증하는 65세 고령인구와 맞물려 노년 부양비[3]는 2015년 17.5명에서 2065년 88.6명 수준으로 크게 증가될 것으로 예상된다. 아동의 양육은 더 이상 개인 또는 가구내의 책임으로 보아서는 안 된다. 아동은 국가의 주요한 인적 자원이며 미래 사회의 소중한 자산으로 인식하고 국가는 아동에 대한 사회적 책임을 다해야 한다.

그동안 우리나라는 짧은 시간 안에 아동 사회보장정책에 많은 발전이 있었

---

3) 노년 부양비는 생산가능인구(15~64세) 1백 명당 부양할 고령인구(65세 이상)를 의미한다.

다. 소득에 따라 차등하여 보육료를 지원하던 것을 2012년 3월부터 전 계층에 무상보육을 시행하였으며, 2013년 3월 양육수당 도입, 2018년 9월 소득하위 90% 만 6세 미만을 대상으로 하는 아동수당 도입에서 2019년 9월부터 소득에 관계없이 만 7세 미만 아동으로 확대까지 계속적으로 아동에 대한 공적 지원이 증대되고 있다. 이 밖에도 급식비 지원, 아동 의료비 보장 확대, 돌봄 확충, 요보호아동에 대한 수당 증가 등 여러 영역에서 다양한 형태로 지원을 확대하였다.

정부는 「사회보장기본법」에 따라 5년마다 사회보장 분야의 중장기 비전과 목표 등을 담은 기본계획을 수립하고 있는데 최근 「제2차 사회보장기본계획」(2019~2023년)을 발표하였다. 장기비전으로 '국민 모두가 함께 잘사는 포용사회'를 세웠으며, 이에 맞추어 아동복지 패러다임도 가족 중심에서 가족·사회가 함께하는 양육으로 바뀌었다. 아동에 대한 국가의 책임을 강화하고, 아동이 행복하고 건강하게 자라날 수 있는 사회적 여건을 조성하는 정책을 시행할 계획이다. 세부적으로는 포용의 측면에서 보편적 복지를 확대하고, 온종일 돌봄 지원 확대, 국공립 어린이집 40%로 증대 등 아동보호체계의 공공성을 강화시키고, 혁신의 측면에서 돌봄·교육·건강 등 인적 자본 투자를 확대하여 아동에 대한 기회의 불평등을 해소하여 개개인의 역량을 높이는 정책을 시행할 예정이다.

앞에서 제시한 포용적 복지를 실현하기 위해 아동 사회보장정책에 대한 방향성을 제시하면 다음과 같다. 먼저 보편적 소득보장제도인 아동수당급여의 대상 포괄성을 확보할 필요가 있다. 2019년 9월 아동수당급여 대상 연령이 만 6세 미만에서 만 7세 미만으로 확대될 예정이지만, 아동수당을 시행하는 대부분의 국가는 아동수당의 제한연령을 만 16세 이상으로 지정하고 있다. 특히, 우리나라는 아동의 연령이 높아질수록 사교육비가 증대되어 아동부양가구의 부담이 증대되고 있으므로 가족·사회가 함께하는 양육의 패러다임 실현을 위해서 아동수당 대상 연령을 확대하고 급여수준을 제고할 필요가 있다.

둘째, 아동 사회보장정책의 체계를 종합적으로 관리할 필요가 있다. 아동 사회보장정책의 제공 형태 간의 연계와 전달체계 간의 연계를 통해 급여의 사각지대가 발생되지 않도록 하며, 중복 지원을 예방하여야 한다. 동일한 정책적 목적을 지닌 제도 간의 체계가 연계되어, 대상 포괄성 및 급여 적절성을 보장할 수 있어야 한다. 예를 들어, 독일은 아동부양가구의 소득 지원을 위해 아동수당과 소득공제제도가 있는데, 한 아동에 대해서 1개의 제도를 선택하도록 설계되어 있다. 대체로 소득 중하위계층은 아동수당, 고소득계층은 소득공제를 택하게 된다. 또한 각 중앙부처와 지방정부에서 제공하는 사회보장 간의 연계를 통해 대상을 종합적으로 관리함으로써 아동의 사회안전망을 보다 견고히 하며, 재원은 효과적·효율적으로 사용되도록 해야겠다.

셋째, 여성의 임신기에서 성인이 되기 전까지 아동의 전 생애기에 알맞은 사회적 안전망이 확립되어야 한다. 공공기업·대기업의 육아휴직 사용률은 꾸준히 증가되고 있으나 10인 미만 소규모 기업의 육아휴직 사용률은 여전히 30%대에 그치고 있다. 육아휴직을 사용한 여성들은 육아휴직 후 권고사직 및 인사 불이익 등 경력단절에 대한 두려움을 가지고 있어 육아휴직으로 발생한 불이익에 대한 법적 제재와 남성의 육아휴직 기간 사용 의무화 등의 노력으로 여성이 일과 가정을 양립할 수 있는 기반을 마련해야 한다. 현재 아동수당, 보육료 지원 등 대표적인 아동 사회보장정책이 만 0~5세에 집중되어 있으므로, 아동의 발달 단계에 따른 욕구를 충족시킬 수 있는 사회안전망이 더욱 강화되어야 한다. 또한 아동의 빈곤 문제를 조기에 개입하여 기회의 불평등 및 상대적 박탈감으로 아동의 신체적·정서적·인지적 발달이 지연되지 않도록 국가의 적극적 개입이 필요하다.

포용적 복지 실현을 통해 아동에 대한 양육 부담을 국가가 함께 적극적으로 책임지면서 부모의 자녀 양육 부담을 덜고, 아동의 권리 증진 및 삶의 질을 높여 아동이 건강하고 살기 좋은 국가가 건설될 것을 기대하며, 더불어 심각한 저출산 문제 해결의 실마리가 풀리기를 기대해 본다.

참고문헌

강신욱, 노대명, 이현주, 정해식, 김계환, 김근혜, 조한나(2017). **소득보장제도 체계화 방안 연구**. 세종: 한국보건사회연구원.

보건복지부(2019). 제2차 사회보장기본계획(2019~2023).

여유진, 김미곤, 류정희, 정은희, 강지원, 정희선, 김명중, 우명숙, 이원익, 조준용 (2017). **아동의 빈곤예방을 위한 정책 연구**. 세종: 한국보건사회연구원.

이상은, 김희찬(2017). 한국의 낮은 아동빈곤과 저출산의 역설 그리고 정부 가족지출. **사회보장연구**, 33(3), 113-137.

이소영, 김은정, 박종서, 변수정, 오미애, 이상림, 이지혜(2018). **2018년 전국 출산력 및 가족보건 · 복지실태조사**. 세종: 한국보건사회연구원.

정찬미(2017). 아동수당과 아동관련 조세지원 제도의 빈곤 및 소득불평등 완화효과. **사회복지정책**, 44(1), 47-78.

통계청(2019). **2018년 출생 · 사망통계 잠정 결과**.

Brooks-Gunn, J., & Duncan, G. J. (1997). The effects of poverty on children. *The future of children*, 55-71.

Hammarberg, T. (1990). The UN convention on the rights of the child-and how to make it work. *Human Rights Quarterly, 12*(1), 97-105.

ILO (2017). Social protection for children: Key policy trends and statistic.

Ongkiko, I. V. C., & Flor, A. G. (2006). *Introduction to Development Communication*. University of the Philippines.

ILO 홈페이지 Social Protection: Introduction to Social Transfers.

OECD (2019). Poverty rate (indicator). doi: 10.1787/0fe1315d-en (Accessed on 01 March 2019)

OECD Family Database (2017). http://www.oecd.org/els/family/database.htm

OECD Social Expenditure Database (2015). http://www.oecd.org/els/familydatabase. htm

고용보험 홈페이지(육아휴직) https://www.ei.go.kr

네덜란드 아동수당 https://www.svb.nl/int/en/kinderbijslag/betaling/hoeveel_
    kinderbijslag_krijgt_u/

덴마크아동수당 https://lifeindenmark.borger.dk/Coming-to-Denmark/Family-
    and-children/family-benefits

독일 아동수당 http://dendax.com/en/germany-child-benefit

디딤씨앗통장 홈페이지 http://www.adongcda.or.kr

보건복지부 복지로 홈페이지 www.bokjiro.go.kr

소득세법 www.law.go.kr/법령/소득세법

스웨덴 아동수당 www.forsakringskassan.se

아동수당 홈페이지 www.ihappy.or.kr

영국 아동수당 https://www.gov.uk/child-benefit-rates

자녀장려금 안내 www.hometax.go.kr

프랑스 아동수당 https://www.cleiss.fr/docs/regimes/regime_france/an_a1.html

제4장

•

실업에 대응한 사회보장

전 세계적으로 청년실업을 비롯한 실업문제가 중요한 사회문제가 되었다. 노동시장의 유연화를 포함하는 노동시장의 구조 변화가 현 시기 실업문제의 주된 원인으로 보인다. 실업에 대한 대책으로는 실업자의 생계유지와 재취업을 촉진하는 정책이 필요한데, 고용보험제도는 실직자의 생계유지와 재취업을 지원하는 제도다.

사회복지 차원에서 실업문제에 대한 전통적인 대응은 소극적 노동시장정책이라고 할 수 있는 실업보상제도라 할 수 있다. 실업보상제도는 실업을 당한 사람에게 생활유지를 위해 실업급여를 제공하는 제도라 할 수 있다. 실업보상제도는 사회보험 형태와 공공부조 형태로 구분된다. 실업보상제도가 실업문제에 대한 소극적 정책 대응이라면, 실업자를 훈련 프로그램에 참여하게 하여 재취업하게 하는 최근의 정책적 노력은 적극적 노동시장정책이라고 할 수 있다.

실업보상제도는 사회부조형, 사회보험형, 그리고 혼합형으로 유형화될 수 있는데, 뉴질랜드는 사회부조형 실업보상제도를 가진 나라이고, 미국은 사회보험형, 그리고 캐나다와 스웨덴은 혼합형 실업보상제도를 가지고 있다. 사회보험형인 한국의 고용보험제도는 실업급여(구직급여) 제공과 고용안정 · 직업능력개발사업을 제공하고 있다.

　한국 실업보상제도에서의 과제는 실업급여의 적정성을 보장하는 것이다. 마지막
으로 실업보상제도의 발전 방향에 대해 논의한다.

1. 실업문제

　현재 실업은 전 세계의 주요 사회문제다. 실업은 일할 의사가 있음에도 불
구하고 실직 상태에 놓여 있는 것을 말한다. 자본주의 사회에서 실업으로 인
해 노동력이 상품화되지 않는다면, 실업자는 노동력 재생산 차원(생계유지)에
서 큰 어려움을 겪게 된다. 실업은 개인적으로도 사회적으로도 큰 비용을 초
래한다. 개인적 차원에서 실업은 근로소득의 상실로 인한 경제적 문제뿐만
아니라 심리적 문제를 유발한다. 실업의 사회적 비용 역시 만만치 않은데, 실
업 상태에 있는 경제활동인구의 유휴화는 한 사회의 경제적 활력을 떨어뜨린
다. 특히, 청년실업 문제는 OECD 국가들에서도 큰 정책적 이슈다.[1] 청년들
은 실업으로 인해 사회 속의 자기 자리 찾기에 실패하여 좌절을 경험하고 스
트레스 상황에 처하게 된다. 노동시장 진입에 어려움을 겪는 청년들은 이후
의 경제적 진로에서도 지속적인 어려움을 겪을 가능성이 높다고 할 수 있다.

　경제학적으로 실업은 노동시장에서 수요와 공급이 일치하지 않아서, 즉 수
요보다 공급이 많을 경우 발생한다고 할 수 있다. 실업은 실업의 원인에 따
라 경기 순환적 실업, 기술적 실업, 구조적 실업, 마찰적 실업, 그리고 계절적
실업으로 분류되기도 한다. 자본주의 사회에서 필연적인 호황과 불황의 사
이클을 경기순환이라고 한다면 경기불황기에 발생하는 실업은 경기 순환적

---

1) 1990년대 이후 청년실업률의 증가는 각 국가들의 다양한 실업대책(예를 들어, 고용 프로그램, 고용
　촉진 프로그램, 적극적 노동시장정책 등)에 대한 수요를 불러왔다. 심창학(편)(2017)을 참조하라.

실업이라고 할 수 있고, 기술 발전에 따라서 노후산업의 인력수요가 줄어들어 발생하는 실업은 기술적 실업이다. 그리고 구조적 실업은 노동시장의 구조 변화(노동수요와 공급 구성의 변화)로 인해 발생하는 실업을 말하고, 직업간의 이동 사이에 발생하는 실업은 마찰적 실업, 직업상 계절의 영향을 강하게 받는 건설업 등에서 발생하는 실업은 계절적 실업이다(Ehrenberg & Smith, 2003). 최근의 실업과 불완전노동(부분실업)의 대두는 노동시장의 유연화로 인한 현상이라고 할 수 있다.

이러한 실업문제는 사회보장의 대상이 되는데, 사회보장은 "유급노동으로부터의 소득이 없거나 특수한 지출을 해야 하는 사람들과의 연대를 형성하는 제도들의 총체"로 볼 수 있기 때문이다(Pieters, 2015: 25). 실업으로 인한 소득의 상실에 대응하려는 제도적 대응이 실업보상제도라고 할 수 있다.

2. 실업보상제도의 원리와 형태

실업에 대한 대책으로는 실업의 예방, 그리고 실업자의 생계유지와 재취업을 촉진하는 정책을 구상할 수 있는데,[2] 첫째, 실업보상제도는 실업자의 생계유지를 위한 대표적인 실업대책의 하나라고 할 수 있다. 실업을 당한 사람에게 생활유지를 위해 실업급여를 제공하는 실업보상제도는 사회보장 차원에서 실업문제에 대한 전통적인 대응으로 간주될 수 있으며, 소극적 노동시장정책이라고 할 수 있다. 이러한 실업보상제도는 사회보험 형태와 공공부조형태로 구분된다. 둘째, 실업의 예방과 재취업을 촉진하는 정책은 적극적 노동시장정책이라고 볼 수 있다. 많은 유럽 국가들은 노동시장의 유연화로

---

2) 실업 등의 사회적 위험에 대해서 최우선적 조치는 사회적 위험의 예방이며, 그다음이 이전 상태를 회복하는 방법을 고안하는 것이고, 그로 인해 입은 피해에 대한 보상이 그다음으로 이어진다(Pieters, 2015: 26 참조).

인해 발생하는 실업문제에 대해 실업자를 훈련 프로그램에 참여하게 하여 재취업하게 하는 적극적 노동시장정책(활성화정책)을 시행하고 있다. 덴마크의 황금삼각형 모형은 적극적 노동시장정책과 관대한 사회보장정책의 결합으로 알려진 대표적 사례라 할 수 있다. 한편 한국의 고용보험제도는 실업급여를 제공하는 실업보상제도과 적극적 노동시장정책의 정책 결합을 특징으로 한다.

1) 실업보상제도의 원리

(1) 실업보상제도의 역사

각국의 다양한 실업보상제도의 원리를 이해하기 위해서는 실업보상의 역사적 맥락을 고려해야 한다. 역사적으로 실업보상제도는 겐트시스템으로부터 출발했다(Castles et al. (Eds.), 2010). 겐트시스템은 공제조합(노동조합) 중심의 민간실업보상제도라 할 수 있다. 공제조합의 조합원은 주로 고임금 숙련노동자이기 때문에 위험분산의 범위가 협소하다는 한계를 가지고 있었다. 민간 주도의 실업보상제도는 지방정부 보조에 의한 공적 제도화가 이루어져 국가의 재정지원과 감독을 받게 되었다. 예를 들어, 1905년 스웨덴에서 시작된 실업기금은 직능공제조합에서 파생된 것으로 노동조합이 운영하지만 국가의 재정적 보조를 받았다(이준영 외, 2015). 현재에도 북유럽 국가들의 경우 실업보험을 민영보험으로 운영하면서 정부가 지원·감독을 하는 것은 바로 이러한 겐트시스템의 역사적 유산 때문이다.

한편 사회보험 형태의 실업보험은 영국에서 1911년에 처음 도입되었다. 제1차 세계 대전을 거치면서 국가 강제 실업보험은 유럽 국가들로 확대되어 갔다. 그리고 제2차 세계 대전 이후 시기에는 경제성장을 바탕으로 서구 각국에서는 실업보상제도가 발전되었다. 특히, 1970년대에는 석유위기로 인한 경제위기를 경험하면서 유럽 선진국에서는 실업보상제도가 확대되는데, 이 시기는 실업급여가 관대해지는 특징을 보인다. 그리고 실업보상제도의 발전과 함께 직업훈련 등의 적극적 노동시장정책이 대두되기 시작하였다. 하지만 1980년대에는 실업보상제도가 실업률 증대를 가져올 수 있다는 비판과 함께 실업보상제도가 위축되게 되었다. 최대급여기간의 단축, 임금대체율의 하향조정, 수급자격의 강화 등이 정책 변화의 주된 내용이었다. 유럽에서 1990년대는 고실업 현상이 주된 경제문제였고, 이를 해결하기 위해 각국에서는 실업보상제도를 재구조화하면서 구직활동을 급여수급과 연계시키고 대기기간을 늘리는 등의 정책 변화(활성화)가 나타났고, 동시에 실업급여와 적극적 노동시장정책을 연계하는 정책적 노력이 나타났다(이인재 외, 2008). 21세기에는 노동시장의 유연화로 인해 장기실업 및 불완전 노동이 사회문제로 대두되면서 이에 대한 정책적 대응이 요구되고 있다.

(2) 실업보상제도의 원리 및 역할

실업보험과 실업부조로 구성된 실업보상제도의 제도적 원리는 무엇인가?

첫째, 실업보험제도의 급여를 수급하기 위해서는 특정 기간의 고용경력과 기여경력을 요구한다. 실업보험에서 고용경력과 기여경력을 요구하는 근거는 바로 실업보험이 기여를 전제로 급여를 제공하는 보험이기 때문이다. 그리고 실업급여는 구직활동과 연계되어 제공된다.

둘째, 실업보험은 급여지급 여부를 실업의 원인에 따라 결정하는 원인주의적 속성을 지니고 있다(김태성, 김진수, 2013).[3] 한국의 고용보험에서도 급여지급 여부 결정에 가입기간뿐만 아니라 실업의 원인이 자발적 실업인 경우 급여를 지급하지 않는다.

셋째, 실업보험의 경우 급여기간이 짧아서 단기보험의 성격을 가지고 있다는 것이다. 실업보험 수급자가 급여기간이 끝난 뒤에도 여전히 실업 상태에

---

3) 유럽 국가의 경우엔 비자발적 실업도 보상하는 추세로 가고 있다.

놓여 있다면, 그 사람은 실업부조나 공공부조의 대상자가 될 수 있다. 한편 실업부조제도는 공공부조의 특성을 가지고 있어서 대체로 정액급여를 제공하며 자산조사를 통해 수급자를 결정한다(Pieters, 2015).

　　실업보상제도의 역할과 기능은 실업으로 인한 소득상실로 빈곤의 위험에 처할 수 있는 실직자의 생계유지와 빈곤 완화, 이를 통한 사회연대와 사회통합, 그리고 경제적 차원에서 경기자동안정화 기제로의 역할로 구분할 수 있다(Rejda, 1994).

　　첫째, 실업보상제도의 빈곤 완화기능은 실업보상제도의 가장 중요한 목적이라고 할 수 있다. 실업보상제도의 일차적인 목적은 비자발적 실업 동안 현금급여를 제공하여 실직자의 생계유지를 도와주고 생활수준을 유지하게 하며, 적절한 일자리를 찾을 시간을 제공하여 새로운 직업을 구하도록 돕는 것이다. 이를 통해 실직자가 빈곤으로 떨어지는 것을 방지한다.

　　둘째, 이러한 실업보상제도의 기능은 사회적 차원에서 실직자와 노동자 간의 사회연대를 가능하게 하며 이를 통해 정치적 차원에서 사회통합을 이루는 데 도움이 된다.

　　셋째, 실업보상제도는 경기불황기에는 실업급여를 제공하여 실직자의 구매력을 유지시키고 총수요 관리정책의 역할을 수행한다. 이를 통해 경기자동안정화 기제로서 작동하는 것이다. 또한 실업보상제도는 실업의 사회적 비용을 적절하게 분산하고 효율적 노동력 활용 기제로도 작동하고 고용주로 하여금 고용을 안정화시키도록 유도한다. 한편 고용주는 고용유지를 통해 숙련된 노동력을 확보할 수 있는 이점을 가진다.

(3) 실업보상제도의 쟁점

　　1980년대 실업보상제도가 위축되게 된 이유 중 하나는 실업보상제도가 고실업의 문제를 적절히 해결하지 못했기 때문이다. 구체적으로 실업급여 기간이 길 경우에는 실직자의 재취업 촉진 노력이 줄어들 수 있어서 실업기간

이 늘어날 수 있다. 도덕적 해이, 즉 실업보상제도의 쟁점 중의 하나는 실업
보상제도의 노동동기 약화 여부다. 개별국가를 대상으로 한 선행연구들은
대체로 실업급여의 증대가 실업기간을 늘리는 효과가 있다고 보고하고 있
다. 하지만 OECD 국가 간 비교연구는 실업급여의 관대성(임금대체율과 실업
급여 기간)이 실업률과 통계적으로 유의미하게 연관되어 있지 않다는 것을 보
여 주고 있다(이인재 외, 2008). 이상의 연구결과를 종합하면 실업급여의 관대
성이 실업률을 줄이지는 못하는 것으로 판단할 수 있다.

　따라서 실직자의 재취업을 촉진하기 위한 정책적 노력이 필요한데, 활성화
정책을 비롯한 적극적 노동시장정책과 실업보상제도를 연계함으로써 실직
자의 재취업을 촉진할 수 있다. 한편 실업보상제도 내에서도 실업급여의 수
급조건을 강화하여 실직자의 재취업 노력을 유도할 수 있을 것이다. 예를 들
어, 실업급여를 수급하기 전에 대기기간(waiting period)을 설정하여 대기기
간 동안 급여를 제공하지 않고, 수급조건 중에서 구직활동을 명시화함으로써
실직자로 하여금 구직노력을 하도록 유도하고 이를 통해 비용절감의 효과도
거둘 수 있을 것이다.

2) 실업보상제도의 형태[4]

　실업보상제도의 유형에 대한 연구들은 실업보상제도를 크게 실업부조형,
실업보험형, 그리고 혼합형의 세 가지로 분류한다(남재욱, 2017; 채구묵, 2011).
본 글에서도 제도 형태를 기준으로 보다 구체적인 실업보상제도의 내용을 살
펴보기 위해, 세 가지 유형(실업부조형, 실업보험형, 혼합형)을 살펴본다.

---

4) 뉴질랜드, 미국, 스웨덴, 캐나다 사례는 Social Security Throughout the World 최신 자료를 이용하
　여 기술하였다.

(1) 실업부조형

실업부조제도는 보험의 형식은 아니라, 소득조사를 통해 저소득 실업자에 대하여 정부 부담에 의해 실업수당을 지급하는 방식으로 호주, 뉴질랜드에서 실시하고 있다. 실업부조는 실업기간 동안의 경제적인 안정 도모와 실직자의 고용 촉진을 위한 목적으로 시행된다. 실업부조제도의 내용을 뉴질랜드 사례를 통해 구체적으로 살펴보자.

실업부조제도의 적용 대상은 실업자인데, 뉴질랜드의 경우 18세 이상(피부양 자녀가 있는 19세 이상)의 뉴질랜드 시민 또는 영주권자로 최소 2년 이상 거주한 자가 해당된다.[5] 연금수급자, 정규 학생, 파업 노동자는 대상에서 제외된다.

실업부조는 실업자의 가구 규모를 고려해서 급여가 결정될 수 있다. 뉴질랜드의 경우 실업급여는 수급자의 나이, 결혼 상태, 그리고 자녀 유무에 따라 다르게 지급된다.[6] 급여액은 전년도 소비자 물가 지수의 변화에 따라 매년 4월 1일에 조정된다. 또한 급여는 이전 소득 및 가족 상황에 따라 최대 2주까지 대기한 후 지급된다. 실업급여를 받을 자격이 있는 기간에는 제한이 없지만, 수급자는 52주마다 다시 신청해야 한다.

실업부조에 대한 전달체계의 주체는 정부이며, 재정은 정부의 일반회계에서 충당한다. 뉴질랜드의 경우 사회개발부 산하의 서비스 라인 근로 및 소득(https://www.workandincome.govt.nz/)이 전달체계의 주체이며, 서비스센터를 통해 급여를 관리하며 피보험자와 자영업자, 고용주는 따로 기여금을 내

---

5) 자격조건을 살펴보면, 실업급여(구직자 지원, 소득 테스트)는 구직자가 구직에 성공하여 정규직으로 전환되기 위한 자금으로 사용할 수 있어야 하며, 적절한 고용 제안을 수락하는 작업 시험을 준수해야 한다.

6) 실업급여(구직자 지원)는 25세 이상, 미혼, 자녀 없는 경우 일주일에 최대 NZ$210.13이 지급되고 20세부터 24세 사이인 경우 NZ$145.10이 지급된다. 자녀가 있는 경우 일주일에 최대 NZ$325.98까지 지급되고, 결혼한 각 구성원에 대해 최대 NZ$187.60까지 지급되며, 자녀가 있는 시민연합 또는 사실상 부부 또는 자녀가 없이 주당 NZ$175.10이 지급된다.

지 않고 정부가 총 비용을 정부의 일반적인 재정에서 조달한다.

(2) 실업보험형

강제적 실업보험제도는 사회보험방식에 의하여 일정 요건에 해당되는 사업장의 근로자에 대해 포괄적으로 적용하는 형태로 미국, 일본 등이 채택하고 있다. 이러한 강제적용방식은 적용 대상이 되는 모든 근로자를 포함함으로써, 보다 적극적인 노동자 보호가 가능하고, 고용정책과 연계할 수 있다는 장점이 있다. 실업보험제도의 구체적인 내용을 미국 사례를 통해 살펴보자. 실업보험제도의 적용 대상은 실업자인데, 미국의 경우 실업보험제도의 적용 대상은 공공부문 및 민간부문 근로자, 군인, 대부분의 농업인, 그리고 가계 노동자가 해당된다.[7] 자격조건으로는 대부분의 주에서 최저소득 이상의 소득을 가진 노동자를 대상으로 한다. 일부 주는 지정된 수의 고용 기간(예: 18주에서 20주)을 요구하며 혹은 일정한 시간의 노동을 조건으로 하기도 한다.

강제적 실업보험제도의 경우 실업급여를 받기 위해서 적극적 구직활동을 요구하는 경우가 많다. 미국의 경우 보험가입자는 고용서비스에 등록해야 하며, 일할 수 있고, 취업할 수 있어야 하며, 적극적으로 일자리를 찾아야 한다. 일반적으로 정당한 사유 없이 자발적으로 직장을 그만두거나, 부정행위로 인해 해고되거나, 적절한 일자리를 제안하지 않아서 자격을 박탈당할 수 있다.[8]

실업급여는 대기기간을 거쳐 지급되는 경우가 많다. 미국의 경우 실업급여는 대부분의 주에서 최대 26주 동안 월 소득의 약 50%인데(부양가족 보조금의 경우 약 25%),[9] 1주간의 대기 기간 후에 지불된다. 실업률이 높은 주에서

---

7) 일부 농업 직원, 종교 단체 직원, 임시 직원, 가족노동 및 자영업자들이 제외된다. 그리고 철도 직원을 위해서는 특별연방제도가 존재한다.

8) 노동 쟁의에 참여할 경우 실격될 수 있다.

9) 부양가족 보조금은 일주일에 1달러에서 154달러까지 자격이 있는 아이들 한 명당, 때로는 다른 부양가족들에게 지불된다.

최대 20주의 추가 혜택을 제공하며, 일부 주들은 취업이 불충분하거나 실업 급여를 소진하고 훈련 프로그램에 참여하고 있는 실업자들에게 소득 지원을 제공한다.

강제적 실업보험제도의 전달체계는 정부가 주로 담당한다. 미국 실업보험 전달체계를 살펴보면 노동부(https://oui.doleta.gov/unemploy/)에서 고용훈련 청과 실업보험청을 통해 전국적으로 이 프로그램을 관리하고 재무부(https://www.treasury.gov/)는 국세청을 통해 연방 실업보험 기여금의 수집을 감독한다. 주정부 노동기관은 개별 주 실업 프로그램을 관리하고 급여를 지급한다.

강제적 실업보험제도의 재정은 사회보험의 경우 보험가입자의 기여금으로 충당되는 경우가 많다. 하지만 미국의 실업보험 재정의 경우 피보험자와 자영업자는 기여금을 지불하지 않는다.[10] 고용주의 경우 연방 프로그램은 연간 급여의 0.6%를 지불해야 하고,[11] 주정부 프로그램은 연간 급여의 5.4%를 지불해야 한다. 실제 보험료율은 고용주가 실업수당을 청구한 경험에 따라 0%에서 10% 이상으로 다양하다.[12] 정부는 연방 및 주 행정 비용을 조달한다.

(3) 혼합형

국가에 따라서는 실업보험제도와 실업부조제도를 동시에 활용하는 이원적 방식도 채택하고 있다. 혼합형은 두 가지 유형으로 나누어 볼 수 있는데 하나는 사회보험제도와 실업부조제도를 모두 가진 나라다(예: 캐나다). 이 유형은 앞에서 설명한 실업보험과 실업부조를 결합한 것으로, 실업보험이 소진된 경우 실업부조를 받을 수 있거나 실업보험 수급자격이 안 되는 경우 실

---

10) 단, 알래스카, 뉴저지, 펜실베이니아는 제외한다.
11) 전체 금액은 연간 급여의 6.0%이지만 주정부가 모든 연방 요구사항을 충족할 경우 5.4%의 신용이 있다. 기여금을 계산하는 데 사용된 최대 연간 소득은 7,000달러다.
12) 기여금을 계산하는 데 사용된 최대 연간 소득은 주 정부에 따라 7,000달러에서 45,000달러까지 다양하다.

업부조의 대상자가 되도록 제도 설계가 되어 있는 것으로 파악할 수 있다. 그
리고 또 다른 혼합형 유형은 민간보험과 실업부조제도를 가지고 있는 나라다
(예: 스웨덴). 이러한 민간보험과 실업부조의 혼합형의 특징을 스웨덴의 실업
보상제도를 통해 살펴보자.

스웨덴의 실업보상제도는 실업을 예방하고 실업기간 동안 실업자의 경제적
인 안정을 도모하기 위한 제도로 기본 프로그램인 실업부조와 자율적 실업보
험으로 구성되는 혼합형이다. 실업부조의 경우 대상은 구직자와 피고용자다.
자율적 실업보험의 경우에는 실업 보험 기금의 회원인 고용된 자영업자가 해
당되며 회원은 특정 직종이나 업종에 종사하는 직원들에게 개방되어 있다.[13]
자발적 실업보험 가입자는 실업 전 최근 12개월 동안 6개월 이상(월 80시간 이
상) 또는 연속 6개월 기간(월 50시간 이상) 동안 480시간 이상 고용되어 있어야
한다. 자율적인 실업보험급여를 받으려면, 보험가입자는 적어도 12개월 동안
실업자 기금의 회원이어야 한다.

기본 실업부조급여는 자산조사를 통해 대상자가 결정되는데, 실업 전 일
주일에 40시간 일했던 노동자에게 하루에 365크로나만큼 지급된다. 그리
고 40시간 미만 일했던 노동자에 대해서는 시간에 비례하여 지급 급여가 감
소된다. 이 급여는 지급기간 동안 7일의 대기기간을 거친 후 최대 300일까지
지급된다. 수급자에게 18세 미만의 자녀가 적어도 한 명이 있을 경우 추가로
150일 동안 혜택을 받을 수 있다. 그 급여는 일주일 중 5일 지급된다.

자율적인 실업보험은 7일의 대기기간 후 첫 200일간 피보험자의 이전 수
입 80%를 지급하며, 다음 100일간은 70%만 지급된다. 피보험자에게 18세 미
만의 자녀가 적어도 한 명이 있을 경우 추가로 150일 동안 급여가 지급된다.
그 급여는 일주일 중 5일 지급된다. 첫 100일간은 최대 하루에 910크로나가

---

13) 자격조건으로는 20세에서 65세 사이의 노동자를 대상으로 하며, 또 공공 고용서비스 기관에 고
용되지 않고 구직자로 등록된 경우 하루에 최소 3시간, 일주일에 평균 17시간 동안 적절한 일자리
를 받아들일 수 있어야 한다.

지급된다. 그 후, 하루에 760크로나가 지급된다.

전달체계의 경우 스웨덴 실업보험위원회(http://www.iaf.se)는 28개의 실업보험 기금을 감독한다. 재정의 경우 노동자는 기본 실업부조 프로그램에는 따로 비용을 지불하지 않아도 되지만, 자율적 실업보험에는 기여를 해야한다. 자영업자는 소득의 0.37%를 자율적 실업보험 프로그램에 기여한다. 고용주는 급여의 2.91%를 지불하고 정부의 경우 기본 실업부조 프로그램에 제정부담을 하며, 자율적 실업보험 프로그램에는 자금을 조달하지 않는다.

3. 한국의 고용보험

1) 고용보험제도의 연혁

한국은 실업부조제도 없이 사회보험형 실업보상제도만을 가진 국가다. 한국에서 고용보험제도의 변천과정을 살펴보면, 고용보험은 1995년 7월 1일에 도입되었는데, 타 사회보험과 비교하여 도입시기가 늦은 편이다. 도입시기는 늦으나, 경제위기 이후 실업의 급격한 증가로 적용 확대가 급속도로 진행되었다. 초기에는 상시근로자 30인 이상 사업장을 당연가입 대상으로 규정하였으나, 이후 고용보험의 가입 대상이 점차 확대되어 1998년 1월 1일부터는 상시근로자 10인 이상 사업장, 3월 1일부터 상시근로자 5인 이상 사업장, 10월 1일부터는 1인 이상 사업장으로 확대 적용되었다. 2004년 1월 1일부터는 일용근로자, 60세 이후에 새로이 고용되는 자에 대하여도 고용보험 적용이 확대되었으며 시간제 근로자의 적용범위도 대폭 확대되었다. 저출산 고령화의 문제에 대응하기 위하여, 지속적으로 모성보호사업을 확대하였으며, 2013년에는 65세 이상 근로자에게 고용보험(실업급여)을 확대 적용하였다. 2015년에는 근로시간 단축 지원금을 신설하고 2017년에는 고용장려금제도

를 개편하여 통합지원금 서비스를 시행하고 중소기업 청년추가고용 장려금
을 신설하였다.

한편 2006년부터는 고용안정, 직업능력개발사업에 대해서는 자영업자도
임의가입할 수 있도록 하였으며 2012년 1월 22일부터 자영업자도 실업급여
에 임의가입할 수 있도록 제도를 시행하였다. 자영업자 고용보험은 사업자
등록증을 보유하고 근로자를 고용하지 않거나 50인 미만의 근로자를 고용하
는 자영업자를 대상으로 하고, 보험료는 기준보수의 2.29%이다. 기준보수는
소득 파악이 용이하지 않고 소득이 수시로 변동하는 자영업자의 특성을 고려
하여 실제 소득과 관계없이 가입자의 희망에 따라 선택할 수 있으며 7등급으
로 세분화했다.

2) 고용보험제도의 내용

한국의 고용보험은 실업보험과 적극적 노동시장정책의 특성을 모두 가지
고 있다. 고용보험(employment insurance)은 실업의 예방, 고용의 촉진 및 근
로자의 직업능력의 개발과 향상을 꾀하고, 국가의 직업지도와 직업소개 기능
을 강화하며, 근로자가 실업한 경우에 생활에 필요한 급여를 실시하여 근로
자의 생활안정과 구직활동을 촉진함으로써 경제 · 사회 발전에 이바지하는
것을 목적(「고용보험법」 제1조)으로 하는 사회보장제도다.

(1) 수급 대상

근로자를 사용하는 사업이나 사업장은 당연적용 대상이지만, 사업 규모를
고려하여 대통령령으로 정하는 사업 또는 사업장에 대해서는 그 예외가 인정
된다.

① 당연가입 대상

원칙적으로 근로자를 사용하는 모든 사업 또는 사업장이 당연가입 대상으로 적용된다. 사업이 개시되거나 사업이 적용요건을 충족하게 되었을 때 사업주 또는 근로자의 의사와 관계없이 자동적으로 고용보험 관계가 성립되는 사업을 당연가입 대상사업이라고 한다. 「고용보험법」 제정 당시에는 고용보험의 적용범위를 실업급여와 고용안정사업 및 직업능력개발사업으로 이원화하여 실업급여는 상시근로자 30인 이상의 사업 또는 사업장으로, 고용안정사업 및 직업능력개발사업은 상시근로자 70인 이상의 사업 또는 사업장에 적용하였다. 이렇게 이원화되던 고용보험은 점차적으로 적용 사업과 사업장을 확대시켜 나가다가 1998년 10월부터 1인 이상으로 확대되어 적용되었다.

② 적용 제외 및 임의적용

근로자를 사용하는 사업이나 사업장은 당연적용 대상이지만, 사업규모를 고려하여 대통령령으로 정하는 사업 또는 사업장에 대해서는 그 예외가 인정된다. 그리고 일반적인 적용 대상 근로자 이외에도 사회안전망이 취약한 대상을 임의 적용하여 보호하고 있는데, 별정직, 임기제 공무원, 50인 미만의 근로자를 고용하고 있는 자영업자가 임의가입 적용 대상이다.

(2) 급여

고용보험제도를 구성하는 주요 사업은 실업급여, 고용안정사업, 그리고 직업능력개발사업이다. 실업급여는 산업구조조정, 조직 및 기구 축소 등 기업의 사정으로 불가피하게 실직하는 근로자에게 급여를 지급함으로써 생활안정 및 재취직을 촉진할 수 있도록 지원해 주는 제도다. 고용안정 및 직업능력개발사업은 근로자를 해고시키지 않고 고용을 유지하거나 구조조정으로 인한 실직자를 채용해 고용을 늘리는 사업주에게 소요비용을 지원함으로써 고용 안정을 유지할 수 있도록 해 주고, 근로자의 직업능력개발을 위한 직업능력개발훈련을 실시하는 사업주·근로자에게 일정 비용을 지원하는 제도다.

① 구직급여

실업급여 중 가장 중요한 급여로 피보험자가 실업 후 재취업활동기간 중 생활안정을 도모하기 위하여 지급되는 급여다. 이직 전 평균임금의 50%를 지급받을 수 있다. 구직급여는 수급자격자의 피보험기간과 이직 당시 연령에 따라 최소 90일에서 최대 240일 지급 받을 수 있다(〈표 4-1〉 참조).

구직급여를 지급받기 위해서는, 첫째, 이직 전 18개월(기준기간) 중 180일 이상 적용사업의 피보험자로 고용되어 임금을 목적으로 근로를 제공했을 것, 둘째, 정당한 이유 없이 자발적으로 이직하거나 자신의 중대한 귀책사유에 의해 해고된 것이 아닐 것, 셋째, 근로의 의사와 능력이 있음에도 불구하고 취업하지 못하고 있을 것, 넷째, 구직 노력을 적극적으로 할 것의 네 요건을 충족해야 한다. 단, 직장을 스스로 그만두었거나 중대한 자신의 귀책사유로 해고된 경우에는 원칙상 구직급여를 받을 수 없지만, 정당한 사유가 있는 자기 사정에 관하여서는 「고용보험법 시행규칙」에 따라 구직급여를 받을 수 있다. 예를 들어, 장기간 계속된 임금체불, 휴업 등과 같은 사유다. 또한, 구직급여를 지급받기 위해서는 1~4주에 1회씩 직업안정기관에 출석하여 실업의 인정을 받아야 한다.

〈표 4-1〉 **구직급여 소정급여일수**

연령＼피보험기간	1년 미만	1년 이상 3년 미만	3년 이상 5년 미만	5년 이상 10년 미만	10년 이상
30세 미만	90일	90일	120일	150일	180일
30세 이상~50세 미만	90일	120일	150일	180일	210일
50세 이상 및 장애인	90일	150일	180일	210일	240일

② 연장급여

연장급여는 구직급여 소정급여일수가 종료되어 감에도 불구하고, 취업하지 못한 수급자격자로서 직업능력개발훈련 등을 받으면 재취업이 용이하다고 판단되는 자에게 훈련 등을 지시하여 훈련을 받는 기간 동안 훈련연장급여, 취업이 특히 곤란하고 생계가 어려운 수급자격자로서 일정요건에 해당되는 자에게 60일간 개별연장급여 실업의 급증 등으로 재취업이 특히 어렵다고 판단되는 경우에 특별연장급여를 발동하여 60일의 범위에서 구직급여를 연장하여 지급함으로써 취업 취약계층에 대한 생계보호 차원에서 마련된 제도다.

③ 취업촉진수당

취업촉진수당은 구직급여 수급자의 적극적인 구직활동을 통한 조기 재취업을 장려하기 위한 인센티브로 도입된 제도로서 조기재취업수당, 직업능력개발수당, 광역구직 활동비 및 이주비가 있으며, 사업 중 조기재취업수당이 가장 큰 비중을 차지하며, 동 급여는 구직급여 소정급여일수를 남기고 안정된 직장에 재취직하거나 스스로 영리를 목적으로 사업을 영위하는 경우에 남은 소정급여일수의 일정액을 지급함으로서 조기 재취업을 촉진하고자 제도가 도입되었다.

④ 고용안정지원사업

고용안정지원사업은 크게 세 개 영역으로 구분할 수 있는데, 산업구조의 변화와 기술진보 과정에서 발생하는 고용조정의 위험으로부터 근로자 실업을 예방하고 고용을 유지시키기 위한 '고용조정 지원', 고령자, 장애인, 여성 가장 등 취업취약계층에 임금보조금을 지원하여 고용을 활성화하기 위한 '고용촉진 지원', 교대제와 장시간 근로의 직무체계를 개선하여 일자리를 늘리고 고용환경개선, 성장유망산업과 전문인력에 대한 고용지원을 통해 중소기업의 경쟁력을 높여 실업자 고용을 늘리기 위한 '고용창출 지원'이 있다.

⑤ 직업능력개발사업

직업능력개발사업은 기업의 실정에 맞는 직업능력개발훈련을 실시할 경우 이를 지원하는 사업이다. 직업능력개발사업은 사업주를 지원하는 사업과 근로자를 지원하는 사업으로 구분될 수 있다. 사업주를 지원하는 사업으로는 직업능력개발훈련, 유급휴가훈련, 직업능력개발훈련시설ㆍ장비자금대부 등이 있다. 그리고 근로자를 지원하는 사업으로는 수강장려금, 근로자학자금대부, 실업자재취직훈련 등이 있다.

⑥ 모성보호급여제도

한편, 고용보험제도는 여성근로자들의 모성을 보호하기 위한 모성보호급여제도를 포함하고 있다. 고용보험에서는 영유아의 양육을 위한 육아휴직, 근로자의 취업지원을 위한 수유ㆍ탁아 등 육아에 필요한 직장보육시설 설치 등을 지원하고 있다.

(3) 재정

보험료는 고용보험사업에 소용되는 비용을 충당하기 위하여 보험가입자인 사업주와 피보험자인 근로자로부터 징수하는 금액을 말한다. 고용안정, 직업능력개발사업 보험료(사업규모별로 0.25~0.85%)는 사업주가 전액 부담하고 실업급여 보험(1.3%)은 사업주와 근로자가 각각 1/2씩 부담한다(〈표 4-2〉참조).

고용보험료는 근로자 개인별 월평균 보수(전년도 보수총액을 전년도 근무개월 수로 나눈 금액)에 보험료율을 각각 곱한 금액을 합산하여 산정한다. 보수는「소득세법」에 따른 근로소득에서 비과세 근로소득을 공제한 총급여액의 개념과 동일하다. 보수총액은 보험 연도 중 당해 사업에 종사하는 피보험자인 근로자의 보수총액을 의미한다.

고용보험제도는 보험료를 선납하는 방식을 채택하고 있는데, 피보험자인

〈표 4-2〉 **고용보험료율(「보험료징수법 시행령」 제12조)**

구분		1998년 12월 31일까지		1999년 1월 1일 이후		2003년 1월 1일 이후		2006년 1월 1일 이후		2011년 4월 1일 이후		2013년 7월 1일 이후	
		근로자	사업주	근로자	사업주	근로자	사업주	근로자	사업주	근로자	사업주	근로자	사업주
실업급여		0.3%	0.3%	0.5%	0.5%	0.45%	0.45%	0.45%	0.45%	0.55%	0.55%	0.65%	0.65%
고용안정사업		0.2%		0.3%		0.15%		능력개발사업과 통합					
능력 개발 사업	150인 미만	0.1%		0.1%		0.1%		0.25%		0.25%		0.25%	
	150인 이상 (우선지원 대상기업)	0.3%		0.3%		0.3%		0.45%		0.45%		0.45%	
	150인 이상~ 1000인 미만	0.5%		0.5%		0.5%		0.65%		0.65%		0.65%	
	1,000인 이상 및 국가기관 등	0.5%		0.7%		0.7%		0.85%		0.85%		0.85%	

근로자에게 당해 연도 지급할 1년 치의 예상 임금총액에 해당 보험료율을 곱하여 개략적으로 산정한 보험료를 개산보험료라 하고, 당해 연도가 지나고 그다음 해에 실제 지급된 임금총액을 기준으로 다시 산정된 보험료는 확정보험료다.

(4) 전달체계

고용보험제도 및 운영에 관한 주요 사항의 결정이나 기획에 관한 업무는 고용노동부에 의해 이루어지고 있으며, 집행업무는 지방고용노동관서에 의해 이루어진다. 고용보험에 관한 주요 정책의 결정은 고용보험위원회 심의를 거쳐 고용노동부 장관에 의해 이루어지게 된다.[14] 고용노동부 고용보험 기획과에서는 고용보험 및 보험료징수 법령, 기금 등을 담당하고 있으며, 노

---

14) 이를 위해서, 고용보험위원회 밑에 고용보험에 관한 전문적 심의를 위해 고용보험운영전문위원회 및 고용보험평가전문위원회를 두었으며, 고용노동부 고용정책실 내에 노동시장정책관, 고용서비스정책관, 청년여성고용정책관, 고령사회인력정책관, 직업능력정책국이 있다.

동시장정책과에서는 고용안정사업을 추진하고, 직업능력정책과에서는 직업
능력개발훈련사업을 담당하며, 여성고용정책과에서는 육아휴직급여를, 고
용지원실업급여과에서는 실업급여와 피보험자격 관리 등 고용보험사업을
수행하고 있다. 고용보험의 구체적 집행업무는 고용노동부 산하의 47개 지
방고용노동관에서 수행하고 있으며, 근로복지공단과 한국산업인력공단에서
도 업무의 일부를 위탁받아 수행하고 있다. 고용보험 피보험자의 권리구제
를 위하여 고용보험심사관과 고용보험심사위원회(고용노동부 본부)를 두고
이의신청에 대한 권리구제제도를 운영하고 있다.

4. 한국 고용보험제도의 과제와 전망

한국의 고용보험제도는 선진국에 비해 역사가 상대적으로 짧기 때문에 고
용보험제도가 성숙되어 있다고 보기 어렵다. 실업안전망 유형화 논의에서
살펴보았듯이, 한국은 부실한 실업안전망을 가진 유형에 속한다. 그 이유는
고용보험제도 실업급여의 사각지대가 광범위하게 존재하고, 실업부조제도
가 없어서다. 따라서 한국 고용보험제도의 과제는 고용보험제도의 적정성을
보장하는 것이다.[15]

첫째, 고용보험제도의 사각지대를 줄이려는 정책적 노력이 필요하다. 한
국의 실업급여 수급률이 선진국에 비해 낮은 것을 평가되는데(방하남, 남재
욱, 2016), 그 이유는 ① 전체 취업자에서 비임금근로자(자영업자 및 무급가족
종사자 등)의 비중이 크고 임금근로자 중에서 비정규근로자의 비중이 크기 때
문에 피보험자가 차지하는 비중이 낮고, ② 수급자격 요건 중 자발적 이직에

---

15) Vroman과 Brusentsev(2005)는 전 세계 실업보상제도의 세 가지 과제로 적용범위, 수급자격, 그
리고 장기실업과 관련된 장기수급 문제를 언급하고 있다. Vroman과 Brusentsev(2005)가 제시한
세 가지 과제도 한국 고용보험제도의 과제라 할 수 있다.

대한 수급자격 제한이 엄격하기 때문이다. 1998년 10월 1일부터 모든 근로자가 고용보험사업의 적용 대상이 되었지만, 비정규직 노동자를 비롯한 실업의 고위험군에 속하는 노동계층이 고용보험제도의 적용범위에서 배제되는 경향이 강하다. 즉, 고용보험제도를 가장 필요로 하는 계층이 오히려 제도 적용에서 소외되고 있는 현실은 저임금 노동자를 비롯한 노동 취약계층을 제도에 포섭시킬 필요성을 제기한다. 두루누리사업을 비롯하여 저임금 노동자의 고용보험료 지원사업이 있지만, 여전히 불완전 노동자들은 제도의 혜택에서 멀어져 있다. 즉, 자영자 및 무급가족종사자, 그리고 비경제활동 인구 중에서 취업을 희망하는 청년층이나 경력단절 여성들을 제도 내로 포섭하기 위한 정책적 노력이 필요하다.

둘째, 고용보험제도의 낮은 보장성 문제를 해결하기 위해 실업급여의 소득대체율과 수급기간의 문제를 개선할 필요성이 존재한다. 한국의 실업급여액은 실직 전 임금의 50%로 설정되어 있으나 소득상한선이 있어서 상한선 이상의 소득자들은 50% 미만의 소득대체율을 보장받고, 반대로 하한선이 있어 저소득층의 경우 50% 넘는 소득대체율의 실업급여를 지급받고 있다. 하지만 실질 소득대체율이 낮기 때문에 실업급여만으로 실직 전 생활수준을 보장하기는 어렵다. 그리고 실업급여 수급기간이 피보험 가입기간과 연령대에 따라서 90~240일로 결정되는데, 이 수급기간이 짧아 보장기능이 취약하고 장기실업자의 경우 실질적으로 고용보험에서 배제되고 있다.

마지막으로, 청년실업이 사회문제로 대두되고 있는 현실 속에서 신규실업자와 비정규직을 제도에 포섭시키고, 유연화된 노동시장에서 나타나는 고용형태의 다양화와 양극화 문제에 적절히 대응할 필요가 있다. 이러한 과제를 풀기 위해서 황금삼각형 모형으로 알려진 덴마크 사례와 노동시장 재진입을 강조하는 독일의 사례를 주목할 필요가 있다. 덴마크에서는 저임금 일자리나 단시간 일자리 노동자에게 불리한 조항들을 개선하면서, 실업급여 수급기간에 일자리가 생기면 일한 기간을 '고용계좌'에 적립하여 그 기간만큼을 수급기간을 연장하는 방식으로 사용할 수 있도록 하였다(장지연, 2015). 또한 독일과 오스트리아의 경우, 특수형태근로종사자와 같이 전통적인 의미의 '근로자성'이 모호한 이들의 경우 의사자영자(Scheinselbständige) 혹은 신 자영자(neue Selbständige)의 개념을 도입하여 사회보험의 적용을 받도록 하였다(방하남, 남재욱, 2016). 이러한 외국 사례들은 유연화된 노동시장에 고용보험제도가 유연하게 대응할 필요가 있음을 시사한다. 또한 한국의 경우 미발달 상태에 있는 적극적 노동시장 정책의 활성화를 통해 실업문제의 예방에도 보다 세심한 주의가 필요하다고 하겠다.

 참고문헌

김진수, 권혁창, 정창률, 배화숙, 남현주(2017). **사회복지법제론(제2판)**. 서울: 형지사.

김태성, 김진수(2013). **사회보장론(제4판)**. 서울: 청목출판사.

남재욱(2017). "실업보호의 유형과 경제위기 전후 OECD 18개국의 제도변화". **사회복지정책**, 44(3), 125-162.

방하남, 남재욱(2016). "고용보험의 사각지대와 정책과제에 관한 연구: 실업급여를 중심으로." **사회복지정책**, 43(1), 51-79.

심창학 (편). (2017). **청년실업, 노동시장, 그리고 국가: 학제간ㆍ국가 비교**. 경상대학교 인권사회발전연구총서 6.

이승윤(2018). "실업안전망 국제비교연구-실업보험, 사회부조, 적극적 노동시장정책의 제도조합과 유형화." **한국 사회정책**, 25(1), 345-375.

이인재, 류진석, 권문일, 김진구(2008). **사회보장론(개정 2판)**. 경기: 나남출판.

이준영, 김제선, 박양숙(2015). **사회보장론: 이론과 실제(3판)**. 서울: 학지사.

장지연(2015). **실업보험 제도개편 및 역할변화 국제비교**. 세종: 한국노동연구원.

채구묵(2011). "OECD 주요국 실업급여제도의 유형별 비교." **한국 사회학**, 45(1), 1-36.

Castles, F. et al. (Eds.). (2010). *The Oxford Handbook of the Welfare State*. Oxford

University Press.

Ehrenberg, R., & Smith, R. (2003). *Modern Labor Economics: Theory and Public Policy* (8th ed.). Pearson Education, Inc.

Pieters, D. 김지혜(역). (2015). **사회보장론 입문**. 경기: 사회평론.

Rejda, G. E. (1994). *Social Insurance and Economic Security* (5th ed.). Prentice Hall.

Vroman, W., & Brusentsev, V. (2005). *Unemployment Compensation Throughout the World: A Comparative Analysis*. W. E. Upjohn Institute for Employment Research, Kalamazoo, Michigan.

고용보험 홈페이지 https://www.ei.go.kr

제5장
•
산업재해보상

산업재해보상보험은 업무상 재해와 직업병으로 인해 발생하는 소득손실을 보전하고 충분한 요양서비스를 제공하여 성공적인 직업복귀를 목표로 하는 제도다. 산재보험제도의 핵심적인 특징은 다음과 같다.

첫째, 산재보험은 무과실책임주의에 기초하고 있어서 사용자의 직접적인 책임이 아니어도 산재근로자를 보호하도록 한다. 둘째, 산재보험은 책임보험의 성격과 사회보장의 성격을 동시에 가진다. 셋째, 산재보험은 근로자를 보호하는 제도이기도 하지만 또한 사용자를 보호하는 제도이기도 하다. 넷째, 산재보험은 공적연금, 건강보험, 장기요양보험의 특성이 혼합되어 있는 제도이며, 같은 장애나 사망이라고 하더라도 업무상 재해로 인한 경우는 더 높은 보상을 제공한다는 점에서 산재보험은 일종의 우대제도라고 볼 수 있다. 다섯째, 산재보험은 원인주의에 기초한 제도이기 때문에 결과주의에 기초한 공적연금이나 건강보험과 대비된다.

한국의 산재보험의 경우 지속적으로 적용 대상이 확대되어 왔으며, 전통적인 근로자 중심의 적용에서 확대되고 있다. 보험료 산정의 경우 한국의 산재보험은 업종별 요율제와 개별실적요율제를 사용하고 있어서 개별기업이나 산업의 특성을 반영하고 있는데 이는 민영보험적 성격이라고 할 수 있다. 급여 제공에서 핵심은 업무상 재해의 인정기준에 대한 것으로서 역사적으로 넓혀져 왔는데, 최근 들어서 출퇴근재해로까지 업무상 재해의 인정기준이 확대되었다. 급여의 수준은 다른 사회보험보다 높게 설정되어 있다.

산재보험은 다른 사회보험에 비해서 재정적으로 안정되어 있으나, 여전히 산재사망사고가 많이 발생하고 있다. 보상중심의 제도 운영에서 벗어나서 예방과 재활이 강화될 필요가 있다.

1. 사회적 위험

서구의 산업혁명은 공장제 생산방식의 도입으로 인해 생산성의 비약적 발전을 이룩하였으나, 그 과정에서 산업재해의 발생은 불가피했다. 그러나 자본주의 초기에는 작업환경에 대한 문제가 회사와 근로자가 사적으로 해결해야 하는 문제였을 뿐, 국가가 개입하는 영역이 아니었고 전반적으로 작업장의 안전을 개선하기 위한 노력은 미미하였다. 그 결과 수많은 노동자들이 작업 중 사고로 다치거나 사망하였으며, 일부 근로자들은 독성가스, 매연 등으로 인해서 직업병에 걸려 고통을 받았다. 이러한 업무상 사고나 질병—산업재해—으로 인한 사회문제는 자본주의 초기부터 광범위하게 일어났으며, 다른 사회보장제도 도입 이전부터 산업재해에 대한 대안 마련이 추진되었다. 영국에서는 이미 1801년 최초의 「공장법」 제정을 시작으로 작업환경에 대한 국가의 개입이 이루어졌고, 산업재해 감소를 위한 다양한 노력들이 전개되었다(송병건, 2015).

작업환경의 개선을 통해서 업무상 재해가 발생하지 않는 것이 최우선이지만, 산업현장에서 업무상 재해의 발생은 불가피하며 따라서 이미 발생한 재해의 보상을 위한 다양한 제도들이 도입되었다. 재해를 입은 근로자에 대한

보상은 사용자가 직접 수행할 수도 있고, 사회보험이나 민간보험을 통해서
수행될 수도 있다. 그중에서 많은 국가들이 사회보험 제도를 통해서 업무상
재해에 대한 보상을 실시하고 있다.

  산업재해보상보험(이하 '산재보험')은 업무상 재해와 직업병으로 인해 발생
하는 소득손실을 보전하고 충분한 요양서비스를 제공하여 성공적인 직업복
귀를 목표로 하는 제도다. 산재보험이 자본주의 탄생과 함께 등장한 오래된
사회적 위험을 다루는 제도이지만, 업무상 재해의 개념은 계속 진화해 왔다.
18, 19세기 유럽에서 아주 광범위하였던 굴뚝청소부의 직업병은 더 이상 존
재하지 않는 반면, 오늘날에는 반도체공장에서의 직업병 등 새로운 직업병이
계속해서 생겨나고 있다. 출퇴근 재해 개념 역시 상대적으로 최근에 생겨난
산재보험에서의 보호 영역이다.

2. 산재보험제도의 원리와 주요 형태

1) 산재보험의 특징

  산재보험제도의 핵심적인 특징은 다음과 같다.
  첫째, 산재보험은 무과실책임주의에 기초하고 있다. 이를 이해하기 위해
서는 '과실책임주의'와 '무과실책임주의' 개념을 구분하여야 한다. 우리의 일
상생활은 기본적으로 '과실책임주의'에 기초하고 있는데, 이는 자신의 고의
나 과실에 기인하지 않는 이상 책임을 지지 않는다는 원칙이다. 이는 자본주
의 사회에서의 '사적자치의 원칙'과 연결된다. 일상생활에서는 통상적으로
이러한 과실책임주의가 적절하지만 자본주의 초기 산업현장에서는 과실책
임주의로 인해서 사용자는 자신의 사업장에서 발생한 근로자들의 업무상 재
해에 대해서 책임을 벗어날 수 있었다(김상호 외, 2014).[1] 그 결과, 재해 근로

자는 재해의 원인이 사용자의 고의나 과실이 아니라면 그 원인을 자신의 부주의로 돌려야 했고 그 경우 적절히 보호받지 못하였다. 이는 업무상 재해에 대한 불안을 가지는 근로자들에게 치명적인 것이었다.

그래서 기존의 과실책임주의 원칙에 어떠한 위험을 발생하도록 하는 상태를 야기한 것만으로도 그 결과에 대해 책임을 지는 새로운 책임이론이 추가되었다. 이 이론은 직접적인 손해 발생행위 외에 손해를 발생하게 하는 위험상태의 원인 제공에 대해 책임의 근거를 찾아야 한다는 것이다. 이렇게 행위자의 고의나 과실에 기초하지 않는 책임이라는 점에서 이를 '무과실책임'으로 표현한다.

둘째, 산재보험은 책임보험의 성격과 사회보장의 성격을 동시에 가지며, 어느 성격에 초점을 두느냐에 따라서 제도의 방향성이 다소 달라질 수 있다. 우리나라 재해보상 제도의 경우, 우선 「근로기준법」에서 무과실책임보상을 명시하고 있고, 「산재보험법」에서는 이를 구체화한다. 업무상 재해 발생 시 재해근로자는 산재보상을 우선적으로 청구할 수 있고 산재보상이 이루어지면 사용자는 「근로기준법」상의 재해보상책임을 면하게 된다. 따라서 산재보상제도는 「근로기준법」상의 사용자 재해보상의 책임에 책임보험 원리를 도입한 것이다.[2]

또한, 산재보험은 사회보장의 성격을 가진다고 볼 수 있다. 우선, 많은 국가에서 산재보험제도가 발전함에 따라서 비근로자의 업무상 재해까지 보호의 범위를 넓히고 있다. 독일의 경우는 근로자 중심으로 도입된 산재보험제도가 시간이 지나면서 자영농업인, 학생까지 확대되면서 일반 재해보험으로 확대되는데 이는 책임보험 원리와는 벗어난 것으로서 점차 사회보장제도로

1) 산업현장에서 재해가 발생했을 때 사용자의 책임이 아니라는 주요 근거는, 첫째, 근로자가 주의를 다했더라면 재해가 발생하지 않았을 것이라는 것과 둘째, 업무상 위험을 사전에 근로자가 알고 업무에 임했다는 것 등이다.
2) 그 원리에 따라서 다른 사회보험과 달리 산재보험은 사용자가 보험료를 모두 납부한다.

서의 성격이 강화되는 것을 보여 준다. 또한, 보험료 산정 등에서도 개별 사업장의 개별 위험에 기초하여 산정하기보다는 업종별 위험 등을 통해서 보험료 부담을 분산하고 있는데 이는 사회연대성 원칙에 입각한 것으로 산재보험이 사회보장의 성격을 가지는 것으로 볼 수 있다.

그럼에도 불구하고, 산재보험이 가지는 책임보험의 성격과 사회보장의 성격을 택일의 문제는 아니다. 다만, 산업구조의 변화 등으로 인해서 전형적인 노동자 개념이 과거보다 약해지는 것은 분명하며, 책임보험의 성격이 없어지는 것은 아니지만 많은 국가에서 점차 사회보장의 성격을 강화하면서 자영농업인, 특수형태종사자까지 보호의 대상으로 확대되고 있는 상황이다.

셋째, 산재보험은 근로자를 보호하는 제도이기도 하지만 또한 사용자를 보호하는 제도이기도 하다. 사회보험 도입의 역사에서 많은 국가들이 산재보험제도를 가장 먼저 도입하였는데 이는 업무상 재해가 자본주의 초기에 주목할 만한 사회적 위험이기도 하였으나, 다른 한편으로는 사용자 입장에서 산재보험은 그들을 보호하는 제도이기도 하였기 때문이다. 산재보험과 같은 위험 분산 장치가 없는 상태에서 만일 어떠한 업무상 재해가 사용자의 과실로 인한 것이라면 사용자는 막대한 보상을 해야만 하고 이는 경영의 장애요인이 될 수 있다. 그런데 산재보험의 존재는 사용자의 보상 부담을 줄일 수 있다는 점에서 근로자뿐 아니라 사용자에게도 직접적인 연관성을 가질 수 있는 제도였다. 이는 다른 사회보험보다 산재보험제도가 먼저 도입될 수 있는 요인이 될 수 있었다.

넷째, 산재보험은 공적연금, 건강보험, 장기요양보험의 특성이 혼합되어 있는 제도라고 볼 수 있다. 산재보험에서의 업무상 재해라는 사회적 위험은 다른 사회보험의 사회적 위험과는 범주 측면에서 다르다. 예를 들어, 국민연금은 노령, 장애, 사망이라는 사회적 위험을 다루고 건강보험은 질병, 상해라는 사회적 위험을 다루며 노인장기요양보험은 요보호를 다루지만, 산재보험의 업무상 재해는 그 안에 노령, 장애, 사망, 질병, 상해, 요보호가 모두 포함될 수 있다. 같은 장애나 사망이라고 하더라도 업무상 재해로 인한 경우는 더 높은 보상을 제공한다는 점에서 산재보험은 일종의 우대제도라고 볼 수 있다. 요양급여 제공이라고 해도 산재보험의 요양급여는 건강보험의 요양급여와 달리 본인부담금이 면제되며, 다른 현금급여 역시 마찬가지다.

다른 사회보험급여보다 산재보험이 높은 급여를 받아야 하는지에 대한 정당성은 산재보험이 책임보험의 성격을 가지기 때문이라고 보는 것이 일반적이다. 만일 산재보험이 다른 사회보험과 보상 수준에서 차별성이 없게 되면, 산재 근로자들은 불충분한 보상으로 인해서 산재보험 이외의 민사배상 등을 통해서 추가적인 배상을 요구하게 될 것이기 때문이다.

다섯째, 산재보험은 원인주의에 기초한 제도라는 특징이 있다. 국민연금이나 건강보험, 노인장기요양보험의 경우는 가입자의 사회적 위험이 발생하였는지가 주요한 관심일 뿐, 왜 그러한 사회적 위험에 이르게 되었는지를 주요한 급여 수급 요건으로 따지지 않는다. 물론, 건강보험 등의 경우 자해나 범죄행위로 인한 경우 발생 원인에 따라서 급여를 지급하지 않을 수 있으나, 원칙적으로 발생 원인을 따지지 않는다는 점에서 결과주의에 기초하는 것으로 본다. 반면, 산재보험의 경우에는, 발생한 사고나 질병이 업무와 어떠한 인과관계가 있는지가 급여 지급의 핵심적인 요건이 된다.[3] 업무상 재해로 인정되지 않는 경우는 장애가 인정된다고 해도 산재보험의 대상이 아니라, 국민연금 등 다른 제도로부터 보상을 받아야 할 것이다. 일부 국가에서는 산재보험제도가 이러한 원인주의적 성격으로부터 벗어나는 경향을 보이고 있다. 대표적인 예가 네덜란드인데, 산재보험의 원인주의적 성격으로부터 벗어나 결과주의적인 방식으로 전환되어 결과적으로 업무상 재해와 비업무상 재해의 구분이 없어졌다. 이는 비업무상 재해에 대한 보상이 그만큼 높다는 것을 의미하는 것으로 볼 수 있다.

---

3) 실업보험(고용보험) 역시 직장을 잃은 모든 근로자에게 급여를 제공하는 것이 아니라 실직의 이유를 고려한다는 점에서 원인주의적 성격을 가진다.

2) 산재보험의 주요 형태

업무상 재해에 대한 보장의 방법은 국가마다 상이하지만 크게 보면 독일, 일본 등에서 도입하고 있는 산재보험방식이 있고, 영국, 스웨덴 등에서 도입하고 있는 특별급여제도로 구분된다(오선균, 2012). 전자의 경우에는 업무상 재해에 대해서 별도의 요양서비스를 제공하며 현금급여 역시 별도로 지급하는 방식을 사용한다. 이 경우 별도의 요양서비스라 함은 기본적으로 산재보험의 목적이 원직복귀에 있는 만큼 건강보험에서보다 충분한 요양서비스를 제공해야 한다는 의미를 가지며, 이를 위해서 본인부담금을 면제하도록 한다. 별도의 현금급여 지급의 의미는 공적연금 등에서보다 높은 수준의 급여를 제공한다는 것이다. 후자의 경우에는, 기본적으로 국가의 NHS 서비스를 통해서 보편적인 의료서비스를 제공하기 때문에 업무상 재해의 경우에도 사실상 동일한 요양서비스를 제공받도록 하며, 현금급여에 있어서도 일부 추가되는 급여를 특별급여 형태로 제공받도록 하고 있다. 후자의 경우는 산재보험을 보충적 소득보장체계로 운영하는 방식에 해당된다.

그 외에도 업무상 재해에 대한 보장에 있어서 다양한 방식이 존재할 수 있다. 스위스와 미국에서는 산재보험제도가 사회보험제도와 민영보험제도 형태로 공존하기도 하고 경합하기도 한다. 미국의 경우는 주에 따라서 산재보험을 사회보험으로 운영하는 경우도 있고 민영보험 형태로 운영하는 경우도 있다. 스위스의 경우는 산재발생의 위험이 낮고 예방이나 재활의 필요성이 낮은 사무직들은 민영보험 제도에 가입하고, 생산직들은 사회보험에 가입하도록 하는 방식을 채택하고 있다.

이하의 내용들은 주로 우리나라와 같이 산재보험방식을 도입하고 있는 경우 제도의 형태를 제도의 구성요소에 따라서 살펴보도록 한다.

(1) 적용 대상

산재보험의 가입 대상은 일반적으로 근로자를 대상으로 하는 것이 원칙이다. 이는 산재보험 자체가 책임보험의 형태로 도입되었고 근로자의 업무상 재해에 대한 사용자의 무과실책임을 제도화하였다는 점과 밀접하게 연결되어 있다. 따라서 산재보험제도를 운영하는 국가에서 대부분의 근로자들이 의무 가입 대상이 된다. 다만, 너무 영세하여 적절한 관리운영이 불가능한 경우 등 일부 사업장의 근로자들을 배제하는 경우는 있을 수 있다.

산재보험이 가지는 책임보험으로서의 특성과 연결되는데, 산재보험의 경우 피보험자와 보험가입자가 다르다는 점이다. 산재보험의 경우 보험가입자는 사용자인 반면 근로자는 피보험자가 된다. 다시 말해서, 근로자가 사업장에서 근로를 시작하는 경우 산재보험의 가입 책임은 가입자인 사용자에게 있는 반면, 산업재해가 발생하게 되면 그 혜택은 피보험자인 근로자가 받게 된다. 이러한 특성 때문에 산재보험의 경우 비록 사용자가 행정적인 착오나 고의에 의해서 산재보험 가입을 하지 않은 상태에서도 업무상 재해를 입은 근로자들에 대한 보상은 이루어지게 된다.[4]

최근 들어, 고용형태가 다양해지고 있는데, 그중에서 사용자와 사용종속관계에서 임금을 목적으로 근로하지 않는 이른바 '특수형태종사자'가 늘어나고 있다. 이 특수형태종사자는 한편으로는 근로자의 속성을 가지지만 다른 한편으로는 자영업자의 속성까지 가지고 있다. 최근 급증하고 있는 배달앱에 의해서 배달을 하는 종사자의 경우도 어떤 사업장에 종속되어 노동을 제공하지 않는다는 점에서 일종의 특수형태종사자라 할 수 있다. 문제는 이들 역시 업무상 재해에 노출되어 있는데, 근로자가 아닌 이들을 어떻게 산재보험에서 적용할 것인가 하는 것이다.

이 외에도 자영농업인이나 무급가족종사자 등도 업무상 재해의 위험에 노

---

4) 다만, 그 경우 산재보험 보상을 받기 위해서는 사용자는 미납 보험료와 과태료를 납부해야 한다.

출되어 있지만 근로자가 아니며 원칙적으로 산재보험의 적용 대상에서는 벗어나 있다. 이러한 대상자들의 경우 산재보험제도로 이들을 편입시켜서 산재보험의 가입 대상을 확대할 수도 있고, 다른 한편으로는 별도의 제도를 통해서 민영보험에 가입하도록 유도할 수도 있다.

산재보험이 특수형태종사자나 자영농업인 등까지 확대되면 산재보험은 배상책임에 근거한 제도의 성격은 약해지고 일종의 재해보험의 성격으로 변화한다고 볼 수 있다. 독일 산재보험의 경우에도 제도 도입 초기에는 블루칼라 근로자들을 위한 배상책임에 입각한 제도였으나 시간이 지나면서 자영농업인, 학생까지 포함하게 되면서 사회보장제도의 성격이 강화되었다.

(2) 재정(보험료)

업무상 재해에 대한 보상제도를 운영할 때, 산재보험방식을 채택하는 경우 대부분의 재정을 보험료 수입에 의존하고 국고가 일부 관리운영비 등을 위해서 지원한다.[5]

산재보험의 재정방식은 대부분 부과방식으로 운영된다. 이론적으로 산재보험은 장해급여와 유족급여가 장기급여의 성격을 가지기 때문에, 장해급여와 유족급여 부분은 적립방식 운영도 가능할 수 있으나 그렇게 하는 경우는 거의 없다. 또한, 연금이나 건강보장과 달리 산재보험은 고령화로 인한 재정 문제가 심각하지 않기 때문에 상대적으로 적립의 필요성은 큰 이슈가 되지 않았다.

여기에서는 산재보험료의 특징들을 주요하게 다루도록 한다.

첫째, 산재보험료는 일반적으로 사용자가 보험료를 납부하도록 되어 있다. 앞서 언급했듯이, 이는 산재보험제도가 역사적으로 사용자 배상책임과 관련이 있는 제도이기 때문이다. 다만, 산재보험 안에 포함되어 있다고 해도

---

5) 영국 산재보험 같은 특별급여제도의 경우는 전액 조세로 운영하기도 한다.

사용자 배상책임과 다소 거리가 있는 통근재해의 경우에는 근로자도 일부 보험료를 부담하는 나라도 있다.

둘째, 산재보험을 운영하는 많은 국가들이 산재보험료 산정에 있어서 업종별요율제를 실시하고 있다. 이는 업종별로 산업재해 발생 확률이 상이하다는 점에 기초하여 업종별로 상이한 요율을 적용하도록 하고 있다. 그러나 산재보험이 반드시 업종별요율제를 실시해야 하는 것은 아니며, 대표적으로 오스트리아의 경우는 업종에 관계없이 단일요율제를 사용하고 있다.

업종별요율제는 간단해 보이지만 실제로는 복잡하다. 예를 들어, 어떤 업종에서 사무직의 성격과 생산직의 성격을 동시에 가지는 경우, 사용자는 보험료를 낮추기 위해서 무리하게 사무직 적용을 시도할 수도 있다. 이러한 부분의 관리 감독은 그리 간단한 것은 아니다. 특히, 최근에는 과거처럼 업종이 명확히 구분되지 않는 경우도 증가하고 있다.

그 외에도 산업별로 사양산업이 있고 신흥산업이 있는 상황에서 업종별요율제가 반드시 공평한 제도가 아닐 수도 있다. 예를 들어, 과거의 핵심산업이 현재에 사양산업인 경우 소수의 현직 근로자들의 보험료로 많은 재해근로자의 급여 비용을 충당해야 하는데 그러한 재정전가가 공평하다고 단정하기는 어렵다. 그런 문제 때문에, 업종별요율제라고 해서 반드시 독립채산제를 운영하지 않으며, 국가마다 복잡한 업종별 혹은 조합별 재정분담 방안을 사용하기도 하고, 보험료율의 상한 또는 하한을 마련하여 업종 간 지원을 제도화하기도 한다. 다만, 분명한 것은 업종별요율제 실시가 논리적으로 타당한 측면이 있으나 실제로는 상당한 행정비용을 필요로 한다는 것이다.

셋째, 많은 국가에서 산재보험은 개별실적요율제도를 실시하고 있다.[6] 개별실적요율제는 산업재해 발생이 많은 사업장의 경우 차후에 보험료를 높이고, 산업재해 발생이 적은 사업장의 경우 차후에 보험료를 낮추도록 하는 것

---

6) 부연하면, 업종별요율제와 개별실적요율제를 동시에 사용할 수도 있고 그렇지 않을 수도 있다.

이다. 개별실적요율제의 취지는 산업재해 발생에 대한 예방사업을 열심히 하여 좋은 성과를 낸 (산재가 덜 발생한) 사업장에게 보험료에 대한 혜택을 주 겠다는 것이다. 그러나 사실 이 개별실적요율제는 사회보험의 원리가 아니 라 민영보험의 원리를 따르고 있다고 볼 수 있다. 다시 말해서, 개별실적요율 제는 능력에 따라 보험료를 부과하는 것이 아니라, 재해 발생 위험에 따라서 보험료를 부과하는 것으로 볼 수 있다. 그렇다고 해서 산재보험에서 개별실 적요율제를 반드시 실시해야 하는 것은 아니다. 예를 들어, 오스트리아의 경 우 개별실적요율제를 실시하지 않아 왔다.

개별실적요율제의 효과에 대해서는 상반된 견해가 존재한다. 한편에서는 개별실적요율제가 사업장으로 하여금 예방사업 실시를 강화할 유인을 제공 한다고 보는 반면, 한편으로는 산재를 은폐할 개연성을 높이는 것으로 보기 도 한다. 특히, 산재발생률의 상승이 보험료의 지나친 상승을 일으킨다든지 혹은 보험료 상승 이외에 다른 요소에서까지 영향을 미치는 경우[7] 기업들은 산재를 은폐할 가능성이 높다. 또한, 산재위험이 높은 업무를 하청업체에게 넘겨서 원청업체는 보험료 감면을 받고 예방사업은 소홀히 할 개연성이 있다 는 점은 개별실적요율제를 부정적으로 인식하도록 하는 주요한 요인이 된다.

(3) 급여

① 업무상 재해 인정

산재보험은 원인주의에 기초한 제도이며, 따라서 업무와 재해 사이의 인과 관계가 있어야만 급여 지급이 이루어지게 된다. 따라서 업무상 재해를 어떻 게 규정하는지에 따라서 업무상 재해의 범위가 크게 달라질 수 있다는 점에 서, 무엇이 업무상 재해인지를 정의하는 것은 매우 중요한 문제가 될 수 있다.

역사적으로 업무상 재해의 범위는 계속 넓어져 왔다. 처음에는 업무와 직

---

7) 각종 평가에서 산재발생률을 따지기도 한다.

접적인 관련이 있는 경우만 업무상 재해로 인정하다가, 이후 휴게 시간이나 회식 또는 체육대회와 같은 사업장의 행사 중 발생한 사고까지도 업무상 재해로 확대되어 갔다. 그 외에도 과로사나 업무상 스트레스로 인한 정신질환 등에까지 업무상 재해로 확대되어 갔다. 그리고 여전히 학술적 논란의 여지가 있으나[8] 많은 국가에서 출퇴근 동안에 발생한 사고까지도 산재보험의 보장 범위에 포함하고 있다.

업무상 재해 인정과 관련해서 가장 논란이 되는 것은 직업병에 대한 부분이다. 직업병의 인정은 각국마다 상이한데, 크게 보면 스웨덴과 같은 포괄주의와 독일, 일본과 같은 열거 (예시)주의로 구분된다. 전자의 경우, 재해근로자로 하여금 업무와 질병과의 인과관계를 입증하도록 하는 반면, 후자의 경우 일반적으로 직업병 목록을 사전에 열거하거나 또는 예시하는 방식을 사용한다. 그런데 많은 경우 직업병의 인정은 해당 직업병의 발생이 상당히 많이 발생한 이후에 의학적 조사를 통해서 업무와 질병 사이의 인과관계가 입증되는 것이 대부분이다. 직업병의 경우 질병에 따라서 잠복기가 길어서 해당 사업체에서 퇴사한 후 수년이 경과한 이후에 직업병이 발현되는 경우가 많은데, 이를 어떻게 인정하느냐에 대한 것이다.[9] 분명한 것은 산업의 발전과 함께 직업병으로 인정되는 범위가 넓어졌다는 것이다. 독일의 경우 1925년 처음 직업병 목록이 도입될 때에는 11개였으나, 12차 개정이 일어난 2009년에는 73개로 확대되었다(김상호 외, 2014).

업무와 재해 사이의 인과관계의 입증도 중요한 문제다. 일반적으로 분쟁이 일어나면 권리주장자가 그에 대한 증명을 부담해야 하는 것이 기본 원칙이다. 이에 따르면, 재해가 발생했을 때 근로자 (혹은 그 가족 등)가 해당 재해가 업무로 인한 것임을 입증해야 한다. 그런데 근로자들의 경우 이를 입증할

---

8) 원칙적으로 출퇴근 행위가 사업주의 지배/관리하에 있는 것으로 볼 수 있는 경우는 매우 제한적이기 때문이다.
9) 한국노동안전보건연구소(2017)는 우리나라의 직업병 관련 역사와 이슈들을 정리하고 있다.

만한 전문성도 부족하고 이를 증명할 자료를 획득하기도 어렵다. 따라서 근로자가 업무상 재해를 증명할 것이 아니라 관리운영주체가 '해당 재해가 업무상 사고나 질병이 아니라는 사실'을 입증하지 않는 한 업무상 재해로 인정해야 한다는 주장도 존재한다(김상호 외, 2014).

그리고 산재보험은 업무상 재해 인정이 'all or nothing' 방식을 따른다(김진수 외, 2007). 다시 말해서, 업무상 재해로 인정받으면 제도에서 규정하는 모든 급여를 삭감 없이 제공받을 수 있는 반면, 업무상 재해로 인정되지 않으면 급여가 일체 제공되지 않는다. 따라서 산재보험은 민영보험인 자동차보험 등과는 달리 부분적인 재해 인정을 받게 되는 형태를 취하지 않는 특징이 있다.

② 급여의 종류 및 내용

산재보험의 급여는 그 종류에 있어서 매우 다양하며, 다른 사회보험에서 제공하는 급여와 명칭 측면에서는 중복된다. 공적연금에서 제공하는 장애연금, 유족연금이 산재보험에서도 제공되며, 건강보험에서 제공하는 요양급여 역시 산재보험에서 제공된다. 또한, 노인장기요양보험에서의 급여 역시 산재보험의 간병급여와 그 성격에서는 거의 동일하다. 다만, 앞서 언급했듯이, 산재보험은 일종의 우대제도로서 그 급여의 수준에서 다른 사회보험보다 다소 높은 특징이 있다.

㉠ 요양급여

업무상 재해로 사고나 질병을 당한 경우, 재해 근로자는 산재보험의 요양급여를 통해서 현물 (서비스) 형태의 급여를 받게 된다. 영국과 같이 의료보장제도를 NHS를 운영하는 경우는 산재환자 역시 같은 제도에서 의료서비스를 받게 되지만, 산재보험의 경우는 산재보험의 재원으로 의료서비스를 받게 된다. 그렇다고 해서 산재보험의 의료서비스가 질적으로 건강보험의 의료서

비스와 상이한 것은 아니며, 의료기관에서도 산재환자와 일반환자를 구분하지 않는다.[10]

산재보험 요양급여의 실질적인 큰 차이는 원칙적으로 산재보험의 경우 본인부담금이 없다는 것이다. 이는 건강보험과 큰 차이점으로서 산재보험이 책임보험으로서의 성격을 가지고 있기 때문이라고 볼 수 있다. 또한, 이러한 본인부담금 면제로 인해서 재해근로자들은 보다 충분한 치료를 받을 수 있도록 하고 있다. 그러나 다른 한편으로는 산재환자들이 필요 이상으로 지나치게 오랫동안 입원하는 일종의 도덕적 해이가 일어날 수 있음을 지적하기도 한다.

그리고 산재보험의 경우, 재해근로자가 경증의 업무상 재해를 입은 경우 산재보험에서 요양급여를 제공하지 않도록 제도를 운영하는 나라가 있다. 이는 경증의 경우, 요양급여의 혜택보다 업무상 재해임을 입증하는 행정비용이 과다하다고 판단하기 때문이다.

ⓒ 휴업급여(상병급여)

산재보험은 업무상 재해로 인해서 요양을 받고 있는 상황에서 소득손실이 발생하는 경우 이를 보상하기 위한 휴업급여가 지급된다. 대부분의 선진국에서 건강보장제도를 통해서 소득손실에 대한 급여를 제공하기 때문에 산재보험의 휴업급여는 건강보장에서의 현금급여보다 약간 높은 수준으로 제공되는 것이 일반적이다.

휴업급여를 수급하기 위해서는 업무상 재해로 인해서 근로를 할 수 없는 상황임이 전제되어야 하며, 따라서 요양급여를 받으면서 근로를 지속하는 경우에는 휴업급여 지급 대상에서 배제된다. 다만, 업무상 재해를 받으면서 부

---

10) 이론적으로는 산재보험의 목적이 명시적으로 원직복귀라는 점에서 일반 의료보장보다 충분한 요양을 제공해야 한다고 하기도 하지만 이는 이념적인 구분으로서 실제 차이는 없다고 보는 것이 타당하다(원종욱 외, 2010).

분적인 취업을 하게 되는 경우에는 일부 휴업급여를 지급할 수 있다.

기본적으로 휴업급여는 단기급여의 성격을 가지지만 경우에 따라서는 급여 지급기간이 수년을 초과하는 경우도 발생한다. 이 경우, 휴업급여를 중단하고 장애급여로서 이를 대체하는 것이 타당한지에 대해서는 정해진 법칙은 없다. 다만, 원칙적으로 휴업급여는 치료가 진행되는 경우에 급여를 지급한다는 점에서는 장애급여와는 성격의 차이가 있다고 볼 수 있다.

그리고 휴업급여 지급이 길어져서 퇴직연령에 이르는 경우 이들에게 휴업급여를 계속 지급하는 것이 타당한 것인지, 아니면 휴업급여 지급을 중단하고 공적연금의 노령연금 대상자로 전환시키는 것이 타당한 것인지도 논란의 여지가 있다. 전자의 입장은 여전히 치료가 지속되고 있기 때문에 소득손실에 대한 보장이 필요하다는 것인 반면, 후자의 입장은 이들이 업무상 재해를 입지 않았더라도 어차피 퇴직하였을 것이기 때문에 이들에게까지 휴업급여를 지급할 이유는 없다는 것이다.

ⓒ 장애급여와 간병급여

업무상 재해로 인해서 장애가 남은 경우 장애급여가 지급된다. 장애급여를 수급하기 위해서는 업무상 상병이 치유되었거나 증상의 고정 상태로 인해서 더 이상의 치료효과가 없는 것으로 의학적으로 판명되어야 하며, 요양 종결 이후 신체적·정신적으로 장애가 있어서 경제활동으로 인한 소득을 얻는 것이 일부 또는 전부 상실해야 한다.

장애급여가 장애로 인한 소득 감소를 벌충한다는 취지라는 점을 생각하면 장애급여는 일시금(lump-sum)이 아니라 연금(annuity) 형태로 제공되는 것이 타당하다. 그러나 경증 장애의 경우에는 일종의 위로금 개념으로 일시금을 지급하는 것으로 갈음하기도 한다.

중중 장애를 입은 경우는 수시 또는 상시적으로 간병—돌봄—이 필요할 수 있기 때문에, 산재보험에서는 간병급여를 제공한다. 간병급여는 현금을 지급할 수도 있고 현물을 지급할 수도 있는데, 주로 가족이 간병을 하게 된다면 현금을 주는 것이 타당할 수 있으나 전문 간병인이 간병을 제공한다면 이는 현물 형태로 지급하는 것이 타당하다. 간병급여를 현금을 주게 되면 이를 간병에 필요한 서비스를 구매하는 데 사용하지 않고 생활비 등으로 전용할 가능성을 배제할 수 없기 때문이다.

ⓔ 유족급여

업무상 재해로 사망한 근로자의 임금으로 생활하던 가족이 부양자의 상실로 인한 경제적인 피해를 보상함으로써 유족의 생활을 보장하기 위한 것이 유족급여다. 유족급여를 수급하기 위해서는, 사망한 근로자의 사망 원인이 업무상 재해여야 하며 또한, 유족이 사망한 근로자와 생계를 같이하였다는 사실이 충족되어야 한다.

유족급여는 장애급여와 마찬가지로 급여의 취지상 연금으로 지급되는 것이 바람직하지만 일부 급여에 대한 일시금 수령이 허용될 수도 있다. 그리고 유족연금 수령은 선순위자가 모든 급여를 수령할 수도 있고 유족별로 나누어서 수령하도록 할 수도 있다. 또한, 유족의 수에 따라서 급여율을 차등화할 수도 있고 그렇게 하지 않을 수도 있다.

이외에도 장제비 등 다른 급여가 제공될 수 있으나 산재보험급여로서 큰 특징을 가지는 제도는 아니므로 이론적 논의는 생략한다. 다만, 이에 대해서는 한국 산재보험제도 설명에서 다루도록 한다.

③ 급여의 중복 조정

산재보험은 일종의 우대제도의 성격을 가진다는 사실을 이미 언급한 바 있다. 다시 말해서, 동일한 기능을 수행하는 급여가 다른 제도에 존재하기 때문에 다른 제도의 급여와의 관계설정이 필요하다.

우선 현물급여인 경우는 급여는 양자택일의 관계를 가진다. 업무상 재해가 발생하게 되면 산재보험의 요양급여와 건강보험의 요양급여가 동시에 발생할 수 있는데 하나의 급여만을 수급할 수 있다. 노인장기요양보험 급여와 산재보험의 간병급여 역시 하나의 급여만을 수급할 수 있다. 산재보험 간병급여는 현금급여이지만 노인장기요양보험급여가 현물이며, 두 제도의 수급권이 발생한다 하여도 결과적으로 하나의 간병서비스만이 필요하므로 둘 제도의 급여는 대체관계다.

현금급여의 경우에는 중복급여에 대한 조정이 필요하게 되는데, 대부분은 공적연금 제도—장애급여 및 유족급여—와의 조정이 이에 해당된다. 최인덕, 이용하(2015)에 따르면, 국가마다 조정의 방식은 매우 다양하다. 경우에 따라서는 산재보험과 공적연금 가운데 높은 급여인 산재보험만 제공하고 공적연금은 지급하지 않는 경우도 있지만, 높은 급여는 전액 지급하고 낮은 급여는 일부만 지급하도록 할 수도 있다. 조정 방식에 따라서 각 제도의 재정에 미치는 영향 등도 상이하게 일어날 수 있다.

④ 민사배상과의 관계

재해근로자는 「산재보험법」상의 산재보상 외에 「민법」상 손해배상 청구 요건을 갖출 경우 가해자에게 민사상 손해배상청구권을 행사할 수 있다. 산재보험의 본질적 기능은 사업주의 재해보상책임을 책임보험 형태로 전환하여 근로자를 보호하는 것이다. 이때의 책임보험은 손해보험의 특성을 가지고 있기 때문에 피보험자인 근로자는 이중의 보상을 받을 수 없다. 일반적으로는 산재보상이 우선적으로 적용되고, 사업주는 산재보상 한도에서 재해보상책임을 지지 않고, 이를 초과하는 손해에 대해서 재해 근로자는 민사상 손해배상청구권을 행사할 수 있다.

국가마다 산재보험과 민사배상과의 관계는 상이하여, 일반적으로는 산재보험과 민사배상이 함께 발생할 수 있으나 독일처럼 산재보상이 이루어지면 원칙적으로 민사상의 손해배상책임이 완전히 면제되도록 설계될 수도 있다.

(4) 관리운영체계

　사회보험제도의 긴 역사를 가지는 유럽 국가들의 경우, 다른 사회보험에서와 유사하게 산재보험 역시 국가가 직접 제도를 관장하기보다는 이해당사자의 자치적 운영에 맡기고, 국가는 전반적인 감독권을 행사하는 역할을 담당한다.

　사회보험 형태로 산재보험제도를 운영하는 경우 관리운영체계는 〈표 5-1〉처럼 세 가지 방식으로 구분된다. 독일의 경우 전통적으로 직업조합별로 수백 개의 조합이 독립적으로 산재보험조합을 운영하는 분산관리방식을 사용해 왔다.[11] 반면, 오스트리아의 경우 모든 근로자는 AUVA라는 단일 산재보험공단에 적용되는 방식을 사용한다. 스위스의 경우, 일반적으로 화이트칼라 근로자들은 민영보험을 통해서 민영 산재보험에 가입하고, 블루칼라 근로자들은 SUVA라는 산재보험공단에 적용되는 방식을 사용한다.

〈표 5-1〉 산재보험 관리운영방식의 특징 비교

	통합방식	조합방식	공사 경쟁방식
특징	단일보험자가 전체 산업을 독점적으로 관장	직역별, 지역별 구분에 따라 다수의 조합이 분할하여 관리	다수의 공공, 민간보험자가 경쟁적으로 관리
대표 국가	오스트리아, 한국	독일, 일본	스위스

출처: 김상호 외(2014). 수정.

---

11) 최근 독일은 35개에 이르렀던 산재보험 조합을 아홉 개로 줄이는 개혁을 실시하였고, 이는 분산관리방식 운영이 원래 취지와는 달리, 산업의 고도화 등으로 인해서 효율적으로 유지되기 어렵다는 점을 보여 주고 있다.

(5) 예방과 재활

산재보험제도는 업무상 재해를 입은 근로자나 그 가족의 비용발생과 소득
손실을 보호하기 위한 핵심적인 제도이지만, 실제 산재보험제도만으로는 업
무상 재해라는 사회적 위험을 완전히 다루는 것은 어렵다. 사실 산재보험은
업무상 재해에 대처하는 세 단계인 예방-보상-재활에서 보상만을 다루고
있는 것이다. 예방이 잘 이루어지면 산업재해 자체가 줄어들게 되어 결과적
으로 산재보험의 지급 자체가 줄어들게 되고, 또한 재활이 잘 이루어져서 원
직복귀가 늘어나게 되면 업무상 재해로 인한 고통도 줄어들게 된다. 산재보
험제도 논의에서는 불가피하게 보상 중심으로 논의가 이루어지게 되지만, 실
제로 산재보험은 예방과 재활까지 포괄하여 다루어지는 것이 보다 타당하다.

3. 한국의 산재보험제도

이 절에서는 한국의 산재보험제도의 내용을 간략하게 다루는 것으로 한다.

1) 적용 대상

한국 산재보험은 근로자를 사용하는 모든 사업 또는 사업장에 적용하는 것
을 원칙으로 한다. 따라서 사용자가 보험관계 신고를 하였는지 여부와 관계
없이 산재보험이 적용되는 날 이후에 재해를 당한 근로자는 산재보험제도에
의해 재해보상을 받을 수 있다. 이는 산재보험이 다른 사회보험제도와 달리
사각지대 문제가 실질적으로 큰 문제가 되지 않음을 의미한다. 최근 들어 소
규모 건설사업장 근로자까지 모두 적용 대상으로 포함되면서 대상자가 크게
증가하였다. 다만, 가구 내 고용활동과 소규모 농업, 어업, 임업, 수렵업 사업
장에 종사하는 경우는 적용 제외된다.

한국 산재보험은 근로자 이외에도 일부 대상들을 적용하고 있다. 중소기업사업주와 현장실습생은 법적으로는 근로자가 아니지만 근로자와 사실상 동일한 업무를 수행하기 때문에 재해 위험 역시 거의 비슷하다는 점에서 이들에 대한 적용 특례를 허용하고 있다. 또한, 앞서도 언급했듯이 특수형태종사자의 경우 산재보험에 가입할 수 있도록 하고 있다. 현재 산재보험에서 인정하고 있는 특수형태종사자는 학습지교사, 캐디, 택배기사, 대리운전기사 등 아홉 개 직종으로 한정되어 있다. 그러나 특수형태종사자의 경우 본인이 가입을 원하지 않는 경우 적용 제외를 신청할 수 있도록 하여 결과적으로 업무상 재해로부터의 보장에서 상당수가 제외되고 있는데, 이는 제도의 취지에 어긋나는 것이다.

이외에 산재보험에 적용되지 않는 공무원이나 자영농업인 등의 경우는 「공무원 재해보상법」이나 「농어업인의 안전보험 및 안전재해예방에 관한 법률」과 같은 별도의 제도를 통해서 업무상 재해에 대한 보호가 이루어지기도 한다.

2) 재정(보험료)

한국 산재보험의 재원에는 산재보험료의 비중이 절대적이며, 국고보조는 전체 지출의 1% 미만에 불과하다.

한국 산재보험은 도입 때부터 부과방식으로 운영되어 왔다. 단기급여 성격을 가진 요양급여나 휴업급여 등에서는 부과방식 운영이 당연하지만 장기급여 성격을 가진 장해급여나 유족급여의 경우는 부과방식과 적립방식 가운데에서 선택할 수 있는데, 우리나라 산재보험은 부과방식을 채택하였다. 그러나 1995년부터 책임준비금 적립이 의무화되었으며, 1년 치 이상의 급여를 지급할 수 있는 기금이 적립되어 있다.

산재보험료는 전액 사용자가 부담하는 것을 원칙으로 하며 보험료율는 평균적으로 2% 미만으로서 그다지 증가추세에 있지 않다. 보험료율은 순보험료율(85%)과 부가보험료율(15%)로 구성되며, 순보험료율은 보험급여지급률과 추가증가지급률의 합계다. 보험급여지급률은 과거 3년간 보수총액에 대한 산재보험급여 총액의 비율이며, 추가증가지출률은 당해 연도 보수총액 추정액에 대한 당해 추가로 지급될 금액 및 장래의 보험급여에 대비하기 위한 금액을 고려한 조정액의 비율이다. 부가보험료율은 산재예방과 재해근로자 복지 등의 산재보험사업에 소요되는 비용으로서 전체 사업에 균등하게 사용되는 비용과 재해발생 정도에 따라 사용되는 비용으로 구성된다.

한국 산재보험은 업종별요율제를 채택하고 있기 때문에 업종에 따라서 산재보험료율이 상이하다. 업종별 산재보험료율은 과거 3년 동안의 보수총액에 대한 산재보험급여 총액의 비율을 기초로 하여 결정된다. 그러나 업종 간 독립채산제는 아니며, 업종 간 보험료율의 격차를 제한하여 사양산업의 부담을 완화하고 있다. 즉, 특정사업의 산재보험료율이 평균보험료율의 20배를 초과하지 않도록 보험료율의 상한선을 설정하고 있다.[12] 뿐만 아니라, 연 단위의 보험료율 변동의 충격을 줄이기 위해, 직전 연도 보험료율의 30% 이내에서 보험료율을 인상하거나 인하하도록 하고 있다.

한국 산재보험은 개별실적요율제도 채택하고 있기 때문에 같은 업종 내에서도 재해발생률에 따라서 보험료율을 상이하게 설정하고 있다. 상시근로자가 10명 이상인 사업장은 개별실적요율제의 적용을 받게 된다.[13] 사업규모를 고려하여 산재보험료율의 50% 범위에서 보험료율을 인상하거나 인하하도록 한다. 개별실적요율제 적용 사업장 기준이나 보험료율 인상이나 인하의 폭에 대한 규정이 지속적으로 완화되고 있는데 이는 사업장으로 하여금

---

12) 가장 보험료율이 높은 사업은 석탄광업 및 채석업으로 323/1,000인 반면, 가장 낮은 사업은 교육서비스업 등으로 7/1,000에 불과하다.

13) 건설업의 경우는 총 공사금액이 1년에 20억 원 이상인 경우 적용된다.

산업재해를 줄이기 위한 적극적인 예방활동을 위한 동기를 강화하는 것이라고 볼 수도 있지만, 다른 한편으로는 한국 산재보험이 민영보험적인 성격을 지속적으로 강화하고 있는 것으로 볼 수도 있다.

3) 급여

현재 한국 산재보험의 업무상 재해 규정은 '업무상 사유에 따른 근로자의 부상, 질병, 장해 또는 사망을 말한다'로 「산재보험법」 제5조 제1항에 규정되어 있다. 이러한 '업무상 사유' 요건은 기존의 '업무수행성'과 '업무기인성'을 고려하던 것에서—2요건주의라고 한다—'업무 관련성'으로 다소 변한 것으로 보인다.[14] 그러나 현행 규정하에서도 여전히 업무기인성 중심—특히 직업병—으로 업무상 재해 여부를 판단하고 있다(김상호 외, 2014).

현행 산재보험제도에서는 업무상 재해를 업무상 사고와 업무상 질병 그리고 출퇴근 재해로 구분하고 있다. 업무상 사고는 ① 근로자가 근로계약에 따른 업무나 그에 따르는 행위를 하던 중 발생한 사고, ② 사업주가 제공한 시설물 등을 이용하던 중 그 시설물 등의 결함이나 관리소홀로 발생한 사고, ③ 사업주가 주관하거나 사업주의 지시에 따라 참여한 행사나 행사준비 중에 발생한 사고, ④ 휴게시간 중 사업주의 지배관리하에 있다고 볼 수 있는 행위로 발생한 사고 등으로 구분하고 있다. 업무상 질병은 ① 업무수행 과정에서 물리적 인자, 화학물질, 분진, 병원체, 신체에 부담을 주는 업무 등 근로자의 건강에 장해를 일으킬 수 있는 요인을 취급하거나 그에 노출되어 발생한 질병, ② 업무상 부상이 원인이 되어 발생한 질병 등으로 구분하고 있다. 한국 산재보험의 경우 「산재보험법」에서 업무상 질병 목록을 규정하는 열거주의 방식

---

14) 업무수행성은 근로자가 사용자의 지휘, 감독 아래 업무를 수행하는 과정에서 재해가 발생한 것을 말하며, 업무기인성은 재해와 업무 간에 인과관계가 있어야 함을 의미한다.

을 취하고 있지만, '그밖에 업무와 관련하여 발생한 질병'—「산재보험법」 제 37조 제1항 제2호 다목—을 언급하고 있기 때문에 열거되지 않은 직업병을 원천적으로 배제하지는 않고 있다.

출퇴근 재해는 ① 사업주가 제공한 교통수단이나 그에 준하는 교통수단을 이용하는 등 사업주의 지배관리하에서 출퇴근하는 중 발생한 사고, ② 그 밖에 통상적인 경로와 방법으로 출퇴근하는 중 발생한 사고로 구분한다. 출퇴근 재해에 대해서 최근까지 통근차량에서의 사고 등으로 매우 제한적으로만 인정하였으나 2018년부터 산재보험에서 출퇴근 재해가 전면적으로 도입되었다.

한국 산재보험에서의 업무상 재해의 입증은 여전히 재해근로자에게 있으며 입증책임을 근로복지공단으로 전환하거나 입증책임을 완화하여 재해근로자의 보호를 확대해야 한다는 요구도 존재한다.[15]

업무상 재해로 인해서 치료가 필요한 경우 요양급여—의료서비스—를 받게 되는데, 한국 산재보험의 요양급여는 3일 이상의 요양을 요하는 경우 지급한다. 이는 3일 이내의 요양의 경우 이를 업무상 재해로 입증하는 절차에 비해서 실익이 크지 않다는 입장에 근거하는 것이다. 산재보험 요양급여가 건강보험과 구분되는 것은 산재보험 요양급여는 본인부담금이 없다는 것이다. 그러나 이러한 본인부담금의 면제는 급여항목에 한정된 것으로서, 비급여 항목의 경우 본인이 100% 부담해야 한다. 따라서 산재환자라고 해서 의료비용이 전혀 들지 않는 것은 아니다.

업무상 재해로 인한 요양으로 인해 발생하는 소득손실을 보충하기 위한 급여가 휴업급여다. 한국 건강보험에서 소득손실에 대한 보장이 전혀 이루어지지 않는 점을 고려하면 산재보험에서의 휴업급여 제공은 산재보험 급여에

---

15) 근로복지공단으로 입증책임이 전환되면, 발생한 사고나 질병이 업무상 사고나 질병이 아님을 근로복지공단이 입증해야 하는 것이 된다. 다시 말해서, 입증할 수 없으면 업무상 질병이 인정되게 된다.

서 큰 특징이다. 이는 요양급여를 받는 경우 제공되는 것으로서 1일 지급액
은 임금의 70%로 하며, 치료가 계속되는 동안 지급된다. 요양급여를 받는 경
우라도 직장에서 일을 하고 있거나 보수가 지급되는 경우는 휴업급여 지급은
제한된다. 다만, 요양으로 인해서 단시간 취업하게 되는 경우는 부분휴업급
여를 제공하도록 한다. 그리고 휴업급여를 받는 근로자가 61세가 되면 그 이
후의 휴업급여는 별도의 산정기준에 따라서 감액하여 지급하도록 한다.

    업무상 재해로 부상을 당하거나 질병에 걸려 치유된 후 신체 등에 장해가
있는 경우에 그 근로자에게 장해급여가 지급된다. 최중증인 1~3급은 연금
형태로 지급되며, 경증인 8~14급은 일시금 형태로 지급된다. 그 사이에 있
는 4~7급은 연금과 일시금을 선택할 수 있다. 휴업급여와 달리, 장해급여는

〈표 5-2〉 장애등급별 보상 형태 및 급여수준

장해등급	장해보상연금	장해보상일시금
제1급	329일분	(1,474일분)
제2급	291일분	(1,309일분)
제3급	257일분	(1,155일분)
제4급	224일분	1,012일분
제5급	193일분	869일분
제6급	164일분	737일분
제7급	138일분	616일분
제8급		495일분
제9급		385일분
제10급		297일분
제11급		220일분
제12급		154일분
제13급		99일분
제14급		55일분

주: 제1~3급에서 장해보상일시금은 해외 이주 등 특별한 경우에 한정됨.

근로 여부에 관계없이 제공되는데, 이는 장해급여의 취지 자체가 장해로 인한 근로능력 감소가 반영되어 있기 때문이다.

간병급여는 장해급여 수급자 가운데 상시 또는 수시로 간병이 필요하여 실제로 간병을 받는 자에게 지급한다. 대상에 따라서 상시 간병급여와 수시 간병급여로 구분되며 현금 방식으로 지급한다.

근로자가 업무상 재해로 사망한 경우 그와 생계를 같이 하던 유족의 생활유지를 위해 유족급여가 지급된다. 유족급여는 원칙적으로 선순위자에게 연금 형태로 제공되며 유족이 원하는 경우 일시금과 연금을 절반씩 받을 수 있다. 유족연금 권리의 순위는 배우자, 미성년 자녀, 부모, 미성년 손자녀, 조부모, 형제자매 순이다. 유족연금액은 기본금액과 가산금액의 합으로 구성되며 기본금액은 보수의 47%에 상당하는 금액이며, 가산금액은 유족 수에 따라서 유족 1명당 5%P씩 높아지되 20%를 초과하지 않는다.

상병보상연금은 중증의 상병상태로 인해 장기요양 중인 산재근로자와 그 가족의 요양치료에 따른 경제적 부담을 줄이기 위한 급여다. 상병보상연금은 산재근로자가 요양 개시 후 2년이 경과해도 부상이나 질병이 치유되지 않고, 그 폐질의 정도가 지속되는 경우 휴업급여를 대신하여 지급하도록 하는 것이다. 이는 장기 휴업급여 대상자에게 상대적으로 높은 금액을 제공하여 당사자와 가족의 생활을 안정시키기 위한 것이다. 폐질 등급에 따라 3등급으로 나누어지며 보수의 70~90% 수준을 제공하도록 되어 있다.

장의비는 업무상 재해로 근로자가 사망하는 경우 장제에 소요되는 비용을 지원해 주기 위한 급여다.

업무상 재해로 인해서 산재보험과 국민연금 급여가 중복되는 경우, 동일 사유에 한해서 국민연금 급여를 50% 감액하도록 되어 있다. 예를 들어, 산재보험 유족연금과 국민연금 유족연금이 중복 발생하는 경우 국민연금 유족연금을 50% 감액하며, 산재보험 장해연금(혹은 휴업급여)와 국민연금 장애연금이 중복 발생하는 경우 국민연금 장애연금을 50% 감액한다. 그러나 장애나 사망으로 국민연금 급여가 감액되다가 노령연금 대상자가 되면 산재보험의 장해급여나 유족연금과 국민연금 노령연금은 감액 없이 모두 수령할 수 있다.

출퇴근 재해가 도입되면서 산재보험과 자동차보험 간의 급여 조정 역시 중요한 문제가 된다. 외국의 경우, 산재보험에서 출퇴근 재해가 차지하는 비중이 급여 기준으로 10~15%에 해당되는 큰 비중이다. 그런데 아직까지는 우리나라에서 이에 대한 조정방식이 체계화되어 있지 않은 상황이다(박지순 외, 2018).

산재보험과 민사배상 등과의 관계에 있어서는 산재보험, 「근로기준법」, 민사배상을 함께 다루어야 한다. 업무상 재해의 발생 시 근로자는 사용자에 대해 민사상 손해배상청구권, 「근로기준법」상 재해보상 청구권 및 「산재보험법」상 산재보상청구권을 각각 가지지만 자신에게 발생한 손해의 범주 내에서만 청구권을 행사할 수 있다. 산재보상을 받았거나 받을 수 있으면 사업주는 동일한 사유에 대해 「근로기준법」의 재해보상 책임을 지지 않고, 동일 사유에 대해서는 받은 금액의 한도 내에서 민법상 손해배상 책임을 지지 않는다.

4) 관리운영체계

다른 사회보험과 마찬가지로 우리나라 산재보험은 통합방식으로 운영되고 있다. 제도 초기에는 노동부가 직접 산재보험을 운영하였으나, 지금은 정책 수립, 조정에 집중하고 실제 집행은 산하 공공기관을 통해서 이루어지도록 하고 있다.

한국 산재보험의 관리운영체계의 특징은 집행 운영주체가 안전보건공단과 근로복지공단으로 나누어져 있다는 것이다. 전자는 예방 업무를 수행하고 후자는 보상업무를 수행하도록 하고 있다. 이러한 분리 운영에 대해 한편에서는 각각의 전문성이 상이하다는 점에서 불가피한 방안이라고 주장하는 반면, 다른 한편에서는 산업재해에 대한 예방과 보상이 불가분의 관계를 가진다는 점에서 통합방안을 주장하기도 한다(김상호 외, 2014).

4. 한국 산업재해보상제도의 과제와 전망

산업재해는 매우 오래된 사회적 위험이고 다른 사회보험제도에 비해서 국내는 물론 국제적으로도 큰 이슈가 되지는 않고 있다. 특히, 선진국에서 굴뚝산업의 쇠퇴와 예방의 체계화로 인해서 산재보험은 재정적 지속 가능성에 대해서 위험 징후가 나타나고 있지 않다. 그렇다고 해서 산재보험이 문제가 없는 것은 아니다.

가장 먼저 언급해야 할 과제는 여전히 한국에서는 산재 발생이 유난히 많이 발생하고 있다는 점이다. 정부에 따르면, 산업재해 발생은 지속적으로 감소하여, 1987년 2.66%에서 1999년 0.74%로 떨어졌으며, 2015년에는 0.53%로 더욱 줄어든 것으로 나타난다. 그러나 이러한 통계는 사실 신뢰성이 낮다. 독일과 산재율을 비교해 보면, 2011년 기준 독일의 산재율은 2.65%인 데 반해서 한국은 0.65%로 1/3에도 미치지 않는 것으로 나타난다. 그러나 사망률의 경우에는 한국은 인구 10만 명당 7.9명으로서 독일의 1.7명에 비해서 네 배 이상 높은 것으로 나타나고 있다. 이는 산업재해로 사망사고가 발생하는 경우는 대부분 신고가 이루어지지만 사망이 아닌 산재의 경우에는 많은 산재사고가 은폐되는 것을 나타내는 것이다. 실제 발생하는 산재의 규모를 정확히 추정할 수는 없지만, 신고된 산재의 열 배 이상이라는 주장도 존재한다(김윤배, 2017).

최근 자주 등장하고 있는 '위험의 외주화'라는 구호도 산재보험의 문제와 직결된다. 원청업체는 산재발생 실적을 낮춰서 각종 평가에서 좋은 결과를 얻고 개별실적요율제 하에서 보험료 혜택을 받기를 원한다. 제도의 취지대로라면 이를 위해서 예방사업을 철저히 시행해야 하지만 많은 원청업체들은 위험한 업무를 하청업체에게 떠넘기는 것으로 문제를 해결하고 있는 상황이다. 현재의 평가제도와 개별실적요율제하에서는 우리 사회에서 심각한 산재 발생은 가시적으로 개선될 것 같지 않다.

다음으로, 업무상 재해 인정과 관련된 분쟁이 계속되고 있다. 산재보험은 원인주의에 기초하고 있고 따라서 업무상 재해로 인정을 받아야만 산재보험으로부터 보상을 받을 수 있다. 다시 말해서, 업무상 재해로 인정을 받지 않으면 건강보험, 국민연금 등으로부터 보상을 받아야 한다. 업무상 재해를 입었다고 생각하는 근로자나 그 가족들은 산재보험으로부터 보상을 받기를 희망하기 마련이다. 그러나 업무상 재해를 입었다고 생각하는 근로자나 그 가족들이 산업재해 신청을 했을 때 늘 산업재해로 인정을 받는 것은 아니다.

산재보험을 운영하는 국가에서 산재 인정과 관련된 분쟁이 발생하는 것은 당연하다. 그러나 그 분쟁의 강도가 우리나라의 경우 특히나 극심하다고 알려져 있다. 이는 우리나라 산재 인정 자체의 문제도 있을 수 있으나 그보다는 우리나라의 경우 산재로 인정받을 때와 산재로 인정받지 못할 때 보상의 차이가 너무나도 현저하기 때문이라고 보아야 할 것이다. 가장 결정적으로, 업무상 재해로 인정받지 못하는 경우 요양으로 인한 소득손실에 대해서 건강보험에서 상병급여를 실시하고 있지 않기 때문에 그 가족들이 겪어야 하는 고통은 너무나 크다. 따라서, 업무상 재해 인정과 관련된 분쟁은 산재보험제도만의 문제가 아니라 다른 사회보험제도의 보상과의 격차를 줄이는 데에서부터 출발해야 할 것이다.

마지막으로, 여전히 보상 위주로 산재보험제도가 운영되고 있다. 거듭 언급했듯이, 산재보험은 예방-보상-재활로 구성되어 있는데 산재보험제도는 보상 위주로 제도가 운영되고 있어 예방이나 재활에 대한 지원이 소극적이라는 평가를 받고 있다. 많은 선진국들이 업무상 재해에 대해서 예방과 재활을 보상보다 우선순위에 두고 있다는 점을 우리도 고려할 필요가 있다.

김상호, 배준호, 윤조덕, 박종희, 원종욱, 이정우(2014). 산재보험의 진화와 미래. 경기: 21세기 북스.

김윤배(2017). 한국 산업안전 불평등 보고서. 경기: 한울 아카데미.

김진수, 라지훈, 이승영(2007). "산업재해 인정 형태 변화와 보상체계 합리화 연구". 한국사회복지학, 59(3), 59-73.

박지순, 문성현, 성대규, 한병규, 박수경, 최홍기(2018). 출퇴근재해 도입에 따른 자동차 보험과의 협업방안 연구. 근로복지공단 연구용역보고서.

송병건(2015). 산업재해의 탄생. 서울: 해남.

오선균(2012). "세계 각국의 사회보험(연금, 의료)과 산재보험제도의 비교연구". 사단법인 노동법이론실무학회 (편). 산재보험제도의 지속가능한 발전을 위한 정책과제연구. 고용노동부 용역보고서, pp. 6-72.

원종욱 외(2010). 산재요양 실태분석을 통한 산재요양제도 개선방안 연구. 고용노동부 연구용역보고서.

최인덕, 이용하(2015). "산재보험과 국민연금의 중복급여 개선방안 연구: 국내실태 및 해외 사례분석을 통한 시사점". 사회보장연구, 31(4), 279-304.

한국노동안전보건연구소(2017). 굴뚝 속으로 들어간 의사들: 일하다 죽는 사회에 맞서는 직업병 추적기. 서울: 나름북스.

제6장

•

건강보장

　　건강은 사회적 위험 가운데서도 가장 치명적이다. 건강은 그 자체로 인생의 목적이면서, 또 다른 가치를 성취하기 위한 수단이 되기 때문이다. 개인의 건강은 매우 사적인 문제임에도 불구하고, 대부분의 복지국가에서 건강보장제도는 공적으로 관리 및 운영하고 있다. 이유는 세 가지다.

　　첫째, 의료 영역에서 나타나는 수요의 불확실성이다. 둘째, 서비스 공급자와 수요자 사이의 정보 비대칭의 문제다. 셋째, 의료 영역에서 나타나는 외부효과다. 이런 이유로 구성되는 건강보장의 내용은 현금급여 및 의료서비스로 나뉜다. 아프면 국가가 치료비를 주거나 치료를 해 준다는 의미다. 나라마다 건강보장의 운영 원리는 다르다. 이를 크게 네 가지 유형으로 나누면, 정부공급형, 국가보험형, 사회보험형, 시장의존형이다. 한국은 국가보험형에 속한다. 국가보험형은 흔히 세 주체로 나뉘어서 운영된다. 먼저, 국민은 평상시에 건강보험 관리자(한국은 국민건강보험공단)에게 보험료를 일정액 납부한다. 그리고 아플 때 병원을 찾는데, 병원은 의료서비스에 대한 대가로 일정액을 환자에게 부과하지만 대체로 그보다 많은 액수를 건강보험 관리자에게 청구한다. 건강보험 관리자는 국민에게 받은 보험료를 관리하면서 병원에 의료비를 지불해 준다. 한국의 건강보험제도는 지난 40년의 짧은 역사에도 적지 않은 성과를 이루었다.

첫째, 짧은 기간 보편적 제도로 자리 잡았다. 둘째, 병원 문턱이 매우 낮다. 셋째, 수명 등의 건강 지표가 빠른 개선의 양상을 보였다. 한국 건강보험제도의 어두운 면도 있다. ① 공적 상병수당제도가 없다. ② 본인부담률이 상대적으로 높다. ③ 의료서비스 전달체계가 취약하다. 한국의 건강보장제도는 앞으로 급격한 고령화에 대비하고, 건강보장제도의 공적 원리를 허무는 시장화의 흐름에 맞서야 한다는 과제를 안고 있다.

1. 사회적 위험: 건강을 잃는다는 것

"재물을 잃으면 조금 잃는 것이고, 친구를 잃으면 많이 잃는 것이고, 건강을 잃으면 모두 잃는 것이다."

흔한 격언이 전하는 대로, 건강은 무엇보다 소중하다. 건강과 더불어 사회보장제도의 대상이 되는 실업이나 노령의 경우를 생각해 보자. 실업이라는 위험도 다시 일자리를 얻게 되면 문제가 다소 사라지고, 고령이라는 위험도 건강이 유지된다면 부분적으로 해결이 가능하다. 은퇴 이후에도 건강만 유지된다면 일자리를 찾을 수 있다. 건강을 잃는다면, 그 손실은 크고, 복합적이다.

건강은 그 자체로 목적이면서 동시에 수단이다. 먼저, 건강은 많이 이들에게 삶의 목적이며, 인권이라는 가치와도 불가분의 관계에 있다. 국제연합은 1966년 경제, 사회, 문화적 권리에 관한 규약 제12조에서 "성취할 수 있는 최고 수준의 신체적 · 정신적 건강을 누릴 권리"를 보장한다고 명기했다. 이를 건강권이라 이른다.

건강은 도구의 성격도 가진다. 각자 인생의 목적을 생각해 보자. 사람마다 다양할 것이다. 행복, 재물, 가족, 사랑, 종교적인 신념, 성공 등이 예가 될 수 있다. 이와 같은 가치들이 건강이 전제가 되지 않는다면 불가능하다. 따라서 건강은 다른 가치들을 추구하기 위한 전제 조건이며 동시에 도구적인 성격

을 가지고 있다. 건강을 잃으면, 개인의 행복, 금전 등 다른 가치를 추구할 토
대를 잃게 된다. Sen(2002)은 건강의 두 측면을 각각 기능(functioning)과 능력
(capability)이라는 말로 설명했다. 즉, 건강을 잃으면 삶의 본질적인 가치인 건
강 자체가 훼손되는 것이면서, 동시에 또 다른 성취를 할 수 있는 '능력'이 상
실된다는 의미다. 이를테면, 만화가가 되고 싶은 학생이 아파서 학업을 지속
할 수 없다면, 건강을 잃었다는 의미 외에도 '만화가'가 되기 위한 도구로서의
건강도 잃게 된다. 건강을 잃는다는 것은 그만큼 개인의 안정적인 삶에 위협
이 된다.

2. 건강보험제도의 원리와 주요 형태

1) 의료서비스의 특수성

건강은 중요하다. 그렇다고 해서, 건강을 위협하는 질병 및 부상에 대해서
반드시 공공이 사회보험의 형태로 관리해야 하는 걸까? 달리 생각해 보면 건
강은 지극히 개인적인 문제이기도 하다. 이를테면, 한국에서 국가는 건강보
험을 통해서 국가가 개인의 건강 기록을 집단적으로 보관하고 있다. 물론 개
인 정보는 공개적으로 유출되지 않지만, 공공이 나의 세세한 건강 기록까지
보관할 필요까지 있을지 의문이다. 그래서 일부 극단적인 시장주의자들은
개인이 의료서비스를 시장에서 자율적으로 구매해야 한다고 주장한다. 개인
의 건강을 공공이 관리하는 것에 대한 거부감도 그 주장의 유력한 근거 가운
데 하나일 것이다. 그러나 대부분의 복지국가들은 건강보험제도를 국가 차
원에서 운영하고 있다. 그 이유는 의료서비스의 다음과 같은 특수성 때문이
다(정영호 외, 2004).

첫째, 의료 영역에서는 수요의 불확실성이 있다. 이를테면, 질병이나 부상

가능성은 미리 예측하기가 힘들다. 우리는 미래에 닥칠 수요에 대비해서 저금을 하거나 보험에 가입한다. 이를테면, 자신의 결혼이나 은퇴, 자녀의 대학 진학 등과 같은 예측 가능한 미래를 준비한다. 그렇지만 질병이나 사고는 예상이 어렵다. 평생 큰 병 한번 걸리지 않는 사람이 있을 수 있고, 어떤 이는 고액의 수술이 필요한 불의의 사고를 당할 수도 있다. 사람은 자신의 질병이나 부상을 개인의 불운 혹은 운명 탓으로 돌릴 수도 있다. 개인 팔자의 문제에 사회가 개입하는 것이 아니라, 해당 개인이 자신의 운명에 대한 책임을 지도록 하는 것이 한 방법일 수도 있다.

그렇지만 전통적인 복지국가에서는 이와 같은 방법을 택하지는 않았다. 건강보험의 형태로 사람들이 위험에 대한 준비 비용을 분담하고, 혜택도 나누는 방식을 택했다. 예측이 상대적으로 어려운 상병의 발생을 집단적으로 관리하는 것이 효율적이기 때문이다. 미국은 이른바 선진국 가운데 거의 유일하게 보편적 형태의 건강보험이 없는 나라다. 그 결과 미국은 OECD 국가들 가운데 개인의 의료 관련 지출액은 가장 높은 수준인 반면, 수명은 가장 낮은 나라가 되었다.[1] 수요의 불확실성은 한 사회집단의 위기를 불러올 수도 있다. 이를테면, 전염병이나 재난에 따른 집단적인 상병이 예기치 않게 생길 수 있다. 2015년에 온 나라가 한바탕 홍역을 치른 중동호흡기증후군(메르스)도 그와 같은 예다. 이와 같은 예측 불가능성은 건강보험과 같은 국가 정책적인 대응 시스템을 요구한다.

둘째, 서비스 공급자와 수요자 사이 정보 비대칭의 문제가 있다. 정보의 비대칭성이란 경제행위의 두 당사자 중에 한 명은 객관적인 사실을 알고 있거

---

1) 미국 국민 1인당 의료 관련 지출액은 9892달러(구매력 환산 지표 기준)이다(OECD, 2017). OECD 회원국 가운데서 압도적으로 높은 수치이며, OECD 평균(4003달러)의 두 배가 넘는다. 그러나 미국 국민의 기대수명은 78.8세로, OECD 평균(80.6세)보다 낮고, 코스타리카(79.9세)나 칠레(79.1세)보다도 낮다. 한 국가의 평균 수명을 결정하는 변수는 단일하지 않다. 따라서 의료 관련 지출액과 기대수명의 관계를 섣불리 단언하기는 힘들다. 그러나 미국인들은 보편적 건강보험이 없어서 생기는 비효율을 감당하고 있는 것으로 보인다.

나 상대방의 행위를 관찰할 수 있지만, 다른 한쪽은 정보가 적거나 없는 경우를 말한다(정영호 외, 2004). 의료 분야가 대표적이다. 의사들은 10년이 넘는 교육 및 실습을 거치면서 고도의 전문적인 지식을 갖춘 반면, 환자들은 자신의 몸에 대해서도 의학적인 지식이 없기 때문에 일방적으로 의사에게 의존해야 하는 상황이 벌어진다. 의료 영역에서 소비자 주권을 행사하기가 매우 어려운 이유다.

극단적인 한 경우를 예로 들자면, 매우 가벼운 척추 질환을 가진 두 명의 환자가 A와 B병원을 방문했다고 가정해 보자. 두 사람의 중증도 역시 같다. 이윤 동기가 매우 강한 A병원이 환자에게 질환이 매우 심각하다고 강조하면서 즉각적인 수술을 했다. A는 수술을 하지 않았어도 무방했기 때문에 수술 이후 일시적으로라도 질환이 완화했다. 과잉치료가 드러나지 않은 사례다. B병원에서는 환자가 수술을 할 정도로 질환이 심각하지 않다고 판단하고 별다른 처방 없이 환자를 집으로 돌려보낸 결과, 환자의 질환이 자연 완치했다. 정보 비대칭의 문제를 적용시킨다면, 어떤 결과로 이어질까. A병원을 찾은 환자가 과잉치료를 원망하고, B병원을 찾은 환자가 좋은 병원의 가치를 인정할 가능성은 적다. 반대로, A병원은 환자 질환에 대한 과감하고 즉각적인 수술로 환자의 질병을 치유한 병원으로 명성을 얻을 수 있다. B병원은 오히려 소극적인 병원으로 알려질 가능성도 있다.

우리나라의 경우 의료서비스 공급자의 절대 다수가 민간이다. 정보 비대칭의 문제를 악용하는 일부 의료인들의 이윤 추구가 문제가 될 수 있다. 의료인들의 입장에서는 이른바 과잉의료를 할수록 수입이 늘어나는 구조다. 의료인들에게는 과도한 시술을 환자에게 권유할 동기가 생긴다. 이 대목에서 한 가지 더 고려할 내용이 있다. 의료공급의 독점적인 성격이다. 의료서비스는 일반인의 시장 진입을 막는 제도적, 법적인 장치가 강력하다. 의료 인력을 기준으로 보면, 의사 면허는 일정한 의대 교육을 받은 인구에 한정해서 주어진다. 의료기관 혹은 의과대학의 수나 정원에 대한 엄격한 규제로 의사들은 독점적인 위상을 가지고 있다. 건강보험을 통한 의료서비스를 '집단구매'하는 형식을 통해서 이와 같은 비대칭 및 독점의 문제를 일부 해소할 수 있다. 이를테면, 건강보험심사평가원은 병원이 안전성, 유효성이 인정된 의료행위를 적정하게 하는지를 심사하는 등의 역할을 맡는다.

셋째, 의료 영역은 외부효과가 크다. 외부효과(externality)는 경제학 용어로 "한 사람의 행동이 다른 이의 후생에 미치는 효과"로 그에 대한 보상은 없는 것을 가리킨다(Mankiw, 2012: 195-198). 이와 같은 외부효과는 두 가지 종류가 있는데, ① 긍정적 외부효과의 예로는 오래된 한옥 건물이나 새로운 기술의 연구 및 개발을 들 수 있다. 한옥은 지나가는 행인들에게 좋은 풍광을 제시해 주지만, 정작 집 주인은 그에 대한 대가를 받지는 못한다. 또 새로운 기술을 연구 및 개발하면 그 혜택이 퍼져나갈 수 있지만, 정작 처음 기술을 만들어 낸 사람은 그 혜택을 직접 누리지 못하는 경우가 있다. 반대로 부정적인 외부효과는 알루미늄 공장에서 나오는 폐수를 들 수 있다. 폐수 유출에 따른 부담은 온 세계 인구가 지고 있지만, 공장 주인은 그에 대한 비용을 지불하지 않는다. 이러한 외부효과는 전형적인 시장실패의 사례들이다. 이런 시장 실패를 교정하기 위해서는 공공의 개입이 필요하다. 즉, 한옥 가구주나 기술 연구 개발에 대해서 정부가 보조금을 지원하거나, 공장 폐수에 대해서 규제를 가할 필요가 있다.

의료 분야에서도 외부효과가 여러 대목에서 발생한다. 첫 번째, 보건의료 분야의 연구 개발은 긍정적인 외부효과를 가진다. 이를테면, 매년 대략 40만 명의 사람들이 말라리아로 목숨을 잃는다. 막대한 손실에도 불구하고 인류는 아직 말라리아를 박멸하지 못하고 있다. 말라리아 백신의 개발이 늦어지는 이유 가운데 하나는 말라리아의 피해를 보는 인구의 대부분이 구매력이 낮은 제3세계에 거주하기 때문이라는 의견도 있다. 말라리아 백신이 개발된다면 그에 따르는 외부효과는 막대할 것이다. ② 전염병과 관련된 예방접종이나 치료 등도 전형적으로 긍정적인 외부효과를 가진다. 예를 들어서, 한 사람이 예방접종을 받지 않을 자유를 들먹이면서 접종 자체를 거부한다면 어떨까. 그 자유를 인정하다가 그 사람이 전염병에 걸려서 다른 사람에게도 병을 퍼뜨린다면, 그 자유를 일부 제약할 필요가 있을 것이다. 예방접종과 같은 상품은 경제학에서 '가치재(merit good)'라 일컫는다. 가치재란 공공의 규제가 아니라 민간의 자율을 통해서 공급이 이루어지면 최적의(optimal) 공급이 이루어지지 않는 상품을 말한다(Mankiw, 2016). 안전벨트와 초등교육과 같은 서비스가 이에 해당한다. 안전벨트나 초등교육, 예방접종은 때로는 개인의 의사에 반하더라도 공공의 선을 위해서 개인에게 일정한 강제성을 띠게 된다.

　이와 같은 의료 분야의 특수성은 의료 분야에서 사회보험의 적용을 정당화하는 근거가 된다. 바꾸어 말하면, 위와 같은 이유 때문에 한 사회의 모든 개인들은 사회보험에 의무적으로 가입해야 한다. 일부 급진적인 시장론자들을 제외하면 의료 분야에 대한 공공적인 접근의 필요성에 대해서는 대체로 공감이 이루어졌다. 물론 그 수준과 방법에 대해서는 이견의 여지가 크다. 나라마다 건강보험의 운용 방식이 다른 이유이기도 하다.

2) 건강보장의 내용

　건강보장의 내용은 현금급여와 의료서비스로 나뉜다.

　첫째, 현금급여는 대체로 상병급여에 해당한다.[2] 단, 여기서 상병급여는 노동자가 업무와 관련되어 질병을 앓거나 부상을 당한 경우는 제외한다. 노동자가 업무와 관련해서 아프게 되면, 산재보험의 혜택을 받게 된다. 서구 복지국가에서 초기의 건강보장은 의료비 부담을 줄이는 것보다 실업에 뒤따르는 소득손실을 보전하는 것이 더 중요한 기능을 했다. 상병수당이 병원비 보

---

2) 건강보장에서 대표적인 현금급여가 상병급여이지만, 다른 종류의 현금급여도 있다. 다음 한국의 건강보장제도에서 현금급여의 두 가지 예를 살펴보게 될 것이다.

조보다 더 중요했다는 의미다. 의료기술이 급격하게 발달한 20세기 중후반에 들어서야 병원비 부담을 덜어 주는 것이 중요해졌다. OECD의 34개 회원국 가운데서는 한국과 이스라엘, 미국, 스위스 네 나라를 제외한 30개 나라에서는 국가에서 상병수당제도를 운영하고 있다(OECD, 2010). 노동자가 업무 외 이유로 아파서 회사를 쉬게 되면 월급이 끊기게 되고 생계에 어려움을 겪는 것은 당연한 이치다. 특히, 재산이나 저금이 적어서 하루하루 버텨야 하는 취약계층에게 질병은 곧 극빈층으로 전락하는 계기가 된다. OECD 회원국 대부분이 공적인 상병수당을 운영하는 이유다.

물론 상병수당제도는 나라마다 운영하는 형태가 매우 다양하다(국회입법조사처, 2017; 김기태, 이승윤, 2018). 이를테면, 상병수당의 자격 조건은 2주 이상의 한 직장에서 일했거나(스웨덴) 혹은 12개월 이상의 근무해야 하는(아이슬랜드) 등 다양하다. 급여수준도 아프기 이전 소득을 80% 보장해 주는 경우(스웨덴)도 있고, 이전 소득의 50% 수준(프랑스, 대만 등)만 보장해 주는 경우도 있다. 소득수준과 상관없이 일정 기간 정액을 주는 영국, 뉴질랜드, 아이슬랜드와 같은 사례도 있다. 영국에서 상병수당이 정액으로 주어지는데, 아파서 쉬는 28주 동안 주당 88.45파운드(약 13만 3천 원)가 지급된다. 상병수당을 받을 수 있는 기간도 매우 다양하다. 짧게는 2주(호주)부터 길게는 18개월(일본)까지 다양하다. 이런 상병수당의 수급기간이 지난 뒤에도 노동자가 계속 아파서 일을 할 수 없다면 어떻게 될까? 많은 복지국가에서는 장애인이나 노동능력이 없는 인구를 위한 별도의 사회보험 혜택을 마련했다.

나라에 따라 상병수당제도를 조세를 통해서 재원을 조달하는 경우가 있다. 호주나 뉴질랜드, 덴마크가 이에 해당한다. 사회보험의 방식을 선택한 나라 중에서도 종류는 다양하다. 건강보험의 일부로 운영하는 경우(독일, 일본 등)가 있는 반면, 고용이나 실업, 연금 관련 보험에서 담당하는 경우(영국 등)도 있다. 상병수당을 위한 보험료도 사용자가 전액 부담하는 경우(스웨덴)도 있고, 사용자와 노동자가 반반씩 부담하는 경우(독일, 일본)도 있다.

이와 같이 상병수당을 운영하는 방식은 나라마다 매우 다양하다. 이들 나라의 공통점은 노동자가 업무와 상관없이 아파서 소득이 끊긴다는 이유로 급격하게 빈곤화하는 것을 막기 위한 사회안전망을 갖추고 있다는 점이다.

건강보장을 구성하는 두 번째 요소는 의료서비스다. 앞서 상병수당이 아파서 일을 하지 못할 때 소득손실분을 보상해 주는 것이라면, 의료서비스에 대한 보장은 상병이 있는 사람이 일정한 치료를 받도록 보장해 주는 것이다. 의료서비스를 보장해 주는 방식도 두 가지가 있다.

첫째, 국가가 아픈 사람에게 현금을 주고, 아픈 사람이 자신이 원하는 방식으로 치료비를 쓰는 방식이다. 둘째, 아픈 사람이 병원이나 약국을 찾아서 치료를 받으면, 그 치료비의 일부 혹은 전부를 국가가 부담하는 방식이다. 경제학에서는 첫 번째가 효율적이라는 주장도 있다. 개인이 현금을 가지게 되면 선택의 여지가 넓어지고, 자신에게 가장 유용한 방식으로 소비를 할 가능성이 높기 때문이다. 이를테면, 당뇨병 환자는 병원비보다 식생활을 개선하는 데 돈을 쓰고 싶을 수 있다. 그렇지만 우리나라의 건강보험은 식생활을 개선하는 데는 비용 보조를 해 주지 않는다. 이와 같은 단점에도 불구하고 많은 국가에서는 개인에게 직접 현금보다 서비스를 제공하는 형식을 선호한다. 이유는 다음과 같다(김창엽, 2018).

첫째, 의료서비스의 '자체표적화(self-targeting)' 기능 때문이다. 개인에게 치료비를 주기 위해서는 치료비를 받을 자격이 있는지 심사해야 할 필요가 있다. 이를테면, 치료비 보조를 받아야 할 만큼 가난한지를 심사해야 한다면 그 심사에 따르는 행정적인 비용이 들게 된다. 그렇지만 의료서비스를 제공하는 경우에는 환자가 직접 병원이나 약국을 찾아와서 진단을 받는 과정이 대상자를 확정하는 것이다. 건강한 사람이 병원이나 약국을 찾을 이유가 적고, 의료기관을 찾는 아픈 사람은 곧 의료서비스의 대상자가 된다. 의료서비스에 대한 지원을 하는 방식이 대상자를 선정하는 데 효율적이다. 둘째, 개인이 치료비를 목적대로 쓰지 않을 가능성도 있다. 이를테면, 부채를 진 개인이 치료비 명목으로 받은 돈을 빚을 갚는 데 쓸 수도 있고, 극단적인 경우에는 유흥비로 낭비할 수도 있다. 개인의 입장에서는 효용이 더 높다고 판단되는 곳으로 돈을 쓸 수 있지만, 건강보장의 취지에는 부합하지 않는다. 여기의 내용은 앞서 살펴본 의료의 가치재로서의 성격과 연관된다.

3) 운영의 원리

건강보험을 둘러싼 서비스의 전달 시스템의 주된 원리는 다음([그림 6-1])과 같이 도식화가 가능하다. 사회보험으로서의 건강보장체계를 구성하는 '주체'는 다음과 같이 가입자, 관리자, 보건의료제공자로 나뉜다. 말이 조금 어렵지만, 사회보험 형식을 취하는 우리나라에서는 세 범주의 이름은 각각 나, 국민건강보험공단, 병원으로 단순화하면 조금 더 이해가 쉬울 수 있다. 세 주체의 성격과 주체 사이의 관계가 어떻게 구성되느냐에 따라 나라마다 건강보장체계는 다른 성격을 가진다. 먼저 가입자(나)는 건강보험의 관리자─우리나라의 경우 공적인 건강보험 관리자는 국민건강보험공단이 유일하다─에게 일정한 보험료를 납부한다([그림 6-1]의 I). 건강보장제도가 보험료가 아니라 조세로 운영되는 영국과 같은 경우에는 기여의 형식이 조세가 된다. 그리고 내가 아파서 병원에 가면, 병원은 의료서비스를 나에게 제공해 준다(II). 그리고 나는 병원에 일정한 액수의 본인부담액을 준다(III). 여기서 본인부담액은 전체 치료비용에서 국민건강보험공단이 병원에게 주는 액수를 제외한 액수다. 그러니까 내가 부담하는 액수는 다음과 같다.

본인부담액 = 전체 치료비 − 국민건강보험공단이 병원에 지불하는 액수

앞과 같은 등식이 성립하는 이유는 병원과 국민건강보험공단 사이에도 일정한 현금 거래가 이루어진다는 뜻이다. 내가 병원을 다녀간 뒤에는 병원은

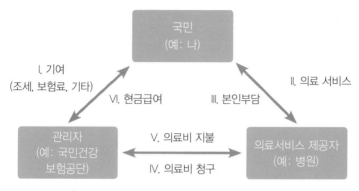

[그림 6-1] **건강보장시스템의 세 주체와 관계들**

일정한 절차를 거쳐서 치료비를 공단에 청구한다(IV). 공단은 병원들의 청구
내역에 대한 일정한 심사 과정을 거친 뒤에 의료비를 개별 병원에 지불해 준
다(V). 물론, 국민건강보험공단이 직접 나에게 현금을 주는 경우도 있다. 이
를테면, 임신 및 출산에 관한 진료비에 대해서 국민건강보험은 1인당 50만
원 이내의 바우처 형식의 현금 지원을 한다(VI).

4) 건강보험의 국가별 유형

건강보장제도는 나라마다 다르다. 그 방식이 매우 다양하기 때문에 어느
나라도 다른 나라와 동일한 방식을 취한 경우는 거의 없다. 그러니 건강보험
의 유형은 매우 다양하다. 그 가운데 상대적으로 단순한 한 가지 유형 분류법
은 다음과 같다. 건강보장제도의 특성을 ① 서비스의 전달 주체가 공공 중심

〈표 6-1〉 **건강보장제도의 네 가지 유형**

재원 운영주체	의료서비스 전달 주체	
	공공	민간
단일/집중	I. 정부공급형(NHS)	II. 국가보험형(NHI)
다원/분산	III. 사회보험형(SHI)	IV. 시장의존형

인지, 민간 중심인지에 따라, ② 공공 재원 운영의 주체가 단일한지 복수인지
에 따라 네 가지 유형으로 분류한 경우다(Lee et al., 2008). 〈표 6-1〉을 보면
네 가지 유형을 볼 수 있다.

앞의 두 가지 기준에 따라, 건강보장제도는 네 가지 유형으로 나누어지는
것을 볼 수 있다. 먼저 우리나라가 어느 범주에 속할지를 살펴보자. 첫 번째
기준으로 보면, 서비스 전달 주체가 민간 병원이 주도한다는 측면에서는 〈표
6-1〉의 오른쪽 열에 속하는 II. 국가보험형 혹은 IV. 시장의존형 두 가지 가
운데 하나임을 짐작할 수 있다. 또 공공 재원의 운영주체가 국민건강보험공
단으로 단일화했다는 점을 미루어 볼 때, 국가보험형(II)이라고 짐작할 수 있
다. 한국의 위치를 참고하면서 위의 네 유형을 하나씩 살펴보자.

먼저, 정부공급형(I, NHS)은 건강보장에 대한 공공의 책임성이 큰 유형이
다. 영국과 스웨덴 등의 국가에서 관찰된다. 모든 시민을 대상으로 하는 보편
적인 성격을 띠며, 국가를 방문하는 외국인에게도 무상 의료서비스를 제공
하기도 한다. 재원은 조세로 운영되며, 의료서비스의 전달 주체인 병원 등 의
료기관도 공공성이 강하다. 따라서 개인이 아플 때 병원비 부담이 매우 적다.
이를테면, 영국인의 전체 의료비 지출 가운데 정부가 부담하는 83%로 매우
높다. 또 영국의 공공병상 비율은 96%다. 영국은 지난 제2차 세계 대전 이후
복지국가의 기틀을 세우면서 국가보건서비스(NHS)의 3대 원칙을 세운 뒤 지
난 70년 동안 대체로 유지하고 있다. 그 원칙은 다음과 같다(NHS, 2019). ① 모
두의 필요에 부응하고, ② 서비스 전달 시점에는 무상이며, ③ 개인의 지불 능
력이 아닌 임상적 필요에 근거한다. 정부공급형 형태에서는 사람이 돈이 없
어서 치료를 못 받는 경우는 없다.

우리나라가 속한 국가보험형(II, NHI)은 우리나라와 대만에서 관찰된다.
모든 국민을 대상으로 한다는 점에서 정부공급형과 같이 보편적인 성격이
있다. 우리나라가 과거에는 직장 혹은 지역별 의료보험조합이 있었다는 점
에서 과거에는 시장의존형(IV)에 가까웠지만, 지난 2000년 국민의료보험관

리공단과 139개 직장의료보험이 통합되면서 단일한 보험자 모델을 갖추게 되었다. 국가보험형에서 보험자는 매우 공공적이지만, 서비스 공급자, 그러니까 병원들은 대부분 시장에 속한다. 우리나라의 경우 공공병상의 비율이 17.5%에 불과하다. 대부분의 병원들이 민간에 속해서 영리 추구의 속성이 강해서 환자 개인 부담 비율도 높은 편이다. 전체 의료비 지출 가운데 정부 지출 비율 54.4%이다. OECD 국가들 가운데 낮은 축에 속한다. 건강보험의 재원은 대부분 보험가입자의 기여금이고, 세금도 일부 지원된다.

세 번째, 사회보험형은 독일, 프랑스, 일본 등 전통적인 복지국가들에서 오랜 기간 동안 발전해 온 형태다. 앞선 정부공급형이나 국가보험형이 20세기 이후에 생겨난 형태라면, 사회보험형은 유럽 등에서 작업장이나 지역을 중심으로 오랜 기간 유지되어 온 공동체들의 상호 부조적인 성격이 강하다. 이를 조합주의적 성격이라 흔히 이른다. 이들 국가들에서는 지역별, 작업장별, 산별 단위의 다양한 의료조합들이 있다. 독일의 경우, 이른바 '질병금고'라고 불리는 의료조합들이 2011년 현재 전국에 155개 정도가 있다(황도경, 2013). 질병금고의 종류는 크게 여섯 가지로, 지역질병금고, 직장질병금고, 수공업자질병금고, 대체질병금고, 농민질병금고, 광부질병금고 등이다. 한국의 국민건강보험공단처럼 단일한 보험자가 있지 않다. 조합에 대한 국가의 의료비 지원도 나라마다 다른데, 공공의 부담 비율이 대체로 높은 편이다. 독일의 경우, 전체 의료비 가운데 정부 지출 비율 78.6%다. 이들 나라에서는 공공병상의 비율이 높은 편이다. 독일의 경우, 공공병상 비율 53.1%다. 정부의 규제 정도는 국가마다 다르다.

마지막 시장의존형은 미국이 전형적인 예다. 공공의 개입이 매우 적고, 시장을 통한 의료서비스 전달이 주를 이룬다. 공공병상 비율은 33.7%로 우리나라보다는 높지만, OECD 국가들 가운데서는 가장 낮은 수준이다. 전체 의료비 가운데 공공지출 비율 44.9%로 역시 낮다. 정부의 규제는 매우 약하다. 시장 의존적인 미국 모델에서 많은 인구가 공공 의료서비스로부터 배제되었

다. 그러므로 대부분의 사람은 시장에서 물건을 사듯이, 병원에 가서 의료서
비스를 구매해야 한다. 따라서 많은 미국인이 의료서비스로부터 배제된다.
미국 성인 가운데 비용 부담 때문에 의료서비스를 받지 못한 경험이 있는 비
율은 32%였고, 저소득 가구 성인 가운데는 43%였다(OECD, 2017). 비교 대
상이 된 10개 OECD 국가 가운데 가장 높은 수준이었고, 대상국 평균 수치인
14%와 25%와 견줘도 매우 높은 수준이었다. 미국에서 공적인 의료보장제도
가 아예 없는 것은 아니다. 빈곤층과 노인 인구는 각각 Medicaid와 Medicare
라는 공적 제도를 통해서 기본적인 안전망을 제공받는다.

　지금까지 살펴본 네 가지 유형 가운데 무엇이 국민의 건강 증진에 효과적
이고, 효율적인지는 확인하기 어렵다. 다만, 시장의존형인 미국의 경우, 압
도적으로 높은 수준의 의료비 지출에도 불구하고 건강 지표는 좋지 않게 나
타난다. 이를테면, 국가 GDP 대비 의료보건 지출 비율이 미국은 17.2%로,
독일(11.3%), 스웨덴(11.0%), 영국(9.7%), 한국(7.7%)보다 압도적으로 높다
(OECD, 2017). 그러나 미국인의 수명은 OECD 국가 중에서 가장 낮은 수준이
다(OECD, 2017).

3. 한국의 건강보험제도

1) 운영방식

　우리나라 건강보험의 핵심적인 특징은 단일한 공적 보험자로서의 국민건
강보험이 있고, 의료서비스 제공은 민간병원이 주도하고 있다는 점이다. 국
민건강보험공단에 온 국민이 가입해 있는 매우 보편적이고 공적인 성격을 가
지고 있는 동시에, 의료서비스는 주로 시장에서 이루어진다. 건강보험이 운
영되는 구조를 간략히 이해하기 위해서는, 공공기관의 세 곳의 역할을 살펴

볼 필요가 있다(건강보험공단, 2019). 첫 번째 국민건강보험공단은 건강보험
료의 부과 및 징수, 병원 등 요양기관에 대한 비용을 주는 등의 역할을 한다.
간단히 말하자면, 국민들로부터 보험료를 받고, 국민들을 치료해 준 병원에
그 돈을 나누어 준다. 개인들도 물론 병원에서 치료비를 내는데, 그 액수는
건강보험공단이 부담해 주는 액수를 뺀 비용이다. 이 대목에서 한 가지 질문
이 있을 수도 있다. 그런 경우는 매우 희박하지만 만약 한 병원이 돈을 많이
벌기 위해서 환자들에게 과도한 시술을 한다면 어떻게 될까. 이와 관련해서
중요한 역할을 하는 기관이 건강보험심사평가원이다. 건강보험심사평가원
(이하 심평원)의 핵심적인 역할 가운데 하나는 의료의 질 향상과 비용의 적정
성을 보장하는 것이다. 심평원은 개별 병원들의 진료비 내역을 받아 의료서
비스의 질, 비용 청구 내역, 부적절한 약물을 사용하지는 않았는지 등을 심사
및 평가하는 역할을 한다. 필요한 경우 현지 조사를 실시한다.

　마지막으로, 보건복지부는 건강보험 제도 관련 주요한 정책을 결정한다.
이를테면, 보험료율 및 보험료 부과기준 등을 결정하고, 건강보험공단의 예
산 및 규정 등을 승인하는 역할을 맡는다. 건강보험정책심의위원회(이하 건
정심)의 역할도 중요하다. 건강 정책에서 시민들의 목소리가 직접적으로 전
달될 수 있는 거의 유일한 창구이기 때문이다. 건정심은 특히 국민건강보험
종합계획이나 연도별 시행계획, 요양급여 비용 등 굵직한 건강보험 정책을
심의 의결하는 중요한 권한을 지니고 있다. 여기에는 시민사회를 대표하는
가입자 대표 8인, 의약업계를 대표하는 공급자 대표 8인, 정부 및 전문가 집
단을 대표하는 8인으로 구성된다.

(1) 수급 대상

　우리나라의 건강보장제도는 온 국민을 대상으로 한다. 회사를 다니는 사
람이라면 건강보험에 직장가입자로 참여하게 된다. 직장가입자의 가족도 함
께 보험에 가입할 수 있다. 회사에 다니지 않는 농어민과 자영업자 등은 지

역가입자로 참여할 수 있다. 이들은 모두 자신의 수입 및 재산 수준에 따라 일정한 보험료를 낸다. 만약, 생활이 어려워서 보험료를 내기 어렵다면? 이와 같은 극빈인구는 일정한 심사를 거쳐서 의료급여의 대상자가 된다. 병원비를 부담할 능력이 없는 이들에게는 의료비 부담을 대부분 덜어 준다. 지난 2016년 기준으로 볼 때, 우리나라 전체 인구 가운데 절대 다수인 3,668만 명(70.1%)이 직장가입자다(보건복지부, 2019). 이 가운데 1,633만 명이 직장가입자이며, 나머지 2,034만 명이 직장가입자의 피부양자로 건강보험의 수급 대상이 된다. 나머지 1,409만 명(26.9%)이 지역가입자. 그밖에 151만 명(2.9%)이 의료급여 대상자다.

(2) 급여

건강보험급여의 형태는, 앞서 살펴본 대로, 의료서비스와 현금으로 나뉜다. 한국의 건강보험은 현물급여를 원칙으로 하지만, 일부 예외적으로 현금급여도 시행된다. 대표적인 현금급여로는 요양비나 본인부담상한액 초과금 등이 있다. 요양비는 지역가입자가 불가피한 이유로 요양기관이 아닌 장소에서 치료를 받거나 출산을 하는 경우에 건강보험공단에서 현금으로 받는 액수를 가리킨다. 이를테면, 출산을 앞두고 급히 병원으로 이동하는 과정에서 여성이 구급차 안에서 출산을 했다면, 병원에서 출산을 하지 않아도 요양비를 현금으로 직접 받을 수 있다. 본인부담상한액 초과금은 정부가 정한 일정한 한도 이상의 의료비를 개인이 지출한 경우, 그 초과하는 액수를 가리킨다. 이 액수는 건강보험공단이 개인에게 현금으로 돌려준다. 과도한 의료비 부담으로 생기는 가계의 경제적인 부담을 덜어 주기 위한 취지에서 마련된 제도다. 소득수준에 따라서 본인부담상한액은 다르게 적용된다. 이를테면, 소득 상위 50% 안에 드는 가입자의 경우 연평균 소득의 10% 수준에서 본인부담상한액 수준이 정해진다.

앞과 같은 예외적인 경우를 제외하면, 건강보험의 급여는 의료서비스로 제공된다. 이를테면, 동네 의원에 가서 의사를 만나서 감기약을 처방받고 3천 원을 낸 경우를 가정할 수 있다. 환자 입장에서는 병원의 수입이 3천 원이라고 생각할 수 있겠지만, 실제 의원의 수입은 1만 원이다. 의원 수준에서의 본인부담률은 30%이기 때문이다. 바꾸어 말하면, 70%에 해당하는 금액만큼의 의료서비스가 건강보험공단을 통해서 전달된 셈이다. 여기에는 이른바 비급여라고 불리는 항목은 제외된다. 비급여는 건강보험 혜택이 적용되지 않는 진료 항목을 가리킨다. 이를테면, 충치 치료를 받을 때, 비교적 싼 재료인 아말감은 건강보험의 혜택을 받지만, 금은 비급여 항목에 속한다. 또 다른 비급여 항목으로는 라식, 라섹으로 불리는 시력교정술이 있다. 본인부담률의 수준은 병원의 규모가 클수록 올라간다. 흔히 대형병원이라 불리는 상급종합병원에서는 요양급여비용의 60%까지 본인이 부담한다.

(3) 재정

대다수의 국민은 건강보험 가입자로서 매달 일정한 건강보험료를 낸다. 2019년의 기준으로 노동자는 소득의 3.23%를 건강보험료로 낸다. 사용자 역시 같은 액수를 해당 노동자의 건강보험료로 납부해야 한다. 이를테면, 노동자가 달마다 100만 원을 번다고 가정하면, 노동자와 사장이 각각 3만 2,300만 원씩을 부담해서 국민건강보험공단에 6만 4,600원을 내게 된다. 보통 회사가 원천징수해서 공단에 납부한다. 지역가입자는 소득이나 재산 등을 고려한, 조금 더 복잡한 기준에 따라 보험료를 낸다. 2019년을 기준으로, 직장가입자의 본인부담 보험료는 대략 11만 원, 지역가입자의 가구당 평균 보험료는 대략 10만 원이다.[3] 이렇게 낸 보험료는 지난 2017년 기준 50.4조 원으로 국민건강보험의 주요 재원이 된다(통계청, 2019). 여기에 정부가 해마다 해당 연도 보험료 예상수입액의 14%를 보탠다. 또 건강증진기금에서 역시 해당 연도 보험료

---

3) 정확히는 직장가입자의 본인부담 평균 보험료는 10만 9,988원이고, 지역가입자의 가구당 평균 보험료는 9만 7,576원이다.

예상수입액의 6% 이상 금액을 보탠다. 건강증진기금은 담배세를 재원으로 마련되는 기금이다. 지난 2017년 기준으로는 각각 4.8조 원과 1.9조 원이다. 따라서 국민건강보험의 재원을 모두 합하면 한 해 57.2조 원임을 알 수 있다.

2) 한국 건강보험제도의 성취와 한계

한국의 건강보험제도가 지난 40여 년 동안 이루어 온 성취는 적지 않다. 크게 세 가지를 살펴볼 수 있다.

첫째, 한국의 건강보험은 상대적으로 짧은 역사에도 불구하고 보편적인 제도로 자리 잡았다. 한국의 건강보험은 지난 1977년 500인 이상 사업장을 대상으로 근로자 의료보험을 실시한 뒤, 지속적으로 대상 범위를 확대했다. 1989년 도시지역 의료보험을 실시하면서 전 국민을 대상으로 하는 의료보험을 실현했다. 이때까지는 의료보험조합이 지역별, 직종별로 나뉘어 있었다 (국민건강보험공단, 2017). 1998년 227개의 지역의료보험조합과 공무원 및 사립학교 의료보험관리공단을 통합하면서 국민의료보험관리공단을 출범하고, 2000년에는 139개의 직장의료보험조합을 통합하면서 단일한 보험자로서의 국민건강보험공단을 설립했다. 제도 도입 초창기인 1978년에 513개 이르던 보험자가 단일한 한 개의 건강보험자로 통합되었다. 지역 및 직장 단위로 쪼개져 있던 보험자를 통합하면서 건강보험제도의 보편성을 확보하고, 제도의 효율성을 높이고, 직종이나 지역 사이의 형평성을 확보할 수 있게 되었다. 물론, 한국의 건강보험은 전 국민을 대상으로 한다는 점에서 성취를 이루었지만, 모든 국민이 병원비 걱정 없이 의료기관을 이용할 수 있는지, 즉 보장성의 수준에서는 아직 미흡한 편이다.

둘째, 한국에서는 병원의 문턱이 매우 낮다. 한국인은 지난 2015년 기준으로 한해 평균 16회 병원을 찾아 의사의 진찰을 받았다(OECD, 2017). OECD 평균인 6.9회의 두 배가 넘는 수치다. 의사를 한번 만나려면 예약을 하거나 오랜 대기 시간이 필요한 일부 외국의 사례에 견주면, 한국에서 의료기관에 대한 접근은 상대적으로 용이하다고 볼 수 있다. 물론 이 지표를 긍정적으로 만 볼 수는 없다. 한국 의사들의 과로의 대가이기도 하다. 한국의 의사들은 한해 7,140건의 진찰을 했는데, OECD 회원국 평균(2,295건)의 세 배가 넘는 수준이다. 한국인들이 다른 나라들에 견주어 특별히 더 아프거나 병을 많이 앓지는 않는다. 병원 문턱이 낮다는 뜻은 한국인이 필요 이상으로 의료기관 을 사용한다는 뜻이기도 하다. 과도한 병원 이용과 의사들의 피로는 의료의 질을 떨어뜨리는 원인이 될 수도 있다.

셋째, 수명과 같은 지표 기준으로는 한국인의 건강은 좋다. 지난 2015년 기준으로 한국인의 기대수명은 82.1세로, OECD 평균(80.6세)을 넘어섰고, 뉴질랜드(81.7세), 핀란드(81.6세), 네덜란드(81.6세)와 같은 복지국가의 수 명보다 높다(OECD, 2017). 또 다른 지표인 유아 사망률 지표에서도 한국은 1,000명 출생당 2.7건으로 OECD 평균(3.9건)보다 낮다. OECD 회원국 가운 데서는 슬로베니아(1.6건), 핀란드(1.7건), 스웨덴(2.5건) 등에 이어 아홉 번째 로 긍정적인 결과다. 이와 같은 성과는 부분적으로는 보편적인 건강보장제 도의 덕도 있을 것으로 보인다. 이를테면, 유아 및 노인을 대상으로 하는 예 방접종률은 상대적으로 좋은 성과를 보이고 있다(OECD, 2017).

한국의 건강보장제도의 밝은 부분이 있다면, 어두운 부분도 있다.

첫째, 우리나라는 공적 상병급여제도가 없다. 한국은 복지국가들이 갖춘 대부분의 제도들, 이를테면 국민연금, 건강보험, 산재보험, 실업보험, 기초 생활보장제도 등을 갖추었다는 점에서 복지국가의 제도적인 요건을 구비 했다는 평가를 받고 있다. 그러나 우리나라에서 공적 상병급여제도는 보장 되지 않고 있다. 상병수당이란, 노동자가 업무 외 상병으로 일을 더 이상 할 수 없을 때 휴직을 하면서 일정한 소득상실분을 보상받는 제도를 가리킨다. OECD 국가 가운데 공적 유급병가가 갖추어지지 않은 나라는 한국과 더불어 스위스, 이스라엘, 미국뿐이다. 나머지 30개의 국가들은 노동자가 업무 외 상병으로 일을 못하는 기간 동안 일을 쉴 수 있는 권리를 보장해 주는 것과 더불어 국가가 일정한 현금을 지불해 준다. 공적 상병수당이 없는 스위스와 이스라엘은 노동자들이 기업으로부터 유급병가를 받을 수 있는 일정한 권리를 보장해 준다. 즉, 국가가 직접 수당을 제공하지는 않지만, 기업이 상병수당을 지불하도록 강제하고 있다. 미국은 유급병가제도가 없는 대신, 노동자들이 무급병가를 받을 수 있는 권리는 보장해 준다. 즉, 노동자들이 국가나 기업으로부터 병가 기간 동안 현금을 받지는 못하더라도, 병가가 끝나면 업무로 복귀할 수 있는 권리는 보장해 준다. 한국에서는 업무 외 상병으로 아픈 노동자가 병가를 받을 권리와 병가 기간 동안 현금 지원을 받을 수 있는 권리 모두 보장되지 않는다. 업무 외 상병으로 아픈 노동자들의 권리 보장의 측면에서 한국은 OECD 국가 가운데 최악의 수준이다.

둘째, 본인부담률이 OECD 국가 가운데 가장 높은 수준이다. 우리나라 건강보험의 보장성이 그만큼 낮다는 뜻이다. 지난 2016년 기준으로 볼 때, 보장성은 63.4% 수준이다. 아파서 병원에 갔을 때, 병원비가 100이 나왔다면 63 정도는 나라에서 지원해 주지만, 나머지 37은 내가 내야 한다는 뜻이다. 가계 소비 총액 가운데 의료비가 차지하는 비중도 한국은 OECD 국가 가운데 가장 높은 수준이었다(OECD, 2017). OECD 34개 회원국의 평균이 3.0% 수준이지만, 한국 가계는 전체 지출 가운데 5.1%를 의료비에 썼다. 스위스(5.3%) 다음으로 높은 수준이었다. 한국의 수준은 2년 만에 0.4%포인트 증가한 것이었다(OECD, 2017).

그래서 많은 국민은 예기치 않는 상병에 대비해서 민간보험에 가입하고 있다. '묻지도 않고 따지지도 않는다'는 광고를 하는 보험회사들이 바로 민간 건강보험회사들이다. 국민의 72.6%가 민간보험에 가입하고 있다(신기철, 2014). 시장규모는 2011년 수입보험료 기준으로 약 27조 4천억 원으로 추정된다. 보장성 낮은 국민건강보험 대신 차라리 민간의료보험에 가입하는 것도 방법일 수 있다. 과연 그 방법이 나에게도 도움이 될까. 국민건강보험과 민간의료보험의 차이점을 생각해 보면 답을 얻을 수 있을 듯하다(최기춘 외, 2017).

첫째, 수급권을 기준으로 보면, 국민건강보험은 법적으로 수급권이 생기는 반면, 민간의료보험은 보험사와의 계약으로 생긴다. 국민건강보험은 보편적인 서비스지만, 민간의료보험은 계약을 한 개인 혹은 특정 집단만 혜택을 받을 수 있다. 둘째, 급여수준을 보면, 국민건강보험은 모든 가입자가 같은 수준의 급여를 받지만, 민간의료보험은 보험료를 많이 낸 사람은 더 많은 혜택을 받는다. 셋째, 보험 대상 질병을 보면, 국민건강보험은 모든 질병을 대상으로 하지만 민간의료보험은 보험약관에서 정하지 않는 질병에 대한 책임은 지지 않는다. 넷째, 보장일수 및 보장금액의 경우, 국민건강보험은 한도가 없다. 민간의료보험은 두 측면에서 모두 계약 조건에 따른 한도가 있다. 마지막으로, 본인부담금 비율은 국민건강보험은 입원의 경우 20%, 외래의 경우 30~50% 정도이고, 민간의료보험의 경우 입원의 경우 20~30%, 통원의료비는 정액인 5천~2만 원이다. 위와 같은 차이점을 고려할 때, 나의 건강, 혹은 국민의 건강 수준을 높이기 위해서 국민건강보험을 강화하는 것이 좋을지, 민간의료보험을 강화하는 것이 좋을지 생각해 볼 여지가 있다.

셋째, 의료서비스의 전달체계가 한국은 취약하다. 바꾸어 말하면, 동네의원이나 작은 병원에 해당하는 일차의료기관의 역할이 미미하다는 뜻이다. 일차의료기관이 중요한 이유는 환자들이 아플 때 처음 찾는 접촉점 구실을 하기 때문이다(이재호, 2018). 흔히 '주치의'라고 불리는 일차의료기관의 의사들은 지역사회에서 환자들과 지속적으로 관계를 유지하면서 환자의 건강상태에 포괄적인 서비스를 제공한다. 환자의 질환이 중증인 경우에는 해당 분야의 전문가의 진단 및 치료를 받도록 도와준다. 이를테면, 영국에서는 주치의를 통하지 않고서는 큰 병원에서 전문의의 치료를 받을 수 없다. 주치의의 역할이 중요한 이유는 환자가 적절한 진단 및 치료를 받도록 도와줄 수 있을 뿐 아니라, 과도한 의료비 지출을 막는 구실을 하기 때문이다. 일차의료기관의 역할이 미미한 한국에서 환자들은 자신의 질환을 스스로 진단하고 일차의료기관을 거치지 않고, 전문의부터 찾아가거나 아예 대형병원을 찾아가기가 일쑤다. 이런 경향은 거대한 사회적인 낭비로 이어진다. 미국 지역사회의 조사를 보면, 몸이 아파서 병원을 찾는 217명 가운데 실제 입원이 필요한 정도는 여덟 건, 대학병원에 입원할 정도로 위중한 경우는 한 건에 불과했다(Green et al., 2001). 사람들이 흔히 겪는 상병은 감기 등과 같이 가벼운 것이라서 일차의료기관에서 걸러진다는 뜻이다. 한국에서 부실한 일차의료기관은 환자 입장에서는 과도한 의료비 지출과 시간 낭비의 원인이 되고, 병원 입장에서는 의료 자원의 비효율적인 사용의 이유가 된다. 건강보험 재정에도 부담이 된다. 반대로, 일차의료기관이 제대로 구실하는 나라에서는 국민들의 건강 상태가 좋고, 의료비 지출도 적은 경향이 있다(WHO, 2008).

4. 한국 건강보험제도의 과제와 전망

지금까지 한국 건강보험제도의 명암을 살펴보았다. 비교적 빠른 시기에 보편적 사회보장제도로 자리 잡은 건강보험제도의 성과에도 불구하고 낮은 보장성과 미흡한 전달체계는 여전히 한계를 노출하고 있다. 제도적 보완의 여지가 많은 한국 건강보험제도의 앞길에 놓은 과제도 만만찮다.

첫째, 한국의 급격한 고령화는 건강보험 재정에 상당한 부담이 될 것이다. 한국의 고령인구는 2015년 654만 명에서 2025년에 1,000만 명을 넘고, 2065년에는 1,827만 명까지 증가할 전망이다(통계청, 2016). 반면, 출생률은 OECD 회원국 가운데 가장 낮은 수준을 유지하고 있다. 노인 인구의 상대적인 증가는 의료비 지출 상승으로 이어질 가능성이 높다. 특히, 한국은 의료비 지출을 통제하기가 상대적으로 용이한 공공병원의 비율이 OECD 회원국 가운데 가장 낮다. 앞서 살펴보았듯이, 의료비의 과다 지출을 막을 수 있는 효과적인 제도적인 장치인 일차의료기관들의 역할이 매우 약한 점도 고려할 필요가 있다. 모두가 건강보험의 재정 부담을 위협하는 또 하나의 요소다. 이미 한국은 OECD 국가들 가운데 1인당 의료서비스 지출 증가율이 가장 높은 나라 가운데 하나다(OECD, 2017).

둘째, 건강보험의 공공성을 위협하는 변수들이 잠복해 있다. 한국은 병상의 수 기준으로 공공병상 대비 민간병상의 비율이 OECD 회원국 가운데 가장 높은 나라다. 건강보험이 공적이고 보편적인 사회보장제도 구실을 하는 동안, 전달체계는 매우 시장화했다. 여기에 대해서 병원을 더욱 영리화하려는 시도들이 계속 이어지고 있다. 현재 「의료법」에 따르면, 병원은 비영리법인 혹인 의료인만 세울 수 있다. 정부가 병원에 다양한 세제혜택을 주는 대신, 병원은 경영을 통해 생긴 이윤을 병원에 재투자하는 데만 써야 한다. 이를테면, 병원이 주주를 모집해서 수입을 배당하는 행위는 금지되었다. 그러나 한편에서는 영리병원을 허용하려는 시도가 지속되고 있다. 특히, 의료 분야를 시장화해서 이윤을 극대화하려는 일부 대기업들과 의료 분야가 한국 경제의 미래 성장엔진이 되기를 기대하는 일부 경제학자 및 관료들은 영리병원의 도입을 지지하고 있다. 의료 분야를 시장화할수록 관련 기업들의 이윤이 증대되고, 경제성장률이 올라갈 것이라는 기대는 타당하다. 다만, 의료기관이 영리화했을 때, 의료서비스의 질이 개선되기보다는 악화할 가능성이 높다는 데 문제가 있다. 이 대목에서는 앞으로도 사회적·정치적 논란이 계속 이어질 가능성이 높다.

참고문헌

국민건강보험공단(2017). **국민건강보험 40년사**. 강원: 국민건강보험공단.

국회입법조사처(2017). "주요국의 상병수당 제도 도입 논의의 쟁점". 국회 간담회 자료. 1월 24일.

김기태, 이승윤(2018). 한국 공적 상병수당 도입을 위한 제도 비교연구 및 정책제언. **한국 사회복지정책학회**, 45(1), 148-177.

김창엽(2018). **건강보장의 이론**. 서울: 한울.

보건복지부(2019). 보건복지부 누리집 건강보험 정책 현황 자료, 2019년 5월 28일 인출. http://www.mohw.go.kr/react/policy/index.jsp?PAR_MENU_ID=06&MENU_ID= 06320103&PAGE=3&topTitle=%EC%A0%81%EC%9A%A9%ED%98%84%ED%99%A9

신기철(2014). **정액형 개인의료보험 개선방안 연구.** 강원: 국민건강보험공단.

이은경(2018). 건강보험 재정의 현황과 정책과제. **보건복지포럼 256권,** 51-64. 세종: 한국보건사회연구원.

이재호(2018). OECD 통계로 본 한국 일차의료 현황과 주요 논점. **정책동향,** 12(4), 17-32. 강원: 건강보험심사평가원.

정영호, 박하영, 권순만, 이견직, 고숙자(2004). **보건의료시장의 특성과 문제점 및 제도개선 방향: 공급자 행태분석 및 전문가 인식조사를 중심으로.** 연구보고서 2004-07. 세종: 한국보건사회연구원.

최기춘, 이현복(2017). 국민건강보험과 민간의료 보험의 역할 정립을 위한 쟁점. 보건 **복지포럼,** 30-42.

통계청(2016). **장래인구추계: 2015-2060.** 통계청.

통계청(2019). 통계청 누리집 연도별 건강보험 재정 현황. 2019년 5월 28일 인출. http://kosis.kr/statHtml/statHtml.do?orgId=350&tblId=TX_35001_A023

황도경(2013). 독일의 의료보험 개혁 동향. **최신 외국법제정보,** 2013년 제3호, 56-67. 세종: 한국법제연구원.

Green, L. et al. (2001). The Ecology of Medical Care Revisited. *New England Journal of Medicine, 344*(26), 2021-2025.

Mankiw, N. G. (2012). *Principles of Microeconomics.* Madison, OH. South-Western Cengage Learning.

Mankiw, N. G., Taylor, M. P., & Ashwin, A. (2016). *Business Economics.* Madison, OH. South-Western Cengage Learning.

NHS (2019). Principles and values that guide the NHS. https://www.nhs.uk/using-the-nhs/about-the-nhs/principles-and-values/

OECD (2010). Sickness, Disability and Work—Breaking the Barriers, Paris, OECD
    Publishing.

OECD (2017). Health at a Glance, OECD Publishing Paris.

Sen, A. (2002). Why Health Equity? *Health Economics, 11*, 659–666.

WHO (2008). *Primary Health Care: Now More Than Ever*. World Health Report.

제7장
•
장애에 대응한 소득보장

장애는 개인의 소득활동능력에 부정적 영향을 미치며 더불어 교통비, 의료비 등의 추가적인 생활비 지출 부담을 유발하여 결과적으로 장애인과 그 가구의 소득감소와 사회적 배제를 초래하는 전통적인 사회적 위험 중 하나다. 현대 복지국가는 장애가 초래하는 이러한 경제적 비보장에 대하여 소득감소의 보전과 추가 생활비 지출 보전을 목적으로 하는 장애소득보장제도를 운용하고 있다. 한국은 장애 기준의 엄격함, 낮은 급여수준 등으로 인해 주요 OECD 회원국들과 비교할 때 장애 소득보장제도에 투입되는 예산 규모가 적고 정책적 효과가 낮은 상황이다. 장애소득보장제도의 유효성을 제고하기 위해서는 국민연금의 역할 확대, 장애인연금의 지급 대상 확대 및 지급액 인상 등을 지속적으로 추진할 필요가 있다.

1. 장애와 빈곤

장애인가구는 왜 비장애인가구보다 빈곤하거나 또는 경제적으로 열악할 확률이 높을까? 장애인가구가 비장애인가구에 비해 빈곤율이 높고 소득이 낮다는 것은 유수한 국내외 선행연구를 통해 실증적으로 입증되어 왔다.

장애인가구가 비장애인가구에 비해 상대적으로 빈곤할 수밖에 없는 이유는 두 가지 요인이 복합적으로 작용하기 때문이다. 첫 번째 요인은 장애인가구의 소득이 비장애인가구에 비해 낮다는 점이고, 두 번째 요인은 장애인가구가 비장애인가구에 비해 생활비가 더 많이 든다는 점이다. 즉, 장애인가구의 경우 비장애인가구에 비해 소득은 적고 지출이 많아서 상대적으로 빈곤할 수밖에 없는 것이다.

장애인가구의 소득수준이 낮은 것은 가구원의 개인 소득이 낮기 때문이다. 장애를 가진 가구원의 경우 장애에서 비롯된 낮은 교육수준, 직업능력 부족으로 상징되는 인적 자본의 취약성과 함께 사회 전반의 장애에 대한 부정적인 인식에서 발생하는 장애인에 대한 차별로 인해 취업의 기회를 얻지 못하거나 취업 중에 있더라도 주로 저임금 직종에 종사하는 관계로 소득이 낮을 수밖에 없다. 그리고 비장애가구원의 경우에는 장애인에 대한 보호 수발로 인해 취업을 하기 어렵거나 취업 중에 있더라도 임시직 등 질 낮은 일자리에 종사하는 비율이 높아 역시 소득이 낮을 수밖에 없다. 한편 장애인의 생활비가 비장애인에 비해 더 많이 드는 것은 장애인의 경우 의료비, 교육비, 재활보조기구 구입비, 교통비 등의 영역에서 장애로 인한 추가지출 비용이 발생하기 때문이다.

결국 장애는 추가비용이라는 새로운 지출 요인을 발생시킬 뿐만 아니라 소득감소까지 유발시켜 마침내 장애를 가진 개인을 빈곤 상태에 이르게 한다는 점에서 '장애는 빈곤의 절친한 친구(disability as a close companion of poverty)'

라고 할 수 있다.

2. 장애에 대응한 소득보장제도의 원리와 형태

현대 사회에서 장애는 실업, 노령, 질병, 사망 등과 더불어 소득 상실을 유발하는 대표적인 사회적 위험(social risk)으로 간주되고 있으며, 각국은 고유한 역사적 전개 과정을 거치면서 또한 국제 사회의 일원으로 다른 국가의 직접적 혹은 간접적 영향을 받으면서 각국의 상황에 맞게 사회보험, 사회수당 및 사회부조 등 전통적인 소득보장 전략을 조합한 장애에 대응한 소득보장제도를 운용해 왔다.

1) 장애소득보장제도의 종류 및 전략

장애에 대응하는 다양한 소득보장제도로 구성된 장애소득보장체계는 실업, 빈곤, 노령, 질병 등 일반적인 소득상실 위험군에 대응하는 보편적 소득보장체계의 일부로서, 장애라는 독립적인 소득상실 위험 요인에 직면해 있는 개인을 대상으로 한 특수한 소득보장체계라고 할 수 있다.

장애소득보장체계에서 제공하는 급여는 장애급여, 일반소득보장급여, 장애 관련 급여 등 크게 세 부분으로 구성되어 있다. 이 중 장애급여는 장애인의 고용 여부와 관계없이 모든 장애인을 대상으로 한 급여인 반면, 일반소득보장급여는 장애인을 포함한 일반 시민을 대상으로 한 보편적인 소득보장 프로그램 중 장애인의 주요 소득원천으로서의 기능을 일부 수행하는 실업급여, 퇴직급여, 기타 공공부조 등을 의미한다. 한편, 장애 관련 급여는 상병급여, 산재급여 등 현재 고용 중에 있거나 또는 과거의 고용경험이 있는 장애인을 대상으로 한 특별급여라고 할 수 있다. 이러한 공적 급여 중 서비스 대상 인

구가 가장 넓게 분포하고 있고 또한 급여수준이 가장 높은 것은 장애급여로
서, 임금을 제외한 장애인의 소득원 중 가장 비중이 높을 만큼 장애소득보장
체계에서 핵심적인 역할을 수행하고 있다(De Jong, 2003).

　　장애소득보장을 위한 전략은 보편적 소득보장 전략과 마찬가지로 크게 세
가지 유형으로 구분할 수 있는 데, 첫째는 가입자의 기여에 기반한 사회보험
(contributory social insurance)방식이며, 둘째는 장애 유형 및 장애 정도 등 일
정 요건을 충족하는 경우 급여를 지급하는 사회수당(social allowance)방식,
그리고 셋째는 소득 또는 자산조사를 통해서 소득이나 자산이 일정 수준 이
하의 장애인에게 급여를 지급하는 사회부조(social assistance)방식이다. 이 중
사회보험방식이 급여 수급의 조건으로서 장애인의 기여를 요하는 기여식 프
로그램이라면, 사회수당과 사회부조는 수급조건으로서 장애인의 기여를 필
요로 하지 않는 비기여식 프로그램이라고 할 수 있다(Dixon & Hyde, 2000).

　　이러한 다양한 정책수단의 조합에 의해 장애인에게 제공되는 장애급여의
제공과 관련하여, 주요 국가에서는 장애로 인한 소득상실을 보전하기 위한
급여(소득보전 급여)와 장애로 인한 추가비용 지출을 보전하기 위한 급여(추가
비용 급여)를 장애급여의 두 축으로 삼고 제도를 운용하고 있다.

〈표 7-1〉 **장애급여의 구성요소**

유형		보장의 제 측면	급여 종류	특성
소득보전 급여	기본급여	장애인 개인 소득보전	기초급여(정액급여), 소득비례급여	장애 정도에 따라 차등
	부가급여	부양가족 부양 지원	아동부양수당, 성인부양수당 등	부양가족 · 결혼 상태에 따라 차등
추가비용 급여		장애인의 추가비용보전	이동수당, 간병수당, 장애아동부양수당, 중증장애수당 등	장애인 개인의 특성에 따라 차등

출처: Dixon, J., & Hyde, M. (2000). A Global Perspective on Social Security Programmes for the Disabled
People. *Disability & Society*, 15(5).

이러한 장애급여를 수급하고 있는 장애인 중 상당수는 실업급여, 퇴직급여, 기타 공공부조 등 일반소득보장급여를 동시에 수급하기도 하는데, 이 경우 장애급여의 지급액이 일정 정도 삭감되는 것이 보편적이다.

장애 관련 급여로서 상병급여는 장애 발생 초기에 완전한(total) 장애를 입은 근로자에게 장애인의 임금 수준과 연동되어 지급되는 급여로서, 대개 최대 1년간 지급되는데, 지급이 종료된 이후에는 장애급여 신청 자격을 취득하기도 한다. 또한 산재급여는 근무와 관련되어 장애를 입은 근로자에게 지급되는 급여로서 임금 수준과 연동되어 장애 정도에 따라 차등 지급되는데, 대개 산재급여는 장애급여와 분리되어 운영되고 있는 보편적인 추세다(OECD, 2003).

2) 장애급여의 종류 및 특징

앞서 언급했듯이 장애소득보장체계에서 제공하는 급여 중 가장 보편적인 급여로서, 장애인의 고용 여부와 관계없이 장애 기준과 소득 등 기타 사회경제적 기준을 충족하게 되면 지급되는 장애급여는 소득보전급여와 추가비용급여로 구분된다.

소득보전급여는 장애인이 장애로 인해 근로능력 또는 소득활동능력에 심각한 손상을 입어 더 이상 일을 할 수 없어 소득이 단절되는 상황에 있는 장애인과 그 가족이 기본적인 생활을 영위할 수 있도록 하기 위한 각종의 급여를 의미하며, 추가비용급여는 장애인이 무상의 혹은 비용의 일부 부담을 요하는 각종의 서비스를 제공받고도 완전히 충족되지 않은 욕구를 충족하고자 장애인이 추가적으로 지출하는 비용을 보전함으로써 장애인이 비장애인과 동등한 수준의 삶의 질을 영위할 수 있도록 하기 위한 각종의 급여를 의미한다.

현대 복지국가에서 운용하고 있는 이들 장애급여의 기본적인 특징을 살펴보면 다음과 같다.

(1) 소득보전급여

근로능력 손상으로 인한 소득단절에 대응하는 소득보전급여는 1차 안전
망으로서의 역할을 하는 급여와 1차 안전망의 사각지대에 있는 장애인을 대
상으로 운용되는 2차 안전망급여가 상호 간에 역할분담하는 위계적 체계
(hierarchial system)로 운영된다. 1차 안전망 급여로서 대부분의 국가들이 채
택하고 있는 방식은 보험료 납부에 기반한 사회보험이며, 일부 국가들이 보
험료 납부라는 기여조건을 필요로 하지 않는 사회수당과 사회부조를 1차적
전략으로 활용하고 있다(Dixon & Hyde, 2000). 여기에서 보험료 납부에 기반
한 사회보험 급여란 구체적으로 공적연금의 장애연금(disability pension)을 의
미한다. 그러나 개인이 근로활동을 하고 그 결과로서 발생하는 소득의 일정
비율을 공적연금의 보험료로 납부한 경우에만 장애연금을 지급받을 수 있도
록 하고 있는 전통적인 사회보험 운영 방식하에서는 선천적 장애인이나 근
로활동 가능 연령대 이전에 장애가 발생한 장애인 등은 장애연금의 사각지
대로 존재할 수밖에 없다. 따라서 이들 장애연금의 사각지대에 있는 장애인
의 최저생활보장을 위한 별도의 소득보전급여가 필요할 수밖에 없는데, 이러
한 2차 안전망 소득보전급여는 일반적으로 소득과 재산 조사를 실시하여 일
정 수준 이하에 해당하는 장애인에게 조세를 재원으로 한 사회부조의 형태
로 지급되며, 이를 기초장애연금(basic disability pension) 또는 장애부조(social
assistance for the disabled)라고 부른다. 주요 선진국들이 이렇듯 소득비례 장
애연금 외에 기초장애연금 또는 장애부조 등을 운용하고 있는 이유는 이들
급여의 주 지급 대상자인 저소득 중증장애인은 근로능력이 미약하거나 부재
하여 노동시장에 진입하기 어려운 자들로서 사회보장의 보편주의적 원칙에
도 불구하고 소득활동을 수행하는 자의 기여를 전제로 하는 사회보험 운영
원칙하에서 실질적으로 배제될 수밖에 없으며, 더불어 근로능력이 있는 빈곤
계층과 동일한 수급 요건을 적용하는 방식으로 운용되는 일반 사회부조로는
이들을 충분히 포괄할 수 없다는 것을 인식하고 있기 때문이다.

우리나라를 비롯한 16개 OECD 회원국에서 운용하고 있는 소득보전급여
체계의 유형화 분석 결과, 장애로 인한 근로능력 및 소득활동 기회의 상실에
대응하기 위한 소득보장 전략으로서 대부분의 주요 선진국들은 다양한 형태
의 소득보장 전략을 결합하여 다층의 안전망을 구축하고 있음을 확인할 수
있었다. 이러한 위계적 체계는 각 층의 소득보장 전략에 따라 총 네 개의 유
형으로 범주화할 수 있었다.

〈표 7-2〉 소득보전급여체계의 유형화

유형	국가
기여장애연금-기초장애연금(장애부조)-일반부조	일본, 노르웨이, 스웨덴, 핀란드, 이탈리아, 독일, 아일랜드, 한국
기여장애연금-장애부조	스페인, 프랑스, 네덜란드, 미국, 영국
기여장애연금-일반부조	오스트리아
기초장애연금(장애부조)-일반부조	호주, 덴마크

(2) 추가비용급여

장애 추가비용급여는 특정 인구학적 범주(노인, 아동, 장애인 등)에 속한 계
층이면 누구나 가지게 되는 특별한 욕구, 즉 추가적인 생활비 지출에 대응하
기 위한 보편적 소득보장제도라고 할 수 있는 사회수당(데모그란트)의 한 유
형이라고 할 수 있다. 노인을 대상으로 지급되는 사회수당이 주로 노인의 장
기요양(간병)욕구로 인한 추가적인 지출을 보전하기 위한 것이라면, 아동을
대상으로 지급되는 사회수당은 아동의 양육이라고 추가적인 지출 요인에 대
응하는 성격을 지니고 있다. 반면에 장애인을 대상으로 지급되는 사회수당
은 장애로 인한 이동, 돌봄, 치료, 교육, 보조기기 구입 및 유지 등 다양한 생
활 영역에서 발생하는 추가적인 지출을 보전하는 것을 목적으로 하는 특별한
급여다.

현대 복지국가에서 운용하는 추가비용급여의 특징을 살펴보면, 수급 조건

에 있어서는 소득과 재산조사를 거쳐 지급하는 사회부조방식의 추가비용 급
여가 일반적이긴 하나 영국 등과 같이 소득과 재산조사를 실시하지 않고 지
급하는 사회수당방식의 추가비용 급여도 존재하고 있다. 또한 추가비용 급
여가 보전하고자 하는 추가비용 발생 영역은 돌봄과 이동이 제일 많았으며,
지급 대상의 연령을 구분하여 성인 장애인과 장애아동을 구분하여 각각 별도
의 추가비용급여를 운영하는 형태가 많았다.

앞서 소득보전급여체계와 마찬가지로 우리나라를 비롯한 16개 OECD 회
원국에서 운용하는 장애 추가비용급여체계의 유형화 분석 결과, 소득보전급
여체계와 명백히 구별되는 특징을 발견할 수 있었는데, 소득보전급여체계의
경우 우선적이고 주된 프로그램과 이를 보완하는 프로그램이 결합되어 운영
되는 위계적 체계(hierarchical system)로서 기능하고 있는 반면에 추가비용급
여체계는 장애인의 주요한 추가비용 범주(보호간병, 이동 및 보호자 소득 감소)
와 관련하여 정책 우선순위가 높은 범주를 중심으로 급여들이 설계되고, 각
각의 급여는 상호 위계적이 아닌 대등한 관계 속에서 독립적으로 운용되는
비위계적 체계(non-hierarchical system)로 기능하고 있음을 확인할 수 있었다.
네 가지 유형으로 구분되는 주요 OECD 회원국의 추가비용급여체계 유형화
결과는 다음과 같다.

〈표 7-3〉 추가비용급여체계의 유형화

유형	국가
사회부조형	일본, 독일, 아일랜드, 프랑스, 네덜란드, 한국
사회수당형	노르웨이, 스웨덴, 오스트리아, 영국, 이탈리아
사회보험 · 사회수당 혼합형	핀란드
사회보험 · 사회부조 혼합형	스페인
사회수당 · 사회부조 혼합형	호주, 덴마크

3. 한국의 장애소득보장제도

1) 우리나라 장애인의 경제 상태

여기에서는 우리나라 장애인이 경험하고 있는 경제적 어려움이 구체적으로 어떻게 나타나고 있는지를 2017년 장애인 실태조사 결과를 중심으로 살펴보고자 한다. 먼저 장애인 중 자신의 주관적 소속계층을 상류층 혹은 중산층으로 인식하는 비율은 38.5%로, 지난 2014년 조사에 비해 다소(5.9%) 높아졌으나, 여전히 전체 장애인가구의 61.5%는 자신의 가구를 경제적으로 어려운 저소득 가구(일반 가구의 1.5배)로 인식하고 있었다.

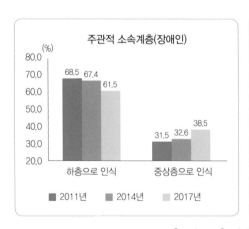
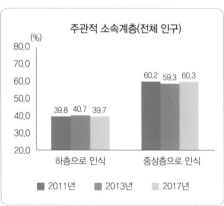

[그림 7-1] 장애인의 소속계층

출처: 김성희 외(2018). 2017년 장애인 실태조사.

이어서 2017년 장애인가구의 월평균 소득은 242.1만 원으로 전국 월평균 가구 소득(2017년 기준 361.7만 원)의 66.9%에 불과하였으며, 장애인가구의 월평균 지출액은 190.8만 원으로 전국 월평균 가구 지출(2017년 기준 276.1만 원)의 69.1% 수준으로 나타났다.

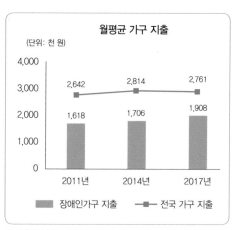

주: 전국 가구 소득은 전국 1인 이상 가구 월평균 소득   주: 전국 가구 지출은 전국 1인 이상 가구 월평균 지출
(통계청)   (통계청)

[그림 7-2] **장애인가구의 월평균 소득과 지출**

출처: 김성희 외(2018). 2017년 장애인 실태조사.

한편, 장애로 인한 평균 추가 소요비용은 월 165.1천 원으로 2014년의 164.2천 원과 거의 비슷하였으며, 추가비용 영역에서는 의료비(65.9천 원) 지출이 가장 많았으며, 이어서 부모 사후 및 노후대비비(22.9천 원), 보호간병비(20.6천 원), 교통비(20.5천 원)의 순으로 나타났다.

장애 유형별로는 신체내부장애(268.6천 원), 정신적 장애(238.7천 원), 신체외부(감각장애 제외)장애(176.5천 원), 감각장애(87.2천 원)의 순으로 나타났다. 세부 항목에서는 신체외부장애의 경우 의료비, 보호·간병비, 교통비에서, 정신적 장애의 경우 의료비, 보육·교육비, 부모 사후 및 노후대비비에서, 그리고 신체내부장애의 경우 의료비에서 높게 나타났다. 장애 정도별로는, 중증장애(1~3급)의 추가비용 242.5천 원이 경증장애(4~6급)의 104.8천 원에 비해 높게 나타났으며, 세부 항목별로 살펴보면, 중증장애(1~3급)는 추가비용 중 의료비, 보호·간병비 비중이 높았고, 경증장애(4~6급)는 의료비, 부모 사후 및 노후대비비, 교통비의 비중이 높았다.

<표 7-4> **장애로 인한 추가 소요비용(월평균)** (단위: 천 원)

구분	2011년	2014년	2017년
월평균 총 추가비용	160.7	164.2	165.1
교통비	22.8	25.6	20.5
의료비	56.8	66.0	65.9
보육 · 교육비	6.0	4.1	8.0
보호 · 간병비	14.1	13.6	20.6
재활기관 이용료	1.9	4.2	4.8
통신비	9.6	9.9	9.8
장애인보조기기 구입 · 유지비	31.7	18.9	7.2
부모 사후 및 노후대비비	5.4	16.8	22.9
기타	12.3	5.1	5.4

출처: 김성희 외(2018). 2017년 장애인 실태조사.

　이렇듯 비장애인가구에 비해 현저하게 소득이 낮은 상태에서 장애로 인한 추가비용까지 지출하고 있는 상황은 결국 장애인이 비장애인에 비해 높은 빈곤율을 유지하게 하는 근본적인 요인이 되고 있다. 2017년 기준 전체 장애인 중 절대빈곤층이라고 할 수 있는 국민기초생활보장 수급자 비율은 16.7%로서, 이는 같은 해 전체 국민의 수급자 비율인 3.2%보다 무려 5.1배 높은 수준이다.

　결과적으로 장애인들이 현재 경험하고 있는 경제적 어려움은 사회나 국가에 대한 요구사항에서도 나타나는데, 장애인들이 첫 번째 요구로 꼽은 것은 소득보장으로 전체의 41.0%가 희망하였으며, 이어서 의료보장(27.6%), 고용보장(9.2%)의 순으로 나타났다. 의료보장에 대한 욕구의 주 내용이 장애의 지속적 관리 및 유지를 위해 수준 높은 의료서비스를 저렴한 비용으로 이용하고 싶어 하는 욕구라는 점에서 사실 의료보장의 욕구는 소득보장 욕구의 한 범주 혹은 또 다른 표현으로 간주해도 무방하다고 판단되며, 고용보장 역시 소득보장과 함께 장애인의 경제적 자립 및 지원을 목적으로 하는 제도라는 점에서 소득보장의 또 다른 요소라고 볼 수 있다.

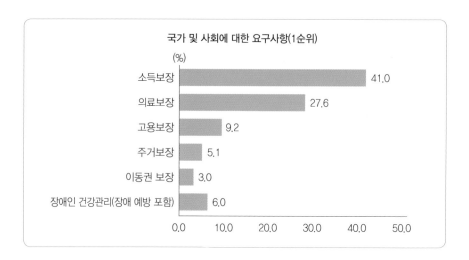

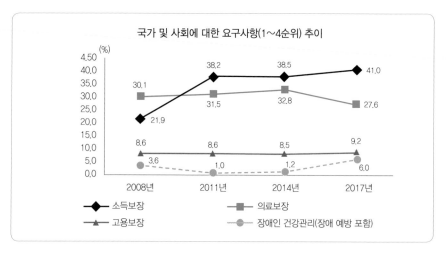

[그림 7-3] **장애인의 국가 및 사회에 대한 요구사항**
출처: 김성희 외(2018). 2017년 장애인 실태조사.

2) 우리나라 장애소득보장제도 현황과 문제점

이렇듯 경제적으로 많은 어려움을 겪고 있는 장애인을 지원하기 위한 소득
보장제도로서 우리나라는 1988년 국민연금(장애연금) 도입 이후, 1990년 장
애수당 도입, 2002년 장애아동수당 도입, 2010년 장애인연금 도입에 이르기

까지 지속적으로 장애급여를 확충해 왔으며, 형식적으로는 주요 선진국과 마찬가지로 다층의 소득보전급여체계와 추가비용급여체계를 구축하여 운용하고 있다고 할 수 있다.

〈표 7-5〉 **우리나라 장애소득보장체계 현황**

	구분	소득보전급여	추가비용급여	목적
2층	공적연금	장애연금	-	소득활동 중 발생한 장애로 인한 소득중단(소득감소)에 대한 보상
1층	범주형 사회부조	장애인연금 (기초급여)	장애인연금 (부가급여) 장애수당 (장애아동수당)	공적연금 사각지대 해소 및 빈곤 예방
0층	일반 사회부조	국민기초생활 보장제도 (생계급여 등)		최저생활보장

먼저 소득보전급여체계가 어떻게 구성되어 있는지를 살펴보면, 1차 안전망으로서 장애연금(국민연금), 2차 안전망으로서 장애인연금 기초급여, 3차 안전망으로서 국민기초생활보장제도 생계급여가 있다.

〈표 7-6〉 **우리나라 장애소득보전급여체계**

구분	유형	제도 명 및 내용
1차 안전망	사회보험	• 장애연금(국민연금) -가입 후 발생한 질병 혹은 부상이 치료 후에도 신체 또는 정신적 장애가 있는 자로서 「국민연금법」상 장애등급이 1~4급인 자(단, 4급인 경우에는 장애일시보상금 지급) -평균 장애연금 지급액 372천 원(2016년 말 기준)
2차 안전망	범주형 사회부조	• 장애인연금(기초급여) -18~64세의 「장애인복지법」상 장애등급이 1, 2급 및 3급 중복인 자로서 소득하위 70% 이하인 자 -최고 25만 원 ※ 장애인연금(기초급여) 수급자가 65세가 되면 기초연금 수급자로 변경됨

3차 안전망	일반 사회부조	• 국민기초생활보장제도(생계급여) －소득인정액이 생계급여 기준선 이하(2018년 말 기준 중위소득 30% 이하인 자)인 전체 국민 대상의 보편적 사회부조로서, 장애인가구에 대한 별도의 생계급여 기준 없음

한편 추가비용급여체계는 성인 중증장애인을 대상으로 한 장애인연금 부가급여, 성인 경증장애인을 대상으로 한 장애수당, 그리고 장애아동을 대상으로 한 장애아동수당으로 이루어져 있다.

〈표 7-7〉 **우리나라 장애 추가비용급여체계**

구분	유형	제도 명 및 내용
성인	사회부조	• 장애인연금(부가급여) －만 18세 이상으로서 「장애인복지법」상 장애등급이 1, 2급 및 3급 중복인 자로서 소득하위 70% 이하인 자 －기초보장 수급자 8만 원, 차상위계층 7만 원, 차상위 초과자 2만 원(2018년 말 기준)
성인	사회부조	• 장애수당 －만 18세 이상으로서 국민기초생활보장 수급자 및 차상위계층이면서 장애등급이 3~6급인 자 －월 4만 원(2018년 말 기준)
아동	사회부조	• 장애아동수당 －국민기초생활보장 수급자 및 차상위계층이면서 만 18세 미만인 장애아동 －기초보장 수급자 중증 월 20만 원, 차상위계층 중증 월 15만 원, 기초보장 수급자 및 차상위계층 경증 월 10만 원 지급(2018년 말 기준)

이렇듯 다양한 장애소득보장제도를 운용하고 있지만 장애인가구의 소득이 전체 가구의 2/3에 불과하고 절대빈곤층 비율은 전체 국민의 5.1배에 이를 만큼 열악한 장애인의 경제 상태는 쉽게 개선이 되지 않고 있다. 이는 현

재 실시되고 있는 장애소득보장제도의 효과가 크지 않다는 것을 말해 주는 것이라고 할 수 있다.

구체적으로 우리나라의 장애소득보장제도가 지니고 있는 문제점을 꼽아 보자면, 우선 장애급여를 필요로 하는 장애인에 비해 현재 장애급여를 지급받고 있는 장애인 비율, 즉 장애급여 수급률이 낮다는 점을 들 수 있다. 이를 입증하는 실례로서, 2010년 기준 OECD 국가의 평균 장애급여 수급률은 5.7%인 데 비해 우리나라의 장애급여 수급률은 1.6%에 불과하였다. 또한 장애급여의 지급액이 장애인의 욕구를 충족하는 데 역부족이라는, 즉 지급액이 낮다는 점 역시 주요한 문제점이라고 할 수 있으며, 마지막으로 장애급여 대상자 선정 기준의 정합성이 낮다는 점, 특히 장애로 인해 소득활동을 하기 어려운 장애인의 최저생활보장을 위해 지급되는 소득보전급여 대상자 선정이 의학적 손상 중심의 평가에 의해 이루어짐으로써 능력 제약과 사회환경적 요인이 근로능력에 미치는 영향이 고려되지 않고 있다는 점이 시급히 개선되어야 할 문제라고 할 수 있다.

지금까지 언급한 우리나라 장애소득보장제도의 문제점을 보다 입체적으로 이해하기 위해 현 제도 중에서 수급자 수가 가장 많고 소요 예산도 가장 큰 장애인연금 기초급여가 국제 비교적 관점에서 어느 정도 수준인지를 비교해 보고자 한다. 이를 위해 우리나라의 장애인연금과 유사한 성격을 가지고 있는 여덟 개 OECD 회원국의 장애인연금을 비교 분석하였다.

우선 지급 대상 기준으로서 장애 요건의 비교 결과를 살펴보면, 노르웨이, 네덜란드, 스웨덴, 핀란드, 덴마크, 아일랜드 등 6개국이 장애로 인해 근로능력을 상실했거나 심각한 손상을 입어 정상적인 소득활동이 어려운 상태를 비기여 연금을 수급할 수 있는 장애 요건으로 설정한 반면에, 이탈리아, 일본 및 우리나라는 의학적 손상 중심의 장애등급(장애율)에 의한 중증장애를 장애 요건으로 설정하였음을 알 수 있다. 장애인연금이 장애가 초래하는 근로능력 손상으로 인한 소득활동의 어려움 혹은 고용기회의 배제에서 비롯된 경제적 비보장에 대응하여 현금급여 지급을 통해 장애인과 그 가족의 최저생활을 보장하기 위한 목적의 소득보전급여임을 고려할 때, 수급요건으로서 장애평가의 핵심 요소는 개인의 의학적 손상이 근로능력(소득활동능력)을 어느 정도 손상시켰는지를 확인하는 것이어야 한다. 따라서 근로능력 상실 정도에 대한 객관적 평가가 고려되지 않은 채 단순한 의학적 손상 수준에 근거하여 비기여 연금 지급 여부를 결정하고 있는 이탈리아, 일본 및 우리나라는 다른 국가와 비교할 때 정책 효과성이 낮을 수밖에 없다.

　자산조사를 어떻게 하는지를 살펴보면, 노르웨이와 네덜란드는 자산조사를 실시하지 않고 있으며, 덴마크와 이탈리아는 장애인 개인의 소득만을 조사하고 있다. 한편 일본은 장애인과 배우자의 소득만을 조사하고 있으며, 아일랜드와 우리나라는 장애인과 배우자의 소득 및 재산을 모두 조사함으로써 비교 국가들 중에서 가장 엄격한 자산조사방식을 시행하고 있음을 확인하였다.

　가장 정책적 관심이 높은 급여수준의 경우, 금액상으로는 이탈리아와 우리나라를 제외한 일곱 개 국가 모두 월 100만 원을 상회하였는데, 가장 지급액이 높은 국가는 덴마크로 월 3,337천 원이었으며, 가장 낮은 국가는 우리나라로 월 200천 원이었다. 아홉 개 국가의 비기여 연금 지급수준을 좀 더 객관적으로 비교하기 위해 월 지급액을 해당 국가의 평균소득으로 나누어 본 결과, 우리나라를 제외한 모든 국가에서 장애인연금의 평균소득 대비 비중이 10%를 초과하였고 평균은 23.6%에 이르렀다. 평균소득 대비 비중이 가장 높은 국가는 덴마크로서 무려 50.8%에 달하였으며, 이어서 네덜란드 25.8%, 아일랜드 24.0%, 핀란드 20.0%, 일본 19.8% 등의 순이었다. 우리나라의 경우에는 평균소득 대비 비중이 6.3%로서 주요 선진국과의 격차가 현격하였다.

〈표 7-8〉 주요 선진국의 장애인연금 비교

구분		노르웨이	네덜란드	스웨덴	핀란드
제도 명		Grunnpensjon (uførepensjon)	Wet arbeidsongeschiktheidsvoorziening jonggehandicapten (Wajong)	Grantiersättning (sjuk-och aktivitetsersättning)	Työkyvyttömyyseläke
장애 기준		근로능력 손상 50% 이상	17세 전에 발생한 장애로 25% 이상의 근로능력 손상	최소 25% 이상 근로능력 손상	적합직종에서의 영구적 근로 무능력
자산 조사	종류	안 함	안 함	기여연금소득 (장애인)	기여연금소득 (장애인)
	범위				
급여 수준[1]	지급액	6,601크로나 (1,292천 원)	1,446.60유로 (2,109천 원)	983유로 (1,433천 원)	608.63유로 (887천 원)
	평균 소득 대비	18.0%	25.8%	16.9%	20.0%
재원		조세+연기금	조세	조세	조세

구분		덴마크	아일랜드	이탈리아	일본	한국
제도 명		Førtidspension	Disability Allowance, Blind Person's pension	Pensione d'invalidità civile(assegno mensile di assistenza)	障害期初年金	장애인연금 (기초급여)
장애 기준		어떤 종류의 유급 고용에 종사할 수 없을 만큼 영구적인 근로능력 상실	적합직종에서의 근로 불가능(등록 시각 장애인)	최소 74% 이상의 장애율	20세 전 장애 발생자로서 1, 2급	1, 2급 및 3급 중복
자산 조사	종류	소득 (장애인)	소득+재산 (장애인, 배우자)	소득 (장애인)	소득 (장애인, 배우자)	소득+재산 (장애인, 배우자)
	범위					

급여 수준 1)	지급액	17,075크로나 (3,337천 원)	752유로 (1,096천 원)	278.1유로 (405천 원)	88천 엔 (1,052천 원)	200천 원
	평균 소득 대비	50.8%	24.0%	13.5%	19.8%	6.3%
재원		조세	조세	조세+연기금	연기금	조세

주: 1) 급여수준은 2012년 1월 1인 가구 기준 기본급여 월 최고액이며(단, 한국은 2014년 7월 기준임), 평균소득 대비 비중은 2007년 추정치임.

출처: 1) EU, MISSOC.

  2) OECD (2011). *Pensions at a Glance*.

  3) 네이버 환율정보(2012.01.02 17:49 63회차 외환은행 고시기준 매매기준율 적용).

4. 한국 장애소득보장제도의 과제와 전망

우리나라의 장애소득보장제도를 선진화하기 위해서는 무엇보다 기존 소득보장제도를 강화하는 것을 목표로 장애소득보장의 예산 비중을 지속적으로 제고하는 노력이 필요하다. OECD 회원국과 비교할 때 우리나라는 전체 장애인복지예산에서 현금급여가 차지하는 비중이 적으며, 이는 OECD 회원국 중에서 두 번째로 높은 장애인 빈곤율을 유지하게 하는 주된 요인으로 작용하고 있다(OECD, 2010). 따라서 이러한 현실을 고려하여 현재의 장애소득보장체계의 틀을 유지하면서 장애연금, 장애인연금 및 장애수당 등 개별 장애급여의 확대를 내용으로 하는 단기적 발전 방안을 추진할 필요가 있다. 더불어 장기적인 관점에서 소득보장제도의 효율성을 추구하기 위해 현재의 장애 소득보장체계를 주요 선진 외국과 같이 소득보전급여체계 중심으로 재편하고 보호수당과 같은 새로운 장애급여를 도입하며 고용서비스와의 연계가 가능하도록 하는 개혁적인 조치들이 이루어져야 할 것이다. 이러한 개편의 기본 방향에 따른 구체적인 추진 과제는 다음과 같다.

1) 국민연금의 역할 확대 및 급여수준 제고

국민연금은 장애가 초래하는 경제적 비보장에 대한 1차의 사회안전망이라고 할 수 있으나, 장애인 중 국민연금에 가입한 비율이 34.1%에 불과하고 장애연금 수급자가 전체 등록장애인의 3.3%에 불과한 점 등으로 미루어 볼 때, 국민연금이 장애에 대한 실질적이고 유효한 소득보장제도가 되기 위해서는 다양한 제도 개선을 수반하는 국민연금의 역할 확대가 무엇보다 중요하다.

첫째, 중증장애인에 대한 사회보험료 지원을 통해 국민연금 가입률을 제고해야 할 것이다. 독일의 경우 중증장애인의 재활과 취업기회를 제공하기 위해 운영되는 공인작업장에서 근로하는 중증장애인의 연금보험료 등 사회보험료는 모두 국고에서 부담하고 있다는 점을 고려할 필요가 있다(우해봉 외, 2010). 최근 도입된 영세 사업장 근로자에 대한 국민연금 및 고용보험 보험료 지원(일명, 두루누리 사업)과 자영자 등에 대한 보험료 지원의 필요성이 제기되고 있는 시점에서 보다 열악한 지위에 있는 이들 중증장애인에 대해서도 추가적인 사회보험료 지원을 통해 연금사각지대 완화에 어느 정도 기여할 것으로 예측된다.

둘째, 국민연금 비가입자에 대한 재정적 지원을 통해 국민연금 가입을 유도하는 직접적인 가입 제고 방안과 더불어 장애인 가입자를 대상으로 노령연금 조기특례제도를 도입한다면 자연스럽게 장애인에 대한 국민연금 가입을 유도할 수 있을 것으로 판단된다. 독일의 경우 중증장애인에 대해서는 노령연금 지급연령(일반인 67세, 중증장애인 65세)이 일반인보다 낮고, 조기노령연금 수급도 일반인보다 1년 일찍 수급을 허용(일반인 63세, 중증장애인 62세)한다는 점을 고려할 필요가 있다. 이러한 논리는 장애인이 비장애인에 비해 기대 여명이 짧다는 점에 근거한 것이다.

셋째, 현행 국민연금 장애 개념 확대를 통해 대상 범위를 확대할 필요가 있다. 즉, 현재 국민연금제도에 적용되는 장애는 신체적·의학적 장애를 기준으로 적용되고 있다. 국제적으로도 장애의 개념을 이에 국한하지 않고 근로능력의 상실 정도로 장애를 판단하는 추세인 점을 고려할 때 보다 적극적으로 장애의 개념을 신체적 의학적 관점에서 노동활동 중심적으로 확대 전환할 필요가 있다고 본다.

넷째, 선천성 장애 등 장애연금 지급 대상이 아닌 경우에도 일정 정도 이상의 가입기간을 달성한 장애인에 대해서는 장애연금 특례를 적용할 필요가 있다. 예를 들어, 국민연금제도 도입 전 혹은 가입 이전에 「장애인복지법」상 등록장애인인 경우 국민연금제도에 아무리 기여하더라도 동일 장애에 대해서는 장애연금을 수급할 수 없고 노령연금 수급 대상자로만 가능하다. 또한, 동 가입자가 국민연금제도에 가입하여 보험료를 납부하는 과정에서 해당 장애가 악화되더라도 동일 장애에 대해서는 그 수급권을 인정하고 있지 않다. 반면, 장애연금 수급권자로서 장애가 악화 혹은 완화될 경우 장애등급이 조정되어 적용된다는 점과 비교할 때 형평성 문제도 존재할 수 있다고 판단된다. 또한, 독일이나 일본의 경우 일정기간 이상(예: 20년 혹은 25년) 보험료를 납부할 경우 공적연금 가입 전 장애에 대해서도 장애연금 수급 대상자가 될 수 있는 예도 존재한다. 따라서 우리나라의 경우도 10년 이상(혹은 15년 이상) 보험료를 납부한 자로서 해당 장애의 악화로 근로능력을 상실한 경우 장애연금 수급권을 인정하는 방안을 적극적으로 검토할 필요가 있다고 판단된다.

2) 장애인연금 지급 대상 확대 및 지급액 인상

장애인연금이 주요 OECD 회원국에서와 같이 공적연금의 사각지대를 해소하고 중증장애인의 생활안정에 실질적으로 기여할 수 있는 장애급여로서 운용되기 위해서는 무엇보다 지급 대상과 지급액을 지속적으로 확대할 필요가 있다.

먼저 지급 대상 확대와 관련하여, 기초연금의 지급 대상을 65세 이상 노인

소득 하위 70%로 설정하고 있는 것을 참고하여, 장애인연금의 지급 대상을 중증장애인 소득하위 70%로 설정하고 있는데, 중증장애인의 월평균 소득이 노인보다 낮다는 점을 고려할 때 향후에도 지속적으로 지급 대상을 확대하는 조치가 있어야 할 것이다.

또한 급여수준 역시 지속적인 인상이 불가피하다. 최근 법률 개정을 통해 기초급여의 지급액이 현재의 두 배 수준인 최고 25만 원까지 인상되었으나, 장기적으로는 우리나라의 장애인연금과 유사한 주요 선진국의 급여수준이 평균소득대비 23%에 이르고 있음을 감안할 때, 장애인연금의 평균소득대비 비중이 현재의 6.8%에서 최소한 10%에 도달할 때까지 단계적으로 확대해야 할 것이다. 더불어 지급액 인상과 관련한 단기 목표로서, 물가변동률과 연동되어 매년 지급액이 인상될 수 있는 가능성을 담보하고 있는 기초급여와 달리 부가급여는 지급액 인상이 불확실하다는 점에서, 중증장애인의 월평균 추가비용인 월 24만 원을 목표로 매년 지속적으로 인상할 수 있는 법적 장치를 마련해야 할 것이다.

3) 국민기초생활보장제도 수급 요건에 장애인가구 특성 반영

무엇보다 최후의 사회안전망으로서 역할을 하고 있는 국민기초생활보장제도 내에 장애인가구 특성을 고려하는 장치, 즉 생계급여 지급을 위한 소득인정액 산정 시 장애인가구의 다양한 소득 공제 요소 도입을 마련함으로써 실질적 빈곤을 경험하고 있는 장애인가구의 생계를 보장해야 할 것이다.

장애인의 경우 의료비, 보장구비 등 장애로 인한 추가비용은 지출하지 않으면 일상생활을 유지할 수 없고 생명마저 잃을 수 있는 불가피한 지출을 하고 있는 상황에서 장애인가구는 장애로 인한 추가비용 때문에 비장애인가구와 동일한 소득이라 하더라도 실제 생활에 쓸 수 있는 소득은 비장애인가구보다 더 낮다고 할 수 있다. 따라서 현행 수급자 선정을 위한 소득인정액 조사 시 장애인가구의 경우에는 다양한 추가비용에 대한 소득공제를 도입함으로써 실질적으로 빈곤을 경험하고 있으면서도 국민기초생활보장제도의 사각지대에 놓여 있는 상당수의 저소득 장애인가구를 수급 대상에 포함시켜야 할 것이다.

둘째, 기초보장제도 수급자 선정 시 적용하고 있는 부양의무자 기준을 장애인에 대해서는 완화하거나 폐지할 필요가 있다. 장애인가구의 경우 장애인가 있음으로 인해 장애인 본인은 노동시장에 참여하는 것이 제약되고 있으며, 가족은 장애인을 부양하기 위해 일을 하지 못하는 이중의 부담을 지고 있다. 따라서 장애인가구 중에서 중증장애인이 있는 장애인가구에 대해서는 수급자 선정 시 부양의무자기준을 완전히 적용하지 않는 방안이 마련될 필요가 있다. 이는 장애인에 대해서는 국가가 책임을 지고 생활을 유지할 수 있도록 지원하는 근거가 될 수 있다. 이 경우 부양의무자로서 소득과 자산이 충분히 있음에도 도덕적 해이로 인해 장애인의 부양책임을 지지 않는 가구가 발생할 수도 있으나, 장애인들이 비장애인가구에 비해 어려운 생활을 유지하고 있다는 점에서 일정 부문 발생할 수 있는 도덕적 해이에 대해서는 강력한 벌칙제도의 도입을 통해 이를 방지하는 방안을 강구할 수 있을 것이다.

4) 고용서비스와의 연계 가능한 장애소득보장체계로의 개편

장애인과 가족이 장애가 초래한 경제적 어려움에서 벗어나 안정적인 생활을 할 수 있도록 하기 위해서는 소득보장이라는 동일한 목적을 갖고 있는 장애인 소득보장제도와 고용서비스가 긴밀히 연계되도록 할 필요가 있으며, 이를 위한 구체적인 제도 개선 방안은 다음과 같다.

첫째, 소득보전급여와 고용서비스와의 적극적 연계를 추진하기 위해서 소득활동능력평가에 따라 소득보전급여 및 고용서비스를 차별화한다.

둘째, 소득활동능력평가에 기반을 둔 소득보전급여로서의 속성을 공유하

고 있는 장애연금과 장애인연금의 수급자격기준으로서 소득활동능력평가
기준을 통일한다.

셋째, 장애연금과 장애인연금에서의 동일한 소득활동능력평가 결과에 따
른 소득보전급여와 고용서비스의 연계는 다음과 같이 실시한다.

- 소득활동능력이 없거나 심각한 제약을 경험하고 있는 장애인의 경우 소
  득보전급여(장애연금과 장애인연금)의 지급액수준을 강화한다.
- 부분적 소득활동능력이 있는 장애인의 경우 소득보전급여(낮은 수준의
  장애연금과 장애인연금)를 일정기간 지급하되 그 기간 동안에 집중적인
  맞춤형 고용서비스를 제공하여 취업을 유도한다.
- 소득활동능력에 제약이 거의 없는 장애인의 경우 소득보전급여 대상에
  서 배제하되, 보편적 고용서비스 강화를 통해 취업을 유도하고 저소득

⟨표 7-9⟩ **소득활동능력에 따른 장애 소득보전급여 및 고용서비스 연계 모형**

소득활동능력 (장애) 정도	소득보전 급여 (장애연금/장애인연금 기초급여/기초보장제도)				고용서비스
	기여 여부	1차 안전망	2차 안전망	3차 안전망	
소득활동능력 완전 상실 (완전장애)	기여	완전 장애연금	–		원칙적으로 고용서비스 대상은 아니나, 장애인고용서비스(보호고용, 지원고용) 참여 가능
	비기여	–	완전 장애인연금		
소득활동능력 부분 상실 (부분장애)	기여	부분 장애연금	–		장애인 고용서비스(의무고용, 보호고용, 지원 고용 등)
	비기여	–	부분 장애인연금		
소득활동능력 양호	기여	실업급여		국민기초 생활 보장제도	보편적 고용서비스(취업성공 패키지 등) 또는 장애인 고용서비스(장애인 취업성공 패키지, 장애인 일자리사업) 등
	비기여		실업부조		

주: 음영 부분은 현재에는 운용되지 않고 있으나 향후 도입이 필요한 제도를 의미함.

근로자를 대상으로 하는 근로장려세제 등을 연계하여 자립을 유도한다.

5) 보호수당 및 장애인 장려세제 도입

주요 선진 외국에서 시행하고 있으나 우리나라에는 아직 도입되어 있지 않은 장애급여로서 보호수당과 장애인 장려세제를 도입한다. 이때 보호수당은 장애인을 보호함으로써 소득활동을 하지 못하는 보호자의 기회비용을 보전하기 위한 목적의 급여를 의미하며, 장애인 장려세제는 장애 특성을 고려하여 장애인 근로자 가구의 생활안정을 제고하고 근로유인을 강화할 수 있는 근로유인형 장애급여를 의미한다.

우선적으로 근로장려금, 아동장려금 등 저소득 근로자 가구 대상의 근로

〈표 7-10〉 **주요 선진 외국의 보호자수당**

국가	제도명칭	연령	장애 및 기타 요건	지급액
아일 랜드	보호자수당 (Carer's Allowance)	18세 이상	지속적 보호가 필요한 자가 있으며, 일정 소득 이하인 자	• 1인 보호자: 최고 월 856유로(*66세 이상인 경우 월 928유로) • 2인 이상 보호자: 최고 월 1,284유로(*66세 이상인 경우 월 1,392유로) ※ 2008년 기준
영국	보호자수당 (Carer's Allowance)	16세 이상	AA 또는 DLA(Care component 중간 및 최고수준 수급자) 수급자를 주 35시간 이상 보호하는 자로서 일정 소득 이하인 자	최고 월 213.8유로(2008년)
덴마크	보호자수당 (Tabt arbejdsfortjeneste)		장애아동 보호로 인해 임금 손실을 겪고 있는 보호자	증명된 임금 손실 수준에 따라 급여수준 결정(2012년 최초 수급자는 월 2,632유로)

장려세제가 최근 확대되고 있는 점을 고려하여 동일한 성격의 급여인 장애인
장려세제를 도입하며, 이어서 영국, 아일랜드, 덴마크 등 보호수당을 지급하
고 있는 국가의 사례를 참조하여 저소득 가구를 중심으로 보호수당을 도입할
필요가 있다.

참고문헌

국민연금공단 국민연금연구원(2012). **국민연금통계연보 2011**. 서울: 국민연금공단.

김성희, 이연희, 오욱찬, 황주희, 오미애, 이민경, 이난희, 오다은, 강동욱, 권선진, 오
　　혜경, 윤상용, 이선우(2018). **2017년 장애인 실태조사**. 서울: 보건복지부, 한국보
　　건사회연구원.

보건복지부(2013). **2012 보건복지백서**. 서울: 보건복지부.

우해봉, 김헌수, 김성숙, 이용하, 강성호, 권혁진, 김경아, 유호선, 홍성우(2010). **아동
　　기 장애인 소득보장 방안에 관한 연구**. 전북: 국민연금연구원.

윤상용(2013). 장애인 최저소득보장제도 국제 비교 연구: 최저소득보장체계의 국가
　　간 유형화에 기초한 유사 국가군의 비기여 소득보전급여 내용분석을 중심으로.
　　보건사회연구, 제33권 2호. 세종: 한국보건사회연구원.

Community Affairs Reference Committee. (2004). *A Hand Up Not a Hand Out:*
　　Renewing the Fight against Poverty. Report on Poverty and Financial
　　Hardship. The Senate Parliament House, Canberra.

De Jong, P. (2003). Disability and Disability Insurance. In Prinz, C. (Ed.). *European*
　　Disability Pension Policies: Eleven country trends 1970-2002. Ashgate.

Dixon, J., & Hyde, M. (2000). A Global Perspective on Social Security Programmes
　　for the Disabled People, *Disability & Society, 15*(5), 709-730.

European Union. MISSOC(Mutual Information System on Social Protection.

Jones, A., & O'Donnell, O. (1995). Equivalence scales and the cost of disability.
　　Journal of Public Economics, 56(2), 273-289.

Kuklys, W. (2004). *A Monetary Approach to Capability Measurement of the Disabled Evidence from the U.K.* Max Plank Institute of Economics. Discussion Paper on Strategic Interaction.

OECD (2003). *Transforming Disability into Ability.* Paris: OECD.

OECD (2010). *Sickness and Disability Policies Synthesis Report.* Paris: OECD.

OECD (2011). *Pensions at a Glance.* Paris: OECD.

Saunders, P. (2007). The Costs of Disability and The Incidence of Poverty. *Australian Journal of Social Issues, 42*(2), 461–480.

Tibble, M (2006). *Review of existing research on the extra costs of disability.* Department of Work and Pensions. Working Paper No. 21.

Zaidi, A., & Burchardt, T. (2003). *Comparing incomes when Needs differ: Equivalisation for the Extra Costs of Disability in th UK.* Centre for Analysis of Social Exclusion Paper No. 64.

제8장

•

노후소득보장

급속한 고령화와 기대수명 연장으로 인해 노후의 소득보장은 노후의 삶의 질 측면에서 중요한 요인으로 자리 잡고 있다. 이 장에서는 노후소득을 보장하기 위한 연금제도에 중점을 두어 세계 각국의 노후소득보장 체계를 비교 분석하여 국내의 현실을 객관적인 관점에서 파악하는 데 도움을 주고자 한다. 마지막으로, 국내의 노후소득보장 확보를 정책적 제안과 최근 이슈들을 포함하고 있다.

1. 노후소득보장과 연금

1) 노후와 연금[1]

기대수명의 급속한 증가로 과거 극소수만 누렸던 노후의 삶이 보편적으로 확대되면서 노후소득보장에 대한 사회·정책적 관심도 증가하고 있다.

역사적으로 1500년과 1900년 사이 서유럽과 미국 거주자들의 평균 수명
이 35~45세였던 시기에 노후의 삶은 일부 층에게만 허용되었다(McDonald,

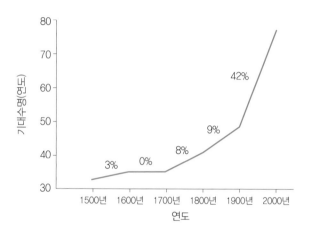

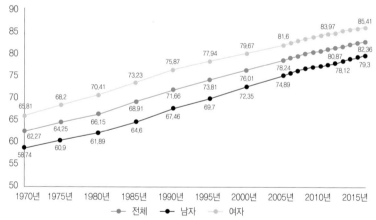

[그림 8-1] 서유럽과 미국의 기대수명 변화(1500~2000년)와
한국의 기대수명 변화(1970~2016년)

출처: 1. McDonld, R. (2017). 노화의 생물학, p. 2.

　　　2. 통계청 (2018a). kosis.kr

　　　http://www.index.go.kr/potal/stts/idxMain/selectPoSttsIdxMainPrint.do?idx_cd=4035
　　　&board_cd=INDX_001

---

1) 연금(pension)은 장애, 노령, 유족 등의 다양한 형태가 존재하지만 본 글에서는 노령으로 발생하는
　사회적 위험에 대한 보험기능 및 소득재분배 기능을 수행하는 노령연금을 중심으로 기술하였다.

2017). 극소수의 사람에게만 해당되는 노후의 삶에 대해 정책적 관심은 불필요했다. 하지만 세계적으로 1900년대 이후 생활수준 향상과 과학기술의 발달로 수명이 현저히 증가하게 되면서 노후를 경험하는 사람들이 확대되었다. 급속한 경제발전을 경험한 한국의 경우도 예외는 아니다. 한국 여성의 경우 1936년 기대수명이 44.7세에 불과하였으나, 1970년 66세, 2016년 85세로 빠르게 증가하였고, 2030년에는 90.8세로 세계에서 가장 오래 살 것으로 전망되고 있다(통계청, 2018a; Kontis et al., 2017).

노후 삶의 기간과 대상자가 확대되면서 노후의 삶을 어떻게 준비해야 하는가에 대한 관심은 개인적으로뿐만 아니라 국가적으로도 중요한 과제가 되었다. 특히, 산업화를 먼저 경험했던 서구의 국가들은 노후에 일을 하지 못함으로써 발생하는 경제적 결핍에 대비하여 안정적인 소득을 보장하기 위한 '노후소득보장제도'를 구축해 오고 있다. '장수의 대중화(popularity of longevity)'로 인해 '노후소득보장제도'는 퇴직 이후 발생하는 소득상실 위험을 단순히 가족구성원 개인이나 가족 단위에서 해결해야 할 문제로 인식하지 않고, 국가와 사회가 함께 해결해야 할 중요한 정책과제로 간주하고 있다. 또한 기대수명의 증가로 개인이 은퇴 이후 필요한 자금수준이 확대되면서 '장수 위험(longevity risk)'에 대비한 노후소득보장의 필요성에 대한 인식이 크게 높아졌다(노형식, 2011).

노후소득보장제도의 대표적인 것이 연금(pension)이다. 일반적으로 연금은 근로활동 기간 동안 일정 금액을 일정 기간 동안 적립하여 특정 연령에 도달하는 퇴직 시기부터 일정 기간 동안 규칙적으로 수령할 수 있도록 만든 현금의 흐름을 의미한다(Blake, 2006). 연금은 크게 국가권력과 법률에 의하여 강제적으로 관리·운영·시행되는 공적연금과 민간회사에서 운영하는 선택적(또는 강제성이 적은) 사적연금으로 구분된다. 공적연금은 직역의 특수성에 따라 국민연금과 특수직역연금으로 구분되며, 사적연금은 근로자를 위한 퇴직연금과 일반인을 대상으로 하는 연금저축으로 구분된다.

[그림 8-2] **우리나라의 연금제도**

주: 1) 1994년 개인연금저축이 도입되었고, 2001년 연금저축의 도입으로 개인연금저축의 신규가입
    은 중지되었으나 기존 가입자의 경우 지속됨.
출처: 강성호(2017)과 이상우(2017),정원석, 강성호, 이상우(2014)를 저자가 재구성.

2) 공적연금의 역사

　노후소득에 가장 취약한 연금수급자를 보호하기 위해 선진 복지국가들은
정부가 운영하는 공적연금을 우선적으로 발전시켜 왔다. 세계에서 최초로
공공 측면에서 노후소득보장제도를 실시한 국가는 독일이다. 19세기 말 독
일은 농업사회에서 산업사회로 전환해 가는 과정에서 빈곤한 근로자들이 증
가하면서 사회적 불안정성이 증대되고 공산주의 확대가 우려되었다. 1889년
독일의 비스마르크는 당시 황제였던 빌헬름 황제에 대한 충성심과 근로자들
에 대한 유인책으로 사회보험방식의 노령연금제도를 세계 최초로 도입하였
다(이용하 외, 2014). 초기 도입시기의 독일노령연금제도는 1891년부터 육체
노동을 하는 근로자 중 70세 이상이거나 장애의 경우에만 연금을 지급하는
것이었다. 연금기여 기간이 30년 이상이어야 한다는 조건도 있었다. 하지만
당시 45세였던 독일의 기대수명을 고려하면 노령연금 혜택을 받는 대상자는
소수에 불과하였음을 알 수 있다. 따라서 당시 도입된 독일의 노령연금은 노

후소득보장 측면보다는 근로 중 발생한 장애에 대한 지원에 집중되었다.

이후 두 번째로 1891년에 노후소득보장을 위한 공적연금을 도입한 나라는 덴마크이고, 뉴질랜드가 세 번째로 1898년에 도입하였다. 이후 영국과 호주가 1908년에 도입하였다. 하지만 이들 국가들의 공적연금제도는 젊은 시절에 노후를 위해 모든 근로계층이 준비하는 과정이 아닌 조세를 재원으로 빈곤 노인들에게만 지급된 사회부조 형태였다. 19세기말 산업화로 대가족에서 핵가족으로 가구 형태가 변환되면서 더 이상 가족에 의한 노인 부양이 어려워지고 빈곤 노인이 증가하게 되면서 발생하는 사회불안정성 해소가 목적이었던 것이다. 또한 공적연금제도가 도입되었던 20세기 초 당시 기대수명이 약 50세 수준으로 연금수급자가 많지 않았기 때문에 고령층의 소득안정을 위한 새로운 사회부조 형태의 공적연금제도의 도입이 가능할 수 있었다.

세계적 복지국가인 스웨덴은 1913년부터 국민기초연금을 지급하는 연금제도를 도입하고 1914년부터 시행하였다. 당시 67세 이상 남성에게 평균 월급의 22%에 해당되는 금액이 정액으로 지급되었는데 전액 일반세금으로 재원이 마련되었다. 당시 평균수명이 남성 55세였던 상황에서 67세는 너무 높아 실제적으로 혜택을 받은 노인 비율은 매우 낮을 것으로 추정하고 있다(최현혁, 2012). 하지만 개인의 노동 여부에 상관없이 모든 67세 이상 고령층에게 지급된 연금은 고령층의 빈곤 감소에 중요한 역할을 수행하였다. 미국의 경우에는 1929년 시작된 대공황으로 인해 빈곤이 증가하고 사회적 연대를 통한 해결의식이 확대되면서 1935년 「사회보장법(Social Security Act)」을 제정, 1936년에 시행하였다. 사회보장세(social security tax) 징수를 통한 급여지급 형태로 1940년에 지급되기 시작하였다(김성숙, 2008).

우리나라는 1973년 「국민복지연금법」을 제정하여 공적연금을 시작하려고 하였으나, 다음의 주요 네 가지 이유로 진행되지 못했다. 첫째, 당시 노인 인구가 충분히 많지 않았고(1970년 노인 인구비율 3.1%), 둘째, 자녀가 부모를 돌보는 것이 일반적인 인식으로 자리 잡고 있었다. 셋째, 당시 1970년대 초 합

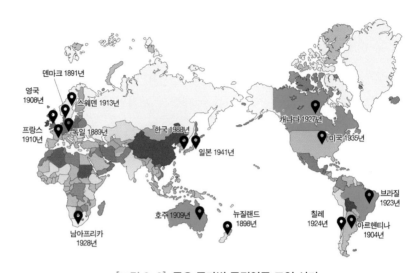

[그림 8-3] 주요 국가별 공적연금 도입 시기

출처: SSA, Social security programs throughout the world 자료를 저자가 재구성.

계 출산율은 4.53으로 높아 사회적 절박성이 크지 않았고, 넷째, 세계오일쇼크로 인한 경제 불안정으로 무기한 연기되었다. 이후 노인 인구의 급격한 증가와 출산율 감소 및 부모 부양 인식 변화로 인해 1986년 국민복지법을 「국민연금법」으로 개정하고, 1988년 1월부터 10인 이상 사업장에 국민연금제도를 시행하게 되었다(이용하 외, 2014).

3) 연금의 유형

(1) 관리운영주체에 따른 연금의 구분

연금의 유형은 관리운영주체에 따라 국가가 운영하는 공적연금과 기업이 주체가 되는 퇴직연금, 개인이 주체가 되는 개인연금으로 분류할 수 있다. 퇴직연금과 개인연금은 관리운영주체가 민간부문이기 때문에 사적연금으로 국민연금과 같은 공적연금과 구분된다.

대부분의 선진국은 안정적 노후소득보장을 위해 국가는 국가 주도의 기초

개인(민간)   연금저축
              (개인연금)

기업(민간)   퇴직연금

국가(공공)   공적연금(국민연금)

[그림 8-4] **관리운영주체에 따른 연금의 종류**

노후보장형 공적연금을, 직장에서는 퇴직연금을, 개인은 개인연금을 준비하도록 유도하는 다층적(multi pillar) 연금제도를 마련하고 있다. 다층적 연금제도는 고령화로 인해 발생할 수 있는 정부재정지출의 불안정성을 완화시키고 기업 및 개인의 노후소득보장 확립의 핵심적인 요소로 인식되고 있다. 노후의 소득안정을 확보하기 위한 다층적 연금제도는 급속한 고령화로 야기되는 공적연금재정의 확대, 복지수요의 증대, 의료비 지출 등으로 인해 야기되는 재정의 지속 가능성을 개선하는 데 도움을 줄 수 있다.

주요 복지선진국들은 다층적 연금제도를 통해 노후소득보장의 공적연금 의존도를 다변화시켜 기업연금 또는 퇴직연금(occupational pension)이나 개인연금(personal pension)을 적극적으로 활용하고자 한다. 다층적 노후소득보장(multi-pillar old age income security)은 이와 같이 고령화시대 노후소득보장의 원천을 다양한 방법으로 확보하는 방식을 의미한다.

(2) 연금성격에 따른 유형화: 세계은행(World Bank)과 경제협력개발기구(OECD)

각 국가들의 연금제도는 자신들의 고유한 사회적·역사적·경제적 특징을 반영한 다양한 형태로 발전하고 있어 일률적인 형태를 찾기는 어렵다. 하지만 세계은행(World Bank)과 경제협력개발기구(OECD)를 중심으로 연금제도

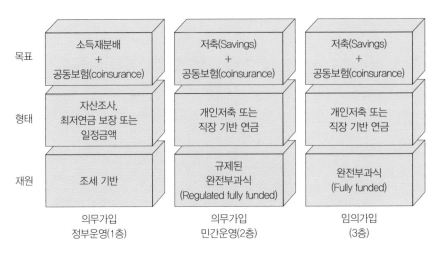

[그림 8-5] 세계은행의 노후소득보장제도 유형화

출처: World Bank (1994). *Averting the Old-Age Crisis: Policies to Protect the Old and Promote Growth*. Oxford University Press, Oxford, p. 15.

를 유형화하려는 연구들이 진행되고 있다(World Bank, 1994; OECD, 2017). 먼저 세계은행(World Bank)은 세 개의 층으로 노후소득보장체계를 유형화하면서 모든 국가들에게 국민의 안정적 노후보장을 위해 다층적 연금제도를 권고하고 있다.

유형화의 첫 번째 층(first pillar)은 정부주도의 의무가입 공적연금제도로 조세 기반의 재원조달과, 자산조사(means-tested) 기반, 최저임금보장(minimum pension guarantee) 또는 일정금액 지원 형태다. 사회적 연대를 통한 소득재분배를 목표로 하고 있다. 자산조사는 자산이나 소득수준을 기준으로 제공되는 공적부조 형태를 의미하며, 최저연금보장은 노후에 필요한 최소한의 생계유지비용을 지급하는 연금제도를 의미한다.

두 번째 층(Second pillar)은 의무가입을 전제로 민간에서 운영하는 저축형연금으로, 개인저축 또는 퇴직연금과 같은 직장기반연금 형태다. 의무가입형태이기 때문에 운영의 공정성과 효율성 확보를 위한 법적인 규제가 필요하며, 자신이 젊은 시절 납부한 보험료의 적립금만을 재원으로 활용한다.

  마지막인 세 번째 층(Third pillar)은 자발적인 임의가입 형태로 개인저축을 의미한다. 개인의 자발적인 의사에 의해 가입되는 금융상품으로 민간금융기관의 자율적 규정에 의해 운영되며, 보험납부금액을 기반으로 연금이 지급되는 완전부과식이다. 개인이 자발적으로 금융회사에 가입하는 연금저축 등이 해당된다.

  OECD(2017)의 노후소득보장제도 유형화는 세계은행(World Bank) 유형화와는 달리 운영주체와 상관없이 의무가입체계(mandatory scheme)와 임의가입체계(voluntary scheme)로 크게 구분되며, 의무가입체계를 가진 공적연금은 소득재분배기능인 1층 구조와 저축(savings)기능을 2층 구조에 포함한다. 사적연금은 법적으로 강제되는 의무가입체계의 2층 구조와 강제되지 않은 임의가입체계의 3층 구조에 동시에 존재한다. 따라서 OECD의 유형화에 의

[그림 8-6] **OECD의 노후소득보장제도 유형화**

출처: OECD (2017). Pension at a glance 2017: OECD, Paris.

하면 노후소득보장은 의무가입과 소득재분배와 노후빈곤 해소를 확보하기 위한 1층, 의무가입과 저축기능을 가진 2층, 임의가입과 저축기능을 가진 3층으로 유형화되어 있음을 알 수 있다. OECD의 1층과 3층은 세계은행의 1층과 3층 구조와 유사하다.

　　OECD 노후소득보장제도의 1층에 해당되는 연금제도로는 기초연금, 자산조사/사회부조, 최저연금으로 구성된다. 기초연금(basic pension)은 일정 거주 조건만 충족할 경우 연금기여와는 상관없이 일정 금액을 고령층에게 지급하는 경우와 일정 기간 기여 조건이 충족되는 경우에만 일정 금액을 지급하는 형태로 소득재분배 기능을 수행하고 있다, 사회부조는 자산과 소득조사를 통해 일정 수준 이하의 고령층에게 최저한도의 소득을 제공하는 제도다. 최저연금(minimum pension)은 노인층에게 최소한의 생계유지를 위한 급여를 지급하는 제도를 말한다. 2층에 있는 포인트(point)제도는 프랑스, 독일, 에스토니아, 슬로바키아에서 시행되는 공적연금제도로 근로자가 근로소득을 기준으로 연금포인트(pension point)를 획득하면 은퇴 시 누적된 연금포인트에 의해 연금급여를 받게 되는 제도다. 명목계정(notional-account)제도는 이탈리아, 노르웨이, 스웨덴에서 시행되는 공적연금제도로 개인별 계정에 각 근로자의 기여액이 기록되고 이 기여액에 수익률을 적용해 주는 방식으로 은퇴 시 누적된 명목계정금액을 기반으로 연금이 지급된다. 확정급여(Defined Benefit: DB)와 확정기여(Defined Contribution: DC)는 연금금액을 확정하는 방식을 의미한다. 확정급여는 은퇴 후 자신이 받게 될 연금급여를 결정하는 방식을 미리 확정하여 두는 연금이기 때문에 매달 근로자가 지불해야 하는 기여금액은 변동된다. 반면에 확정기여(Defined Contribution: DC)형은 연금기여금을 미리 확정하여 두는 연금방식이기 때문에 매달 근로자가 지불하는 기여금액은 동일하지만 은퇴 후 받게 될 연금액은 시장 상황에 따라 변동된다.

(3) OECD 노후소득보장제도 유형화에 따른 국가별 차이

OECD 기준 노후소득보장제도 유형화에서 의무가입연금에 해당되는 1층과 2층의 국가별 차이를 분석하면 연금제도가 국가에 따라 어떻게 얼마나 다르게 운영되고 있는지를 알 수 있다.

〈표 8-1〉 OECD 국가별 의무가입 노후소득보장제도의 차이(2016년 기준)

국가	1층(재분배 기능) 공적연금			2층(저축 기능)		국가	1층(재분배 기능) 공적연금			2층(저축 기능)	
				공적연금	사적연금					공적연금	사적연금
	기초연금	최저연금	사회부조	유형	유형		기초연금	최저연금	사회부조	유형	유형
호주	●				DC	한국			●	DB	
오스트리아				DB		룩셈부르크	●	●		DB	
벨기에		●	●	DB		멕시코		●			DC
캐나다	●		●	DB		네덜란드	●				DB
칠레	●		●		DC	뉴질랜드	●				
체코	●	●		DB		노르웨이	●			NDC	DC
덴마크			●		DC	폴란드			●	NDC	
이탈리아		●		NDC		포르투갈			●	DB	
핀란드	●		●	DB		슬로바키아			●	Points	DC
프랑스		●		DB+ Points		슬로베니아			●	DB	
독일				Points		스페인			●	DB	
그리스	●			DB		스웨덴	●			NDC	DC
헝가리		●		DB		스위스			●	DB	DB
아이슬란드	●		●		DB	터키			●	DB	
이스라엘	●				DC	영국	●			DB	
일본	●			DB		미국				DB	

주: DB = 확정급여; DC = 확정기여; NDC =명목계정(notional-account)제도로 개인별 계정에 기록된 근로자의 기여액에 수익률이 적용되는 제도로, 은퇴 시 누적된 명목계정금액을 기반으로 연금이 지급되는 방식.
　　Point = 근로자가 근로소득을 기준으로 연금포인트(pension point)를 획득하면 은퇴 시 누적된 연금포인트에 의해 연금급여를 받게 되는 제도.
출처: OECD (2017). Pension at a glance 2017: OECD and G20 Indicators.

재분배 기능을 가지고 있는 1층 공적연금의 경우에도 캐나다, 덴마크, 칠레, 핀란드, 아이슬란드는 기초연금과 사회부조(Social assistance) 형태로, 호주, 그리스, 네덜란드, 노르웨이, 뉴질랜드는 기초연금 형태로 운영되고 있음을 알 수 있다. 저축기능이 있는 2층 구조에 해당되는 의무가입 공적연금은 호주, 칠레, 덴마크, 아이슬란드, 이스라엘, 멕시코, 네덜란드, 뉴질랜드 등의 국가에서는 존재하지 않고, 대신 의무가입 사적연금이 그 기능을 대신하였다. 한국의 재분배 기능에 해당되는 1층 공적연금(기초연금)[2]은 모든 노인층이 아닌 자산조사를 기반으로 한 사회부조 형태로 특정 소득계층에만 지급되고 있다. 2층 의무가입 저축 기능이 있는 공적연금(국민연금)은 확정급여(DB) 형태로 운영되고 있으며, 의무가입 사적연금은 존재하지 않은 것으로 나타났다. 사적연금 중 퇴직연금은 2014년 19대 국회에서 퇴직연금의 단계적 의무화를 계획하였으나 회기 내에 처리되지 않아 입법화되지는 않았다.

2. 공적연금제도의 국가별 유형화

국가별 공적연금제도는 연금유형화에 따라 동일한 연금제도가 존재하는 것이 아니라 동일한 유형 내에서도 서로 다른 형태의 연금제도를 운영하고 있다. 이는 각 국가가 직면하고 있는 사회적 · 경제적 · 역사적 · 정치적 상황에 따른 차이로 국가별 연금제도와 노후소득보장제도의 다양화를 이끌고 있다. 이 장에서는 공적연금제도의 특징 요소들을 중심으로 국가별 연금제도가 얼마나 다양하게 실현되고 있는가를 구체적으로 살펴보고자 한다. 국가별 공적연금의 다양성은 각 국가가 직면하고 있는 급여수준, 수급연령, 기여율과 부담주체, 재원마련방식에 대한 사회적 합의 차이에 따라 결정된다.

---

2) 2008년 기초노령연금 시행 시 70세 이상 고령층의 60%로 대상자가 한정되었으나, 2009년에는 65세 이상 고령층 70%로 대상자를 확대하였다. 2014년 7월부터는 기초연금으로 이름을 변경하였다.

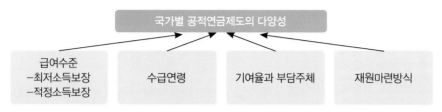

[그림 8-7] **공적연금제도의 다양성에 영향을 미치는 특징 요소들**

1) 급여수준

(1) 최저소득보장

연금의 목적 중 하나는 노후빈곤을 예방하기 위한 것으로 OECD에서는 노후 최저소득보장을 위해 1층 공적연금(소득재분배기능)을 기초연금, 최저연금, 사회부조 등 세 가지 형태로 분류하고 있다. 최저생활보장제도는 저임금·비정규직 등의 경제적 취약계층이 고령층이 되었을 때 직면하게 될 빈곤문제를 완화시키기 위한 방법으로 노후소득보장제도의 핵심적인 부분이다. 하지만 국가별로 노후최저소득보장제도(minimum income guarantee or minium income protection)를 현실화하는 과정에서 서로 다른 형태의 방법을 사용하고 있으며, 연금 종류별 급여수준도 상이하다.

OECD 국가 중 18개 국가가 기초연금을 시행하고 있으며, 기초연금의 급여수준은 근로자 평균소득의 19.9%에 이르고 있다. 사회부조 형태의 노인을 위한 최저소득보장제도는 OECD 27개 국가들에서 근로자 평균소득의 18.1% 수준의 급여로 제공되고 있다. 최저연금은 OECD 14개 국가들에서 시행되고 있는데 근로자 평균소득의 25.6%로 기초연금과 사회부조보다도 다소 높은 수준을 보였다. OECD 국가들에서 기초연금, 최저연금, 또는 사회부조 등의 최저소득보장제도를 통해 연금급여를 받은 65세 이상 고령층은 전체 고령자의 30%인 것으로 조사되었다. 프랑스의 경우, 65세 이상 고령인구의 49%가 기여형최저연금을 받고 있으며, 4%는 사회안전망 급여를 받고 있었으며, 한국의 경우 65세 이상 고령층 중 67%가 사회안전망 급여를 받고 있었다.

〈표 8-2〉 OECD의 최저소득보장을 위한 연금 종류별 급여수준

국가	상대적 급여수준 (근로자 평균소득 대비 비율, %)			수령자(2016) (65세 이상 수령 비율, %)	
	기초연금	최저연금	사회부조	사회안전망	최저연금
호주	27.6	×	×	76	×
오스트리아	×	×	27.8	10	×
벨기에	×	30.1	27.1	7	31
캐나다	13.5	×	19.2	33	×
칠레	14.0	×	×	60	×
덴마크	17.6	×	18.6	81	×
핀란드	17.4	×	21.0	40.6	×
프랑스	×	21.7	25.3	4	49
독일	×	×	20.1	3.1	×
그리스	23.0	×	×	19	×
헝가리	×	10.3	8.3	0.39	0.61
아이슬란드	5.7	×	17.9	NA	×
아일랜드	34.1	×	32.4	17	×
이스라엘	12.9	×	23.5	25	×
이탈리아	×	21.3	19.0	5	32
일본	15.3	×	19.0	3	×
한국	×	×	5.5	67	×
룩셈부르크	9.8	36.7	28.8	1	29
멕시코	×	29.4	6.2	60	NA
네덜란드	26.3	×	×	×	×
뉴질랜드	40.0	×	×	×	×
노르웨이	32.5	×	×	18	×
폴란드	×	22.2	15.2	12	NA
포르투갈	×	30.4	17.6	2	38
슬로바키아	×	40.7	19.8	1	7
슬로베니아	×	13.2	17.4	17	2
스페인	×	33.3	19.3	6	25
스웨덴	22.3	×	×	35	×
스위스	×	16.5	22.6	12	NA
터키	×	41.2	7.1	22	×
영국	22.2	×	×	14	×
미국	×	×	16.7	4	×

NA=Data are not available. x=Not applicable.

사회안전망은 비기여형(non-contributory benefit)연금을 의미하며 최저연금은 기여형최저연금(contributory minimum pension)을 의미.

수령자 자료는 에스토니아, 프랑스, 그리스, 아일랜드, 이스라엘, 이탈리아, 한국, 룩셈부르크, 폴란드, 폴란드, 슬로베니아, 터키의 경우 2012년 자료를 사용.

출처: OECD (2017). Pension at a glance 2017: OECD and G20 Indicators.

(2) 적정소득보장: 소득대체율

노후소득보장을 위한 의무가입 연금제도는 최저소득보장을 위해 소득재분배적 기능을 수행하는 1층과 적정소득보장을 위해 저축(savings) 기능을 수행하는 2층으로 구분할 수 있다. 일반적으로 퇴직하기 전 소득 대비 은퇴 후 받게 되는 연금액 비율을 소득대체율(replacement rate)로 정의할 수 있는데, 이는 연금이 제공하는 노후 적정소득보장수준을 나타낸다.

OECD 35개 국가를 대상으로 한 조사를 보면 근로자의 의무가입연금(공적+사적연금)의 소득대체율은 53%인 것으로 나타났다(OECD, 2017). 즉, 평균소득을 가지고 있는 근로자는 은퇴 후 자신이 받는 임금의 약 53%를 의무가입연금을 통해 수령할 수 있다는 것이다. OECD 국가들 중 한국을 포함하여 15개 국가는 의무가입 공적연금만을 가지고 있었으며, 이들 국가의 공적연금 소득대체율 평균은 약 59%인 것으로 조사되었다. 덴마크, 핀란드와 같이 의무가입 공적연금과 사적연금을 모두 가지고 있는 OECD 국가는 총 12개 국가로 의무가입연금(사적연금+공적연금)의 소득대체율 평균은 약 56%로 나타났다.

의무가입연금을 통한 노후 소득보장수준은 국가별로 많은 차이를 보이고 있다. OECD 35개 국가들 중 2016년 기준 의무가입연금(공적연금+사적연금)의 소득대체율이 가장 높은 국가는 네덜란드로 96.6%를 기록하고 있으며, 덴마크 86.4%, 이탈리아 83.1%, 오스트리아 78.4% 순이다. 네덜란드와 덴마크는 의무가입 공적연금보다는 의무가입 사적연금을 통해 전체 연금의 소득대체율을 증대시켰고, 이탈리아와 오스트리아는 공적연금만으로 전체 연금의 소득대체율을 증대시켰다. 한국은 의무가입 공적연금만을 가지고 있으며, 전체 의무가입연금의 소득대체율은 39.3%로 OECD 전체 평균 52.9%보다 13.6% 낮은 수준을 보였다.[3]

---

3) 2014년 7월 정부는 퇴직연금 활성화를 위해 2022년까지 단계적으로 퇴직연금을 의무화하려고 하였으나, 관련 발의안은 임기 만료로 자동 폐기되어 퇴직연금 사업장 도입 의무화는 답보 상태다.

〈표 8-3〉 OECD 국가별 의무가입연금의 소득대체율

	의무가입 공적연금 소득대체율			의무가입 사적연금 소득대체율(DB&DC)			전체 의무가입연금 (공적+사적)의 소득대체율		
	0.5	1	1.5	0.5	1	1.5	0.5	1	1.5
호주	50.7	0.1	0.0	32.1	32.1	32.1	82.8	32.2	32.1
오스트리아	78.4	78.4	78.4				78.4	78.4	78.4
벨기에	47.7	46.7	36.4				47.7	46.7	36.4
캐나다	54.1	41.0	28.5				54.1	41.0	28.5
칠레	5.8	0.0	0.0	33.4	33.5	33.6	39.1	33.5	33.6
체코	74.1	45.8	36.4				74.1	45.8	36.4
덴마크	45.9	14.8	9.9	77.6	71.6	69.6	123.4	86.4	79.5
에스토니아	41.4	29.1	25.0	20.6	20.6	20.6	62.0	49.7	45.6
핀란드	56.6	56.6	56.6				56.6	56.6	56.6
프랑스	60.5	60.5	54.8				60.5	60.5	54.8
독일	38.2	38.2	38.2				38.2	38.2	38.2
그리스	67.4	53.7	49.2				67.4	53.7	49.2
헝가리	58.7	58.7	58.7				58.7	58.7	58.7
아이슬란드	11.8	3.2	2.1	65.8	65.8	65.8	77.6	69.0	67.9
아일랜드	68.2	34.1	22.7				68.2	34.1	22.7
이스라엘	38.7	19.4	12.9	60.7	48.5	32.3	99.4	67.8	45.2
이탈리아	83.1	83.1	83.1				83.1	83.1	83.1
일본	47.8	34.6	30.2				47.8	34.6	30.2
한국	58.5	39.3	28.7				58.5	39.3	28.7
라트비아	47.5	47.5	47.5				47.5	47.5	47.5
룩셈부르크	89.5	76.7	72.5				89.5	76.7	72.5
멕시코	12.2	4.0	2.7	22.4	22.4	22.4	34.7	26.4	25.1
네덜란드	57.4	28.7	19.1	40.7	68.2	77.3	98.1	96.9	96.5
뉴질랜드	80.0	40.0	26.7				80.0	40.0	26.7
노르웨이	58.8	39.2	30.2	4.8	5.9	6.3	63.6	45.1	36.5

폴란드	31.6	31.6	31.6				31.6	31.6	31.6
포르투갈	75.5	74.0	72.6				75.5	74.0	72.6
슬로바키아	47.5	39.6	37.4	24.8	24.8	24.8	72.3	64.3	62.2
슬로베니아	44.0	38.1	36.3				44.0	38.1	36.3
스페인	72.3	72.3	72.3				72.3	72.3	72.3
스웨덴	36.6	36.6	27.6	19.2	19.2	36.9	55.8	55.8	64.5
스위스	36.7	24.2	16.5	19.2	17.9	12.0	56.0	42.1	28.5
터키	69.9	69.9	69.9				69.9	69.9	69.9
영국	44.3	22.1	14.8				44.3	22.1	14.8
미국	48.3	38.3	31.7				48.3	38.3	31.7
OECD	52.6	40.6	36.0				64.6	52.9	48.4

출처: OECD (2017). Pension at a glance 2017: OECD and G20 Indicators.

2) 연금수급연령

국가별로 나타나고 있는 의무가입 공적연금제도의 특징 중 하나는 연금을 수령할 수 있는 연령의 차이다. 연금을 수령할 수 있는 정상수급연령(normal pension age)보다 일찍 연금을 수령하게 되는 경우에는 수급액이 다소 감소하는 불이익을 받을 수 있도록 되어 있다. OECD 국가들의 평균 정상수급연령(normal pension age)은 남자의 경우 64.3세로 여성 63.7세보다 다소 높았다 (OECD, 2017). 가장 낮은 정상수급연령은 여성의 경우 터키가 58세였고, 남성은 슬로베니아로 57세였다. 가장 높은 정상수급연령은 67세로 아이슬란드, 이스라엘, 노르웨이로 나타났다.

〈표 8-4〉 OECD 국가별 연금제도에 따른 2016년 기준 조기 및 정상연금수급연령

국가		제도	조기 수급연령	정상 수급연령	국가		제도	조기 수급연령	정상 수급연령
호주		T	n.a.	65	일본		Basic/DB	60	65
		DC	55	…	한국		DB	57	61
오스트리아	남성	DB(ER)	64.9	65	라트비아		NDC/DC	60.75	62.75
	여성	DB(ER)	59.9	60			T	n.a.	67.75
벨기에		DB(ER)	62	65	룩셈부르크		DB	60	60
		Min	n.a.	65	멕시코		T	n.a.	65
캐나다		Basic/T	n.a.	65			DC	연령 무관/ 60	65
		DB(ER)	60	65	네덜란드		Basic	n.a.	65.5
칠레		Basic/T	n.a.	65			DB(Occ)		65
	남성	DC	연령 무관	65	뉴질랜드		Basic	n.a.	65
	여성	DC	연령 무관	60			DC	유동적	…
체코	남성	DB	60	63	노르웨이		Min	67	67
	여성	DB	60	62.3			NDC/DB	62	67
덴마크		Basic/T	n.a.	65	폴란드	남성	NDC/Min	n.a.	66
		DC(ATP)	n.a.	65		여성	NDC/Min	n.a.	61
		DC(Occ)	60	…	포르투갈		DB	65	66.2
에스토니아		Points	60	63			Min	n.a.	66.2
		DC	62	…	슬로바키아	남성	DB	최저생계 비수준	62
핀란드		Min	63	65		여성	DB	최저생계 비수준	62– 58.25[1]
		DB	63	65	슬로베니아	남성	DB	n.a.	60
프랑스		DB	61.6	61.6		여성	DB	n.a.	59.3
		Points	56.7	61.6	스페인		DB	61	65
독일		Points	65	65	스웨덴		Basic	n.a.	65
그리스		DB	62	62			NDC/DC	61	…
헝가리	남성	DB	n.a.	63	스웨덴	남성	DB	63	65
	여성	DB	40년 납부 후	63		여성	DB	62	64
아이슬란드		Basic/T	n.a.	67	터키	남성	DB	n.a.	60
		DB(Occ)	65	67		여성	DB	n.a.	58
아일랜드		Basic/T	n.a.	66	영국	남성	Basic(SP)	n.a.	65
		DC(Occ)	50	…		여성	Basic(SP)	n.a.	63
이스라엘	남성	Basic/T	n.a.	67			T(PC)	n.a.	63

	여성	Basic/T	n.a.	62		DC	55	⋯
이탈리아	남성	NDC	62.8	66.6	미국	DB	62	66
	여성	NDC	61.8	65.6		T		65

주: 정상 연금수급연령은 노동시장 진입을 20세로 가정하여 계산됨. DB = 확정급여형; DC = 확정기여형; ⋯
 = 연금의 조기수급 혹은 수급연기가 가능하지 않음; Occ = 퇴직연금; T = 선별적 연금. 남성과 여성의 연금
 수급연령이 다른 경우 남성/여성을 표시함. – = 확정기여형(DC)제도에서, 노령연금의 급여수준은 조기수
 급 및 수급연기에 대해 자동으로 조정됨.
  1) 슬로바키아: 자녀가 있는 여성의 경우 연금수급연령이 낮아짐.
출처: OECD (2017). Pension at a glance 2017: OECD and G20 Indicators.

2016년 기준 남녀 간 연금을 받는 정상수급연령의 차이가 있는 국가는 35개국 중 9개 국가로 2014년 기준 11개 국가에 비해 감소하는 추세를 보이고 있다. 9개 국가들에서 여성의 평균 정상수급연령은 61.7세로 남성 평균 64.2세보다 낮은 수준을 보였다. 또한 OECD 35개 국가 중 9개 국가는 연금 종류에 따라 규정이 다르게 적용되어 연금수령 연령도 상이하게 나타났다.

연금수급연령은 은퇴시기를 결정하는 중요한 요인으로 연금 적립금을 감소시키는 요인으로 작용한다. 따라서 각국에서는 조기은퇴를 억제하기 위해 은퇴시기 연장에 대한 혜택을 강화하거나 조기은퇴를 허용하지 않는 경우도 존재한다. 예를 들면, 조기은퇴로 인한 조기연금수급연령의 경우 한국은 60세로 정상수급연령인 65세보다 낮지만, 덴마크, 아일랜드, 이스라엘 네덜란드, 뉴질랜드, 폴란드, 터키, 영국 등에서는 의무 공적연금에 한해 조기수급을 허용하지 않고 있다. 호주, 칠레, 아이슬란드는 의무적으로 가입하는 사적연금에만 조기수급을 허용하고 있다. 스웨덴과 캐나다는 기초연금에는 조기수급을 허용하고 있지 않지만, 소득연계비례연금의 경우에만 이를 허용하고 있다.

3) 기여율과 부담주체

의무가입을 전제로 하는 공적 및 사적 연금제도는 일정 금액을 보험료라는 기여금(contribution)을 소득비례로 강제적으로 근로기간 동안 납부하고 은퇴

〈표 8-5〉 **OECD 국가별 의무가입연금의 부담주체별 부담주체의 기여율 비교**

	공적연금		사적연금		합계
	근로자	고용주	근로자	고용주	
호주	0.0	9.5			9.5
벨기에	7.5	8.86			16.4
캐나다	4.95	4.95			9.9
칠레			11.23	1.15	12.4
덴마크	0.26	0.52	4	8	12.8
핀란드	7.20	18.00			25.2
프랑스	7.25	10.40	3.10	4.65	25.40
독일	9.35	9.35			18.7
헝가리	10.0	20.75			30.75
아이슬란드	0.0	7.35	4	8	19.35
이스라엘	3.75	3.75	5.5	12.0	25.0
이탈리아	9.19	23.81			33.0
일본	8.914	8.914			17.828
한국	4.5	4.5			9.0
룩셈부르크	8.0	8.0			16.0
네덜란드	4.9	0.0	16		20.9
멕시코			1.125	5.15	6.275
폴란드	9.76	9.76			19.52
슬로바키아	4.0	14.0			18.0
스웨덴	7.0	11.4	0.0	4.5	22.9
스위스	4.2	4.2	3.9	3.9	16.2
터키	9.0	11.0			20.0

출처: OECD (2017). Pension at a glance 2017: OECD and G20 Indicators.

후에 기여금에 따라 연금급여의 차등이 발생한다. 기여율(contribution rate)은 연금에 납부하는 기여금의 수준을 나타내는 것으로 일반적으로 근로자의 총 소득 또는 그 일부를 기여율의 부과 대상으로 설정한다. 기여율은 은퇴 후 근 로자가 받게 될 연금액 수준을 결정하는 중요한 요소다. 일반적으로 기여율 이 높을수록 은퇴 후 받게 될 연금수급액이 높다고 볼 수 있다.

OECD 국가별 의무가입연금(공적+사적)의 2016년 기준 22개 OECD 국가 의 평균 기여율은 18.4%인 것으로 조사되었는데, 가장 높은 기여율을 보인 국가는 이탈리아와 헝가리로 각각 33.0%, 30.75%를 나타냈다. 가장 낮은 기 여율로는 멕시코가 6.275%였으며, 한국은 9.0%로 두 번째로 낮은 수치를 보 였다.

의무가입 공적연금만을 대상으로 부담주체별 기여율을 살펴보면 근로자보 다는 고용주의 부담이 상대적으로 높게 나타났다. OECD 22개국 의무가입 공 적연금 평균 기여율은 15.4%로, 근로자의 평균 부담률은 6.0%, 고용주 평균 부담률은 9.4%로 근로자가 고용주의 2/3을 부담하고 있었다. 이탈리아의 경 우 고용주의 의무가입 공적연금 부담률이 23.81%로, 근로자 부담률 9.19%에 비해 약 2.6배로 가장 높은 수치를 보였다. 한국, 캐나다, 독일, 이스라엘, 룩 셈부르크, 스위스에서 근로자와 고용주의 부담률은 동일한 수치를 보였다.

4) 재원마련방식: 사회보험형과 조세기반형

공적연금의 재원마련방식은 크게 근로자가 일정금액을 사회보험료로 납 부하여 재원을 마련하는 사회보험형과 정부의 조세를 재원으로 연금을 지급 하는 조세기반형으로 구분된다.

첫 번째 사회보험방식의 공적연금은 민간보험처럼 노후소득 감소를 대비 하여 보험료를 납부하는 기여형연금(contributory pension)이다. 하지만 민간 보험과 달리 국가가 보험료율을 정해 근로자들에게 강제로 징수한다. 강제로 적용하는 이유는 저소득자는 소득여력이 없어 보험료 납부를 꺼려 하고, 고소득자는 스스로 노후를 준비하기 때문에 공적연금제도에 대한 가입 필요성이 적어 보험료 납부를 꺼려 하기 때문이다. 이와 같이 강제적 사회보험료로 재원을 마련하는 공적연금은 은퇴 이후 발생하는 소득감소 위험을 사회구성원이 공동으로 대처하고 소득재분배적 기능을 수행할 수 있다.

두 번째 조세기반 공적연금은 보험료를 납부하지 않았는데도 연금을 지급하는 비기여연금(non-contributory pension) 형태로 기여형 연금을 받을 수 없는 고령층을 대상으로 운영된다. 일정 연령에 이르고 일정기간의 거주요건을 충족하면 노후의 기본소득보장을 위해 지급하는 기초연금(Basic pension)과 자산조사 등을 통해 일정소득 이하 고령층에게 지급하는 사회부조(social assistance)방식의 연금제도가 이에 해당된다. 우리나라의 경우 국민연금 시행 이전에 근로생활을 했던 많은 고령층이 기여연금의 사각지대에 놓여 높은 빈곤율을 경험하게 되면서 이를 해결하기 위해 조세기반 연금인 기초연금이 존재한다.

5) 재정방식: 적립방식과 부과방식

연금의 재정을 충당하는 방식은 크게 적립방식(funded), 부과방식(Pay-as-you-go)으로 나눌 수 있다. 적립방식(funded)은 근로자가 일정금액을 일정기간 동안 연금으로 납부한 후 축적된 자산을 기반으로 은퇴 후 소득화하는 과정을 거치는 것이다. 적립기간이 길고 납부한 금액이 많을수록 축적된 자산이 많아 연금도 증가한다. 즉, 자신이 근로기간 동안 적립한 금액을 기반으로 은퇴 후 연금을 받는 구조로 대부분의 사적연금제도에서 사용된다. 2018년 현재 멕시코와 칠레는 공적연금 대신 강제적 적립식 사적연금제도를 운영하고 있다.

〈칠레의 연금제도 변화〉

• 칠레는 1924년 부과방식의 공적연금을 시작하였으나, 1981년 확정기여 사적연금
  으로 전환
  - 초기 연금제도는 직업과 거주지에 따라 50개 이상으로 구성되어 정치적 영향력
    이 있는 집단이 유리하게 작용하면서 형평성이 크게 훼손
  - 1970년 초반 보험료율의 급속한 인상(16→26%)되고 연금에 대한 정부 보조금
    이 연금재정의 38%, 국민총생산의 4%에 도달하여 연금재정의 불안정성이 확대
• 1981년 칠레는 연금개혁으로 민영보험회사와의 계약을 통해 확정보험료율을 통한
  자본 축적 방식으로 전환
  - 민간연기금관리회사(Administradoras de Fondos de pension: AFP)를 설립하여
    개인별 연금계정을 의무적으로 가입하도록 규정
  - 1994년 기존의 공적연금을 확정기여형 사적연금으로 완전히 대체
  - 2008년 금융위기로 연금자산의 가치 하락 및 재정악화 등으로 연금사각지대가
    확대되면서 저소득층 지원을 위한 소득재분배 성격의 기초연대연금(PBS)을 도입

출처: 류건식(2012). 최근 칠레의 연금개혁 동향과 시사점. 보험연구원(KiRi Weekly, 2012.
  12. 10.)

부과방식(pay-as-you-go)은 연금보험료 납입자와 연금수급자가 서로 다르다는 특징이 있다. 즉, 현재 근로자인 납입자들이 현재 퇴직한 연금수급자들의 연금을 지급하는 방식이다. 대부분의 공적연금제도는 부과방식으로 운영된다. 공적연금을 처음 시작하는 초기에 수급자들은 적립기간이 짧거나 없어도 연금을 받기도 하는데 이는 부과방식의 특징 때문에 가능하다. 독일은 1889년 공적연금을 완전적립식으로 시작하였으나, 1·2차 세계 대전을 경험하면서 1957년 부과방식으로 전환하였다.

3. 국내 노후소득보장제도 현황

1) 공적연금 수급연령

1988년 실시된 국민연금[4]은 우리나라 노후소득보장의 주요 핵심 제도로 10년 이상 납부하고, 나이가 55세 이상인 경우에 수급이 가능하다. 60세부터 국민연금을 받는 경우는 완전노령연금, 55세 이후에는 연금가입 기간 및 수급자 연령에 따른 조기노령연금 수급이 가능하다. 전 노령연금의 수급개시 연령은 2011년 만 60세이나, 지급연령이 2013년부터 5년마다 1세씩 증가하여 2019년 만 62세, 2033년부터는 65세부터 지급하도록 되어 있다.

〈표 8-6〉 출생 연도별 수급개시 연령 변화

출생 연도	완전노령연금 수급개시 연령	조기노령연금 수급개시 연령
1953~1956년생	61세	56세
1947~1960년생	62세	57세
1961~1964년생	63세	58세
1965~1969년생	64세	59세
1969년생 이후	65세	60세

출처: 국민연금관리공단 www.nps.or.kr

조기 수급연령은 초기 55세에서 연금 수급연령 증가에 따라 함께 증가하여 2019년 만 57세에서 2033년 60세로 증가한다. 조기연금 수급 시 연간 급

---

4) 국민연금은 노령연금, 장애연금, 유족연금으로 구분된다. 일반적으로 노후에 받는 연금은 노령연금에 해당되며, 장애연금은 가입 중에 발생한 질병 또는 부상으로 완치 후에도 장애가 있는 경우 연령에 상관없이 지급되며, 유족연금은 연금수급자 및 연금가입자가 사망하는 경우 유족(배우자, 자녀, 부모, 소자녀, 조부모)에게 지급한다. 본 글에서 국민연금은 노령연금을 위주로 설명하였다.

여액은 1년마다 6% 감액되어 5년 일찍 받는 경우 완전노령연금수급액의 약 70%를 받게 된다. 반대로 수급기간을 연기하면 1년 늦을 때마다 7.2%의 연금이 증액된다. 연금수급 연기는 최대 5년까지 연기가 가능하다. 또한 육아로 인해 근로를 하지 않는 경우에는 연금크레디트가 부여되는데 첫째를 제외한 둘째 자녀 이상 자녀를 출산한 가입여성에게 적용된다.

2) 소득대체율의 변화 및 현황

국민연금 수급액을 결정하는 소득대체율[5]은 연금기금 안정화를 위해 1988년 도입 이후 지속적으로 하락하였다. 국민연금 가입기간 40년을 가정했을 때 소득대체율은 1988년 70%였으나, 1998년 60%로 조정되고, 2007년 「국민연금법」 개정으로 2028년까지 40%로 조정될 전망이다.

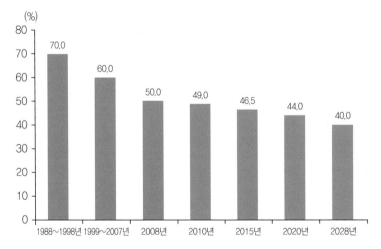

[그림 8-8] 40년 국민연금 가입 시 소득대체율 변화

주: 2008년 이후 소득대체율은 60%에서 매년 0.5%씩 하락하여 2028년 40%에 도달.
출처: 국민연금관리공단 www.nps.or.kr

---

5) 소득대체율은 '퇴직 전 평균임금대비 연금 수급액비율'을 의미한다.

2017년에 발표한 OECD 연금보고서(OECD, 2017)에 의하면 연금에 가입한 평균소득 근로자를 기준으로 소득대체율을 비교하면 한국은 39.3%로 OECD 평균인 58.7%보다 낮고 독일의 50.9%, 프랑스 60.5%, 영국 53.3%, 일본 57.7% 미국 71.3%보다도 낮은 수준을 보이고 있다. 하지만 실제적으로 2017년 기준 국민연금가입자의 평균연금 가입기간은 17년에 그쳐 실질 소득대체율 24.2%이 머물고 있는 상황이다(한국일보, 2017. 11. 6.). 이는 현행법상 소득대체율 개념이 전체 가입자 평균소득과 동일한 소득을 올린 사람이 40년간 가입했을 때 기대할 수 있는 대체율을 의미하기 때문이다. 2028년 은퇴하는 국민연금가입자의 경우에도 소득대체율이 30% 수준에 불과할 것으로 전망된다(김대환, 2011).

3) 노후빈곤 예방을 위한 기초연금제도

무(無)연금 고령층을 위한 노후소득보장제도인 기초노령연금은 노인빈곤 해결을 위해 2008년에 도입되었다.[6] 시행 이후 2014년에는 기초연금으로 이름을 변경하면서 금액이 두 배로 상승하였고, 2018년 9월 현재 만 65세 이상

〈표 8-7〉 **기초(노령)연금의 대상자 변화**

기간	대상자
2008년 1월~2008년 6월	70세 이상 고령층의 60%
2008년 7월~2008년 12월	65세 이상 고령층의 60%
2009년 1월~현재	65세 이상 고령층의 70%

주: 2008년 1월~2014년 6월 기간에는 기초노령연금, 2014년 7월부터는 기초연금으로 이름을 변경.
출처: 보건복지부(2017). 2017보건복지백서를 바탕으로 저자가 재구성.

---

6) 2007년 연금개혁 당시 2028년까지 국민연금 법정급여율을 60%에서 40%로 낮추는 대신 기초노령연금을 도입하면서 기초노령연금액을 2008년 A값(국민연금 가입자의 최근 3년간 월평균소득)의 5%에서 2028년 10%까지 단계적 인상을 명시(「기초노령연금법」 부칙 제4조 2)하였다.

노인의 70%에게 매월 최대 25만 원(부부 40만 원)의 급여를 지급하고 있는 상황이다. 2021년에는 이를 30만 원으로 인상할 예정이다.

2018년 현재 기초연금은 대한민국 국적을 가지고 있으며 국내에 거주(「주민등록법」제6조 1, 2호에 따른 주민등록자)하는 만 65세 이상 고령층 중 가구의 소득인정액이 선정기준액 이하인 경우에 신청하여 받을 수 있다. '소득인정액'이란 월 소득평가액과 재산의 월 소득환산액을 합산한 금액으로 단독가구의 경우 131만 원, 부부가구의 경우 209만 6천 원이다.

4) 국민연금수급자 현황

국민연금공단의 '2018년 8월 말 기준 국민연금 통계' 자료에 따르면 노령연금을 받는 대상자는 총 372만 명으로 그중 여성이 123만 명, 남성이 248만 명으로 구성되었다. 연령별로 보면 50~59세는 전체 수급자의 1.1%에 불과하였고 60~69세가 전체의 56.8%로 절반 이상을 차지하고 있었다.

⟨표 8-8⟩ **연령별 노령연금수급자 현황(2018년 9월 말 기준)**

	계	50~59세	60~64세	65~69세	70~74세	75~79세	80세 이상
계	3,716,039	39,386	1,051,715	1,058,510	832,799	545,494	188,135
남자	2,475,441	26,810	689,677	726,715	563,931	356,534	111,774
여자	1,240,598	12,576	362,038	331,795	268,868	188,960	76,361

출처: 국민연금공단(2018). 국민연금 공표통계.

연금수급금액으로 보면 월 100만 원 이상의 노령연금을 받는 사람은 19만 6,969명이었지만 매달 100만 원 이상을 받는 전체 노령연금수급자 중 5.3%에 불과하며, 전체 연금수급자의 65%가 월 40만 원 이하를 받고 있었다. 노령연금 수급자 중 37.8%(140만 명)가 특례노령연금 대상자에 속하고 있었다. 특례노령연금은 국민연금 도입 첫해인 1988년부터 보험료를 납입해도 수급

〈표 8-9〉 **월 수급액별 노령연금수급자 현황(2018년 9월 말 기준)**

	10만 원 미만	10~20 만 원	20~30 만 원	30~40 만 원	40~50 만 원	50~60 만 원	60~80 만 원	80~100 만 원	100만 원 이상
계	26,100	866,507	907,396	626,695	383,568	237,241	289,668	181,895	196,969
남자	5,071	431,227	486,368	426,647	296,415	197,488	263,903	175,126	193,196
여자	21,029	435,280	421,028	200,048	87,153	39,753	25,765	6,769	3,773

출처: 국민연금공단(2018). 국민연금 공표통계.

을 위한 기본 연수인 10년을 채우지 못하는 이들에게 적용한 제도로 가입 기
간을 5년만 충족해도 연금을 받을 수 있다.

5) 다층적 노후소득보장체계 확립

우리나라 노후소득보장체계는 공적연금, 사적연금, 비연금, 공공부조 형
태로 형식적으로는 다층적 노후소득보장체계를 갖추고 있다. 조세방식으로
운영되는 기초생활보장과 기초연금이 0층을 이루고 있으며, 국민연금과 특
수직역연금이 1층을 구성하고 있다. 특수직역연금은 공무원연금, 사학연금,
군인연금, 우체국연금을 통칭하는 것으로 2017년 기준 약 150만 명에 이른
다. 국민연금은 1988년 도입되어 1960년에 도입된 공무원연금, 1975년에 도
입된 사학연금, 1963년에 도입된 군인연금에 비해 성숙도가 낮은 수준이다.
보험료율의 경우 국민연금은 9%에 불과하지만 특수직역연금은 18%로 노후
보장수준을 위한 지불액 수준의 차이를 보이고 있다.

2층 노후소득보장체계로는 퇴직연금과 특수직역연금이, 3층 노후소득보
장체계로는 개인연금이 역할을 수행하고 있다. 생산연령(15~64세)에 속하는
인구 중 2층과 3층에 속하는 사적연금의 가입률은 24%로 독일의 70.4%, 일
본의 50.8%, 영국 43.0%에 비해 낮은 수준을 보였다(OECD, 2017). 비연금 형
태로는 은퇴 후 발생하는 근로소득 또는 자산소득과 사적이전 소득 등이 있

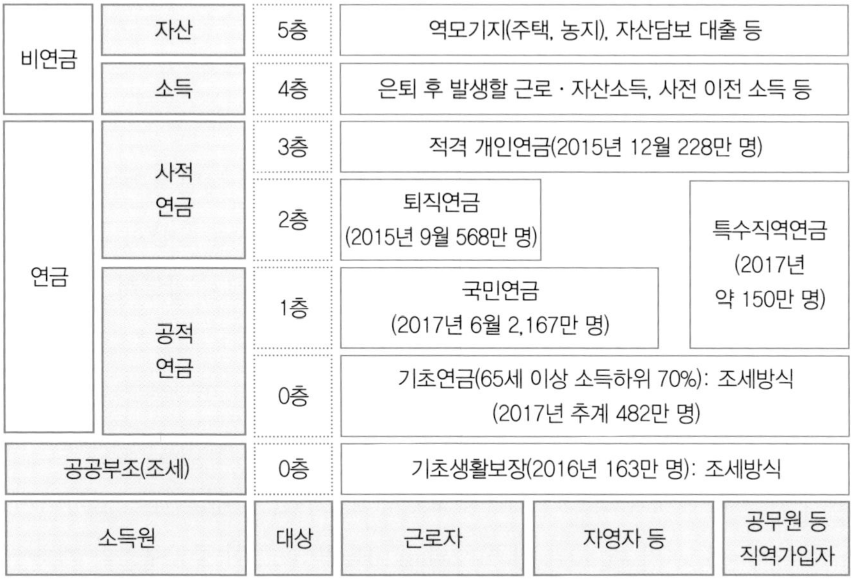

비연금	자산	5층	역모기지(주택, 농지), 자산담보 대출 등		
	소득	4층	은퇴 후 발생할 근로 · 자산소득, 사전 이전 소득 등		
연금	사적 연금	3층	적격 개인연금(2015년 12월 228만 명)		
		2층	퇴직연금 (2015년 9월 568만 명)		특수직역연금 (2017년 약 150만 명)
	공적 연금	1층	국민연금 (2017년 6월 2,167만 명)		
		0층	기초연금(65세 이상 소득하위 70%): 조세방식 (2017년 추계 482만 명)		
공공부조(조세)		0층	기초생활보장(2016년 163만 명): 조세방식		
소득원		대상	근로자	자영자 등	공무원 등 직역가입자

[그림 8-9] **국내의 다층적 노후소득보장체계**

출처: 강성호(2017).

으며, 주택 및 농지연금과 같은 역모기지 형태도 존재한다. 주택연금은 부부 한 명이 만 60세 이상일 경우 집을 담보로 1955년부터 판매되기 시작하였으나, 2004년 주택금융공사 설립 후 활성화되기 시작하였다. 농지연금은 농지 외에 별도 소득이 없는 65세 이상 고령농업인을 대상으로 소유농지를 담보로 사망 시까지 연금을 지급하는 제도로 2011년 도입되었다(오병국, 2011). 주택연금과 농지연금은 노후소득을 보장한다는 측면에서 개인연금과 비슷하지만 필수가입기간이 필요하고 민간기관에서 취급하는 개인연금과는 달리 주택연금과 농지연금은 필수가입기간이 필요하지 않고, 정부가 보증한다는 점에서 개인연금과 차이가 있다.

4. 한국 노후소득보장제도의 과제와 전망

우리나라의 노후소득보장제도는 '현재 노인'과 '미래 노인'을 구분하여 개
선방안을 모색하는 것이 무엇보다 필요하다. 공적연금을 충분히 준비할 수
없었던 '현재 노인'의 노후소득보장 문제는 정부의 정책적 접근이 요구되기
때문이다(Kang & Kim, 2015; Kim, & Kang, 2018).

현재 노인세대를 위해서는 국민연금 사각지대에 대한 면밀한 검토와 더불
어 이들의 경제적 빈곤해결을 정책목표로 설정하여 실천적 방안을 모색할 필
요가 있는데, 실제적으로 55세 이상 고령층의 22%만이 국민연금수급자이며,
수급자 중 88.5%가 월 50만 원 이하의 급여를 받고 있어 공공부조와 기초연
금의 역할 확대가 요구된다(국민연금공단, 2018). 현재 청년 및 중장년을 중심
으로 '미래 노인' 세대를 위해서는 다층적 노후소득보장제도를 이용하여 각
개인들이 노후준비를 스스로 할 수 있도록 국가적 · 기업적 · 개인적 차원의
유인책들이 요구된다. 이들 내용을 종합한 다층적 노후소득보장체계의 실효
성을 증대시킬 수 있는 방안을 제시하고자 한다.

1) 높은 노인 빈곤율의 해소

우선적으로 현재 노인들의 높은 빈곤율 해소 노력이 필요하다. 우리나라
의 공적연금제도인 국민연금이 1988년 시행된 후 30년이 지났지만, 노인 빈
곤율은 OECD 국가 중 여전히 가장 높은 수준을 기록하고 있다. 이로 인해 빈
곤의 대상자가 아동에 집중되어 있는 다른 선진국들에 비해 한국의 빈곤은
고령층에 집중화되어 있는 특징을 보이고 있다. 통계적으로 우리나라 고령
층의 상대 빈곤율(50% 중위소득 미만)은 45.7%로 OECD 국가 중 최고 수준이
며, 노인 빈곤율과 전체인구 빈곤율(13.8%)과의 격차는 31.9%로 OECD 국가

중 최대를 기록하고 있다(OECD, 2017). 또한 국내 독거노인의 상대 빈곤율은 76.6%로 부부노인의 상대 빈곤율(40.8%)의 약 두 배 수준이며, 남성보다는 여성노인이, 젊은 고령층보다는 나이든 고령층의 빈곤율이 높아지는 경향을 보이고 있다(김정근, 2011).

현 노인세대들은 이미 노년기에 진입하였고, 높은 빈곤율로 인해 실제적으로 경제적 노후준비를 하는 데 어려움이 존재하기 때문에 공공부조와 공공일자리 등을 활용한 노후소득보장 방법들을 모색할 필요가 있다. 공공부조와 기초연금과 같은 최하단 노후소득보장체계의 확대와 더불어 건강한 노인에게는 일자리를 제공해 주고, 건강하지 못한 노인들에게는 의료비로 인한 경제적 어려움을 경감시킬 수 있는 제도적 노력을 통해 현 노인세대들의 빈곤문제를 해결할 수 있을 것으로 보인다.

미래 노인의 노후소득보장을 위해서는 공적연금제도의 보완 및 수정을 통해 국민연금의 사각지대를 해소하여 젊은 시기에 스스로 노후소득을 준비할 수 있도록 유도하는 것이 바람직하다. 이를 위해서는 먼저 국민연금가입자 중 최소가입기간(10년)을 충족하지 못하거나, 소득이 없어 가입조차 하지 못하는 '사각지대'를 해소하기 위한 정책적 대안이 요구된다. 전업주부와 같이 소득이 없어 공적연금에 가입하지 못하는 '제도 외부' 사각지대와 실업·사업 중단 등으로 국민연금에 가입했지만 납부 예외·장기체납자로 분류되는 사람들은 '제도 내부' 사각지대의 특성을 고려한 정책이 필요하다. 국민연금공단 자료에 의하면 2018년 3월 기준 국민연금 가입 대상자(18~60세 미만) 3,099만 명 가운데 적용 제외자는 958만 명(29.4%)이며, 가입자 2,141만 명 납부 예외자(368만 명)·장기체납자(102만 명) 비중은 전체의 15.2%로 '사각지대'에 해당하는 대상자가 44.6%를 차지하고 있는 실정이다(국민연금공단, 2018).

2) 저소득층의 연금수준 보장성 확보

소득수준이 낮은 근로자들이 연금을 통해 노후소득을 보장받기 위해서는 이들이 노후를 위해 스스로 공적연금과 사적연금에 적극적으로 가입할 수 있는 유인책을 마련하는 것이 필요하다.

공적연금인 국민연금 임의가입자의 경우 2018년 7월 기준 최소 월 9만 원의 보험료를 내야 하는데 저소득층은 최소보험료도 부담스러워 국민연금 가입을 거부하는 상황이다. 저소득층의 공적연금 가입을 위해 보험료를 일부 감면거나, 공적연금의 소득과 무관한 기초액(basic amount) 부분을 확대시켜 다른 가입자들과의 형평성 문제 및 역차별 문제를 해결할 수 있을 것으로 보인다. 사적연금의 경우에는 독일의 리스터연금과 같이 일정 소득 이하의 대상자가 개인연금에 가입할 경우 정부가 보조금을 지급하여 사적연금 가입을 유인할 수 있을 것이다. 현재 우리나라 국민연금 소득대체율은 2028년 40%로 하향 조정될 예정으로 저소득층의 경우에는 충분한 노후소득을 보장받는 데 어려움이 있기 때문으로 공적연금의 부족분을 보충할 필요가 있다.

3) 퇴직연금의 의무화를 통한 노후소득보장능력 강화

미래 노인의 노후소득보장을 위해서는 현재 국민연금의 소득보장 역할이 충분하지 않은 우리나라 현실에서 일부 사적연금 가입을 의무화하여 국민의 노후소득보장을 공적연금과 사적연금이 병행하도록 유도하는 것도 고려할 수 있다. 호주, 칠레, 네덜란드, 이스라엘 등 일부 국가에서는 퇴직연금을 의무화하여 부족한 공적연금의 소득보장능력을 강화하기 때문이다. 현재 우리나라 공적연금이 약 40% 정도의 소득대체율을 보이고 있으므로 사적연금이 30~40% 정도의 소득대체율을 보장하면 선진국 수준의 70~80% 수준의 소득대체율을 확보할 수 있을 것으로 보인다. 국내에서도 퇴직연금을 2019년부터 300인 이상 사업장에 의무화하고 이후 단계적으로 적용 범위를 확대하는 방안을 추진 계획하였으나, 이루어지지 않은 상황이다. 2017년 기준 100인 이상 사업장의 퇴직연금 가입률은 64.8% 수준이며, 5인 미만 가입률은 12.2%, 5~9인은 28.0%, 10~29인은 44.2%로 전체 가입률(50.2%)에 비해 사업장 규모가 낮을수록 퇴직연금 가입률도 낮게 나타났다(통계청, 2018b).

4) 공적연금 개혁 논의

2007년 국민연금 개혁은 '그대로 내고 덜 받는' 구조로 된 변화로 국민연금 보험료율은 9%로 유지하면서 소득대체율만 40%로 감소하도록 하였다. 하지만 현재 우리나라 국민연금보험료율은 OECD 평균(52.9%)보다 낮은 수준으로 국민연금을 통한 노후소득보장을 확보하기 위해서는 보험료율의 상승이 요구된다(OECD, 2017). 하지만 '더 내고 노후소득보장을 확보'하자는 논의는 급속한 고령화로 인해 미래 세대에 대한 부담이 증가할 수 있고, 재정적 안정화를 훼손할 수 있다는 우려가 있어 사회적 합의가 필요한 상황이다.

이외에도 국민연금, 공무원연금, 군인연금 및 사학연금 등 '4대 보험' 중 공무원, 군인연금에는 이미 적자 보전을 위해 정부재정이 투입되고 있어 연금의 전체적인 개혁이 요구되고 있다. 공무원연금은 2005년에 이미 1,742억 원의 정부지원이 들어갔지만 2009년에는 그 11배인 1조9,028억 원이 투입되었으며, 군인연금에도 2004년에는 6,147억 원이 투입되었지만, 2009년에는 9,400억 원으로 늘었다(김춘순, 2010; 김용하, 2015). 사학연금도 2030년 초반 혹은 중반 이후에는 기금 고갈이 예상된다. 2007년 연금 개혁으로 다른 보험들보다 상대적으로 재정건전성을 유지하게 된 국민연금도 2060년 기금이 고갈될 것으로 예상되고 있어 4대 연금의 전체적인 개혁이 요구되고 있다(김용하, 2015). 연금의 재정불건전성은 다음 세대에게 경제적 부담을 전가시킴으로써 현 세대가 이익을 누리는 구조로 세대 간 불평등을 초래할 뿐만 아니라

연금제도 자체를 붕괴시킬 수 있는 위험을 포함하고 있기 때문이다. 따라서
정부와 국민, 정치권이 함께 4대 연금 개혁을 위한 진지한 합의를 이루는 것
이 필요한 시점이다.

참고문헌

강성호(2017). 우리나라의 공사연금정책과 노후소득보장강화방안: 사적연금을 중심으로.
　　보험연구원.

국민연금공단(2018). 국민연금 공표통계.

김대환(2011). 실질소득대체율과 정책적 시사점. 서울: 보험연구원.

김성숙(2008). 공적연금의 이해. 전북: 국민연금연구원.

김용하(2015). 공적연금 재정안정화를 위한 정책과제와 개선방안. 예산정책연구 4(2),
　　1-30.

김정근(2011). 고령화 시대의 노인 1인 가구—소득 변화의 특징과 시사점. SERI 경제포
　　커스, 357.

김춘순(2010). 4대 공적연금 재정수지의 전망과 대책. 보건복지포럼, 2010년 10월호,
　　79-88.

노형식(2011). 금융 포커스: 장수위험 대비를 위한 연금화 활성화의 과제. 주간금융브
　　리프, 20(45), 12-13.

동아일보(2000. 3. 31.). '통계로 본 80년/평균수명 60면새 30년 늘어', http://news.
　　donga.com/more26/3/all/20000331/7521641/1

류건식(2012). 최근 칠레의 연금개혁 동향과 시사점. KiRI Weekly(2012. 12. 10.). 서
　　울: 보험연구원.

보건복지부(2017). 2017 보건복지백서.

오병국(2011). 개인연금의 이해(7): 노후생활연금, 주택연금, 농지연금. KiRI Weekly
　　(2011. 10. 31.). 서울: 보험연구원.

이상우(2017). 개인연금의 이해(3): 개인연금과 연금저축의 차이. KiRI Weekly(2017.
　　7. 18.). 서울: 보험연구원.

이용하, 권문일, 홍백의, 김원섭(2014). **공적연금의 이해 2**. 전북: 국민연금연구원.

정원석, 강성호, 이상우(2014). 소득수준을 고려한 개인연금 세제 효율화방안: 보험료 납입단계의 세제방식을 중심으로. **조사보고서**, 2014년 2호, 1-118.

최연혁(2012). 스웨덴 연금제도 발전과정과 이해관계자 집단의 갈등조정에 대한 분석. 세종: 한국보건사회연구원.

통계청(2018a). kosis.kr

통계청(2018b). 2017년 하반기 및 연간 퇴직연금통계. 보도자료(2019. 12. 28.).

한국일보(2017. 11. 6.). [비껴보기] 명목은 45% 실제론 24%, 허울뿐인 국민연금 소득대체율 http://www.hankookilbo.com/v/da66d6e6993d47dc9eeeede77ed54300

Blake, D. (2006). *Pension Economics*. John Wiley & Sons.

Kang, S. Y., & Kim, J. (2015). Successful aging and economic security among older Koreans, In Lydia Li (eds.), *Successful aging in Southeast Asia* (pp. 51-64). Springer.

Kim, J., & Kang, S. Y. (2015). Work longer, better satisfaction? Financial & psychological satisfaction among Korean baby boomers and older workers. *International Social Work, 61*(6), 809-825.

Kontis, V., Bennett, J. E., Mathers, C. D., Li, G., Foreman, K., & Ezzati, M. (2017). Future life expectancy in 35 Industrialised countries: projections with a Bayesian model ensemble. *The Lancet, 389*(10076), 1323-1335.

McDonld, R. (2017). **노화의 생물학**. 서울: 월드사이언스.

OECD (2017). Pension at a glance 2017: OECD and G20 Indicators.

World Bank (1994). *Averting the Old-Age Crisis: Policies to Protect the Old and Promote Growth*. Oxford University Press, Oxford.

국민연금공단 홈페이지 www.nps.or.kr

제9장
•

장기요양보장

　장기요양보장제도를 도입한 국가의 도입 배경에는 의료기술의 발전으로 인한 인구고령화, 가족구조 및 가족에 대한 가치관 변화와 같은 인구사회적 변화와 노인의 사회적 입원으로 인한 노인의료비 증가, 만성질환자 및 치매환자의 수 증가 등 보건의료적 변화를 들 수 있다.

　장기요양보장제도의 주요 특징은 그 대상자가 주로 고령노인이라는 점, 장기요양서비스의 공급주체가 매우 다양하다는 점과 대부분의 국가에서 재가서비스를 거주시설에 우선한다는 것이다.

　장기요양보장제도는 사회보험형으로 장기요양보험 단일형과 기존의 의료보험제도 내에서 장기요양서비스를 제공하는 의료보험혼합형, 보편적 사회수당형, 그리고 선별적 사회부조형으로 구분할 수 있다.

　다른 나라에 비해 빠른 고령화와 핵가족화로 인하여 노인돌봄에 관한 사회적 욕구가 급격히 커진 우리나라에서는 2008년 7월 우리나라의 다섯 번째 사회보험인 노인장기요양보험을 시행하게 되었다. 돌봄의 사회화를 통해 타인의 돌봄을 장기적으로 필요로 하는 노인과 가족의 삶의 질이 향상되었다는 긍정적인 평가를 받고 있음에도 불구하고 앞으로 해결해 나가야 할 과제는 많이 남아 있다. 노인장기요양보험제도의 개선을 위해서는 장기요양급여의 질적 수준 향상, 비공식 수발자를 위한 사회정책지원을 포함한 재가급여의 활성화와 장기요양제도의 지속 가능성을 위한 방안이 모색되어야 한다.

1. 사회적 위험: 고령화와 치매

장기요양이란 신체적, 인지적 또는 심리적 장애로 인하여 일상생활을 자립적으로 수행할 능력이 없거나 부족하여 타인의 도움을 필요로 하는 사람들에게 보건복지서비스를 장기적으로 제공하는 것이다. 대부분의 국가에서 경제발전과 보건의료기술의 발달로 인한 인구의 고령화, 노동 환경과 가족에 대한 가치관 변화로 인한 출산율 감소, 교육수준이 높아진 여성의 노동시장 참여 증가로 인한 돌봄인력 부족 등의 다양한 이유로 장기요양서비스를 제도적으로 제공하기 시작하였다.

인구고령화는 전 세계의 공통적인 현상이지만 그 속도는 국가별로 차이가 크다. 고령화 속도가 빠른 일본의 경우 80세 이상 인구비율이 1990년 2%에서 2015년 8%로 올랐으며, 2050년에는 15%까지 차지할 것으로 예측된다. 한국은 OECD 회원국 중에서는 아직까지 상대적으로 젊은 국가이지만, 2035년 이후 2050년까지 80세 이상 인구가 차지하는 비율은 일본과 유사할 것으로 보인다([그림 9-1] 참조).

특히, 인구고령화와 맞물려 치매노인 수도 빠르게 증가하고 있어 고령노인의 수발을 더 이상 가족에게만 전가할 수 없게 되었다. 2017년에는 OECD 회원국 인구의 약 1억 870만 명이 치매를 앓고 있었다. 이는 전체 인구와 비교하면 69명당 1명이 치매에 걸린 것을 의미한다. 치매 유병률은 연령이 높아

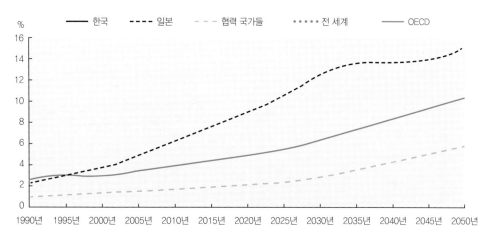

[그림 9-1] OECD 국가의 80세 이상 인구 추이(1990~2050년)

출처: OECD (2017), p. 199.

질수록 급격히 증가하는데, 연령별로 비교하면 OECD 국가에서 65~69세 인구의 약 2%가 치매를 앓고 있는 반면, 90세 이상 인구 중에서는 40% 이상이 치매환자다(OECD, 2017: 205). 일본, 이탈리아, 독일은 인구 1,000명당 20명 이상이, 슬로바키아 공화국, 터키, 멕시코는 9명 미만이 치매를 앓고 있어 노인인구가 많은 국가일수록 치매환자가 많은 것을 확인할 수 있다. 한국은 2017년 현재 인구 1,00명당 약 10명이 치매환자이나 2037년에는 약 25명으로 급격히 늘어나 일본의 40명보다는 낮지만 아시아에서는 두 번째로 많을 것으로 예상된다([그림 9-2] 참조).

장기적인 돌봄을 필요로 하는 노인이나 장애인을 가족이 부양하는 어려움은 특정 계층이나 저소득층에 국한되지 않기 때문에 대부분의 OECD 국가에서는 사회환경의 급속한 변화를 고려하여 장기요양보장제도를 시행하고 있다. 장기요양보장제도를 도입한 국가는 그 나라마다의 인구사회학적 변화, 복지발달과정에서의 특성, 의료보장체계 등에 따라 '장기요양'이라는 사회적 욕구에 각기 다르게 대응해 왔다. 대부분의 국가는 연령이나 장애 유무와는 상관없이 일상생활을 하는 데 도움을 필요로 하는 이들과 가족의 경제적·정

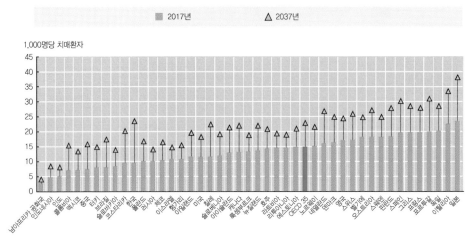

[그림 9-2] OECD 회원국의 치매 유병률

출처: OECD (2017), p. 205.

신적 부담을 덜어 주는 것을 목적으로 다양한 장기요양서비스를 제공한다. 장애인은 물론 수발을 필요로 하는 노인 본인이 거주하는 지역 내에서 최대한 오랫동안 생활할 수 있도록(Ageing in Place) 거주시설 외에 신체활동이나 가사활동 지원 등의 재가서비스 종류는 최근에 더 확대되고 있다.

2. 장기요양제도의 원리와 형태

1) 장기요양보장의 특징

장기요양보장은 수요자와 공급자, 서비스 공급 원칙에서 주요 특징을 찾아볼 수 있다.

첫째, 장기요양서비스 이용자는 주로 고령노인이다. 대부분의 국가는 연령이나 장애 여부와 상관없이 장기요양 필요성 정도에 따라 서비스를 제공한다. 그러나 OECD 국가에서 장기요양수급자를 연령별로 살펴보면 장애인보다는 65세 이상의 노인이, 특히 80세 이상의 고령노인이 장기요양수급자의 절반 이상을 차지하며, 일본이나 덴마크와 호주의 경우 3분의 2를 차지할 정도다(OECD, 2017: 206). 특히, 노인은 만성질환이나 치매로 인하여 치료를 위한 의료서비스 외에 사망하기 전까지 장기간 지속적인 돌봄을 필요로 하기 때문에 가족의 사회경제적 부양부담이 증가하는 특징을 갖고 있다.

둘째, 장기요양보장서비스의 공급주체는 매우 다양하다. 장기요양서비스는 일상생활에서 타인의 도움을 장기간에 걸쳐 필요로 하는 이들에게 제공되는 서비스로 의료서비스와 구별된다. 욕구사정, 상담, 평가 및 계획 등의 행위를 포함하는 장기요양서비스는 사회서비스의 특성이 강하다. 그럼에도 불구하고 공급자는 공공기관, 영리기관, 비영리기관, 가족, 친구, 이웃과 같은 비공식 수발자 등 매우 다양하여 장기요양제도는 복지다원주의를 상징하는 대표적인 제도라고 할 수 있다. 국가마다 어떤 공급주체의 역할이 강조되는지는 그 나라의 복지전통과 문화적인 측면이 반영되어 다르다. 스웨덴은 공공 중심의 제공체계를, 영국, 독일, 오스트리아는 공공과 민간 혼합 제공체계를 그리고 미국은 민간 공급체계를 채택하고 있으며, 대부분의 아시아 국가는 가족과 같은 비공식 수발자의 역할을 강조해 왔다.

셋째, 장기요양보장제도를 도입한 모든 국가는 재가서비스를 거주시설에 우선한다. 재가서비스가 제공됨으로써 노인은 거주하던 지역에서 사회적 관계를 유지하면서 독립적인 삶을 살아갈 수 있다. 주거시설도 최근에는 전통적인 요양시설에서 벗어나 개인주택에서 수발을 필요로 하는 노인들이 공동생활가정을 이루어 거주하면서 다양한 재가서비스를 이용할 수 있도록 하는 등 노인의 선택권을 강화하고 있다. 이와 같은 재가서비스는 우리나라를 포함한 많은 국가에서 '커뮤니티 케어'를 촉진하는 전략 중 하나로 채택되고 있다(Colombo et al., 2011).

2) 장기요양보장의 주요 내용

(1) 적용 대상

장기요양보장제도는 장애, 노인성질환, 고령으로 인하여 일상생활에 제한을 받아 6개월 이상 혼자서 일상생활을 수행하기 어려운 사람을 대상으로 한다. 국가별로 이용자의 연령에 제한을 둘 수도 있다. 일본의 장기요양보험(개호보험)에서 건강보험가입자는 장기요양보험가입자와 동일하지만 연령을 기준으로 40~64세와 65세 이상으로 분류하고 있어 40세 미만인 자는 피보험자에서 제외된다. 일본은 제도 도입 이후 연령 인하를 검토해 왔지만 장애인 자립지원이나 장애인복지 등의 수준에서 장기요양보험과 차이가 커서 연령 제한은 유지되고 있다(배준호 외, 2018: 528). 우리나라도 원칙적으로 65세 이상 인구를 적용 대상으로 하며, 65세 미만인 경우 노인성 질병을 가진 자만 인정된다.

(2) 급여 종류

장기요양급여는 크게 현물급여와 현금급여로 구분된다. 장기요양 대상자가 필요로 하는 서비스를 직접 제공하여 수급자의 욕구를 충족할 수 있는 것이 장점인 현물급여는 대인서비스, 보건의료서비스, 사회서비스로 구분할 수 있다. 대인서비스에는 식사, 배설, 목욕 등 일상생활을 지원하는 서비스를, 건강관리서비스에는 영양, 투약과 건강관리, 재활훈련 등이 포함되며 사회서비스에는 세탁, 청소, 가사, 이동, 사회관계망 유지 등의 서비스가 있다.

대상자가 자립적으로 생활하기 어려운 경우 다양한 유형의 주거시설에서 생활하며 장기요양서비스와 돌봄서비스를 제공받을 수 있다. 유럽의 장기요양시설은 1~2인실을 기준으로 하며 시설에 들어오기 전 본인이 사용하던 소파나 탁자, 사진 등 본인의 개인물품을 가져올 수 있는 것이 한국과 크게 다른 점이라고 할 수 있다. 부분거주시설로는 주·야간보호기관과 단기보호기관이 포함된다. 단기보호는 장기요양 대상자 중 특별한 위기 상황이나 병원 퇴원 후 단기간 동안 혼자서 생활하기 어려운 사람이 주로 이용한다.

현금급여는 많은 국가에서 다른 현물급여와 함께 채택하고 있다. 현금급 여의 장점은 장기요양 대상자의 자기결정권과 서비스 선택권 존중, 복지비 용의 효율성 제고, 재가서비스의 활성화, 서비스 제공의 유연성 제고 등을 들 수 있다. 특히, 현금급여는 비공식 수발자가 제공한 수발서비스에 대하여 직 접 또는 간접적으로 경제적인 보상을 받고, 보다 안정적인 수발을 할 수 있다 는 점에서 중요한 의미를 지닌다(남현주, 2009: 312). 일본은 장기요양보장제 도를 시행하고 있는 국가 중 유일하게 현금급여를 전혀 지급하지 않는다. 그 이유는 여성들이 주로 가족의 수발을 책임지게 되어 성불평등이 증가할 것을 우려한 시민단체들이 현금제도 도입을 강하게 반대하였기 때문이다.

(3) 급여 공급자

장기요양서비스의 공급자는 크게 공공과 민간으로 구분되며, 민간은 영리 와 비영리기관으로 나뉜다. 최근 많은 국가에서 영리기관의 수가 늘어나는 추세다. 오스트리아는 다른 나라에 비하여 공공기관이 운영하는 주거시설이 상대적으로 많은데도 불구하고 1983년에서 2010년 사이 영리기관의 입소 정 원이 세 배 이상 늘어났다(Müller & Theurl, 2011).[1]

장기요양서비스를 직접 제공하는 자들의 전문성을 기준으로 공식적 서비 스 제공자와 비공식 수발자로 구분할 수 있다. 공식적 서비스는 의사, 간호 사, 사회복지사, 요양보호사 등 직업을 가진 전문인력에 의해 제공된다. '비 공식 수발자(informal carer)'는 수발 필요자와의 동거 여부와 상관없이 그의 사회적 네트워크 내에서 무급으로 일상생활에 도움을 주는 가족, 이웃, 친구

---

1) 오스트리아의 2010년 기준 주거시설 수를 기관 유형별로 살펴보면 공공기관 51%, 비영리기관 30%, 영리기관은 19%를 차지한 반면 독일은 2009년 기준 공공기관 5%, 비영리기관 55%와 영리기 관은 40%의 분포를 보였다.

등으로 정의된다. 장기요양 인프라가 잘 갖추어진 국가에서도 비공식 수발자는 서비스 제공자로서 여전히 가장 중요한 역할을 한다(OECD, 2017: 204). 비공식 수발은 장기요양 대상자의 주거시설 입소를 예방할 뿐 아니라 공식서비스 제공자보다 대상자의 서비스 욕구에 유연하게 대응할 수 있다는 장점이 있다. 최근 대부분의 국가는 커뮤니티 케어를 강조하고 있어 지역사회 내 비공식 수발자의 역할은 더욱 커질 것으로 예상된다.

3) 장기요양보장제도의 유형

장기요양보장제도는 일반적으로 국가별 의료보장제도의 형태에 따라 다르게 발전하였다. 장기요양 대상자는 노인, 장애인, 만성질환자 등으로 장기적으로 다양한 서비스를 필요로 하여 막대한 비용이 소요되기 때문에 국가의 개입이 요구된다. 대부분의 사회보장제도는 사회보험형, 사회수당형, 사회부조형으로 분류되는데, 장기요양보장제도는 사회보험에서도 장기요양보험 단일형과 기존의 의료보험제도 내에서 장기요양서비스를 제공하는 의료보험혼합형으로 구분할 수 있다. 사회보험과 사회수당형의 장기요양보장제도를 운영하는 국가에서도 본인부담을 적용하여 오남용 방지 및 재정안정화를 도모한다. 사회수당형 국가에서는 보편적으로 장기요양 필요성이 인정되면 자산이나 소득조사를 받지 않고 급여가 지급되는 반면 사회부조형에서는 선별적으로 지급된다.

(1) 단일장기요양보험

장기요양보장을 위하여 기존의 의료보험과 독립되게 운영되는 사회보험을 채택한 국가는 독일, 일본, 한국이 유일하다. 의료보험 가입자는 의무적으로 장기요양보험에도 가입하여야 하며 보험료는 고용주와 피고용주가 절반씩 부담한다. 보편적으로 모든 국민에게 적용되는 사회보험의 특성상 소득이나 자산조사 없이 급여가 제공되나, 장기요양 대상자는 장기요양 판정을 받고 장기요양 등급에 따라 차등된 급여를 받을 수 있다.

재원은 기여금과 정부지원금으로 구성되는데 기여금이 총재원의 큰 부분을 차지한다. 반면 일본의 경우 본인부담금을 제외한 재정의 절반씩을 기여금과 일반재원으로 충당하고 있다(배준호 외, 2018: 537).

(2) 의료보험혼합형

대부분의 국가가 단일제도 없이 각 국가의 의료보험제도 내에서 장기요양을 필요로 하는 사람에게 장기요양 문제를 해결하고 있다. 의료보험 내에서 장기요양제도를 운영하는 국가는 네덜란드가 대표적이다. 네덜란드는 공적 의료보험제도 내에서 장기요양급여인 특별의료비보장제도를 1968년부터 운영하고 있다. 지방자치단체가 운영하는 사회적 지원서비스 또한 보험체계 내에 두고 제공된다(강신욱 외, 2018: 311-315).

(3) 사회수당형

가장 보편적인 제도로서 장기요양을 필요로 하는 사람이 소득조사나 자산조사를 받지 않고 기여를 하지 않아도 장기요양 필요성이 인정되면 현물이나 현물급여를 받을 수 있다. 현금으로만 급여를 지급하는 오스트리아는 1993년 유럽에서 처음으로 장기요양수당제도를 시행하였다. 장기요양수당은 특별한 자사조사나 나이 제한 없이 장기요양 필요성이 인정된 대상자에게 등급별 정해진 금액이 직접 지급된다(BMASGK, 2019). 특이한 것은 급여의 사용에 관해서는 특별한 규정을 두고 있지 않아 수당 수급자들은 수당을 자신을 돌보는 가족들에게 수발에 대한 대가로 줄 수 있다는 것이다.

사회수당형 장기요양서비스를 제공하는 스칸디나비아 국가에서는 국가의 역할이 크며 가족의 책임은 상대적으로 작다. 이 국가들의 장기요양제도는 일반조세를 가장 큰 재원으로 하며 서비스 이용자의 본인부담은 낮은 편이다. 다른 특징으로는 공식 부문(formal sector)의 역할이 다른 유럽 국가에 비해 상대적으로 크다는 것과 장기요양서비스 공급과 재정에 대한 기초자치단체의 책임과 권한이 큰 것을 들 수 있다(Kraus et al., 2011: 70).

(4) 사회부조형

사회부조형 장기요양보장제도는 모든 유형 중 가장 선별적으로 운영된다. 장기요양급여 수급조건을 엄격하게 규정하여 자산조사나 소득조사 또는 부양자 여부를 확인하고 급여를 제공한다. 사회보험이나 사회수당형의 제도를 채택하지 않은 대부분의 국가는 일반재원으로 운영되는 사회부조형 장기요양제도를 운영하고 있다. 영국의 잉글랜드가 대표적으로 사회부조방식의 장기요양체계를 갖추고 있다. 장기요양 대상자를 선정하는 데 있어 장애 여부는 상관없으나 아동과 성인을 분리하여 자산조사를 통하여 대상자를 선정한다(최복천 외, 2018: 439).

독일이나 오스트리아도 독립된 제도를 도입하기 전에는 자산조사를 통하여 저소득층에게만 장기요양서비스를 제공하였으며, 우리나라도 노인장기요양보험을 도입하기 전에는 국민기초생활보장수급자에게만 장기요양서비스를 무료로 이용할 수 있도록 하였다.

3. 한국의 노인장기요양보험제도

이 절에서는 한국의 노인장기요양보험제도의 연혁과 주요 내용을 간략하게 다루고자 한다.

1) 노인장기요양보험제도의 연혁

고령화의 속도가 세계에서 가장 빠른 한국에서 노인장기요양보장제도에 관한 논의가 시작된 것은 2001년 대통령 광복절 경축사에서 도입을 제시하면서부터다. 2003년 참여정부부터 「공적노인요양보장추진기획단」을 설치하여 운영하는 것을 시작으로 2005년 10월 노인장기요양보험법(안)을 마련하여 입법 예고를 하였다. 2006년 2월 여야 당에서 총 7개 법안을 국회에 제출하여 법 명칭부터 구체적인 제도 내용까지 다양한 측면에서 논의가 진행되었다. 2005년 7월부터 2008년 6월까지 총 세 차례에 거쳐 시범사업을 실시하였다. 1차 시범사업에서는 여섯 개 시·군·구 65세 이상 기초생활보장 수급노인을 대상으로 실시하였고, 2차 시범사업에서는 여덟 개 시·군·구와 3차 시범사업에서는 13개 시·군·구에서 65세 이상 노인을 대상으로 실시하였다.

「노인장기요양보험법」은 2007년 4월 2일 국회에서 제정되어 2008년 7월부터 우리나라의 다섯 번째 사회보험인 노인장기요양보험이 시행되었다. 이로 인하여 빈곤한 기초생활보장 수급노인에게만 선별적으로 제공되던 노인장기요양서비스를 65세 이상 장기요양서비스를 필요로 하는 모든 노인은 소득조사, 자산조사, 부양의무자 조사 없이 보편적으로 이용할 수 있게 되었다.

2008년 7월 도입 당시 노인장기요양보험의 수급자격을 65세 이상 노인의 3% 정도에 해당하는 중증도가 높은 집단으로 국한하여 시작하였으나, 수급자격이 너무 엄격하여 노인장기요양서비스의 사회화 정도가 매우 낮다는 비판을 받았다. 2014년 7월부터 노인장기요양 등급체계가 세 개 등급에서 다섯 개 등급으로 개편되면서 기존의 3등급 대상자를 질환의 경중에 따라 3등급과 4등급으로 세분화하고 '치매특별등급'인 5등급을 신설하였다. 이는 기존에 경증 치매로 인하여 '등급 외' 판정을 받은 이들을 제도 내로 포함시킨 것으로 치매에 대한 사회적 문제의식을 정부가 반영한 것이다.

2016년 7월 보건복지부는 '치매전담형 장기요양기관'제도를 도입하여 치매관리를 더욱 강화하기 시작하였다. '치매전담형 장기요양기관'은 치매노인 전용공간인 치매전담실, 치매전담형 주·야간 보호시설, 치매전담형 공동생활가정시설 등을 갖추고 치매 전문교육을 받은 인력이 치매노인의 인지기능 유지 및 문제행동 개선에 중점을 둔다.

치매노인이 증가하는 현실을 반영하기 위하여 2018년 1월부터 인지기능이 많이 떨어지지만 신체기능이 비교적 양호한 경증 치매노인을 위하여 '인지지원등급'을 신설했다. 인지지원등급자들은 주 3일 주·야간보호센터에서 신체·인지강화 프로그램을 이용할 수 있다.

2) 노인장기요양보험제도의 내용

(1) 가입자 및 적용 대상

노인장기요양보험의 가입자는 국민건강보험 가입자와 동일하다(「노인장기요양보험법」 제7조 제3항). 외국인근로자의 경우 장기요양보험 가입 제외를 신청하는 경우에는 노인장기요양보험 가입자에서 제외될 수 있다. 의료급여 수급권자와 같은 공공부조 대상자는 국민건강보험과 노인장기요양보험의 가입 대상에서는 제외되지만 공공부조수급권자로서 노인장기요양보험 급여 대상에는 포함된다.

한국의 '노인장기요양보험'은 고령이나 노인성 질병 등의 사유로 일상생활을 혼자서 수행하기 어려운 노인에게 신체활동 또는 가사활동을 지원하여 노후의 건강증진 및 생활안정을 도모하고 그 가족의 부담을 덜어 줌으로써 국민의 삶의 질을 향상하는 것을 목적으로 한다(「노인장기요양보험법」 제1조). 본 제도의 명칭에서 바로 알 수 있듯이 우리나라의 노인장기요양보험은 원칙적으로 65세 이상의 노인을 적용 대상으로 하며, 65세 미만의 사람은 치매 또는 뇌혈관성 질환 등 노인성 질병을 가진 사람만 대상의 범위에 포함한다. 이로 인하여 우리나라의 노인장기요양보험은 노인과 근로세대 간 재분배기능이 상대적으로 크다는 특징이 있다.

(2) 재정

노인장기요양보험 재정은 보험가입자, 정부, 서비스 이용자 3자가 부담하는 것을 원칙으로 한다. 가장 큰 부분을 차지하는 보험료는 노인장기요양보험 가입자가 납부한 건강보험료에 일정한 노인장기요양보험료율을 곱하여 자동으로 납부한다. 2008년 4.05%로 시작한 장기요양보험료율은 2019년 현재 8.51%이다. 노인장기요양보험료율은 매년 재정 상황을 고려하여 보건복지부 장관 소속의 '장기요양위원회'의 심의를 거쳐 대통령령으로 결정한다. 국가는 매년 예산의 범위 안에서 해당 연도 장기요양보험료 예상수입액의 100분의 20에 상당하는 금액을 공단에 지원한다(「노인장기요양보험법」 제58조).

서비스 이용자의 본인부담은 의료급여 수급 여부와 장기요양급여 유형에 따라 다르다. 일반 장기요양보험 급여수급자는 재가급여비용의 15%와 시설급여비용의 20%를 본인이 부담하고, 기초생활수급권자는 본인부담금을 면제 받는다. 「의료급여법」에 따른 의료급여 수급권자, 차상위 감경 대상자, 천재지변 등 보건복지부령으로 정하는 사유로 인하여 생계가 곤란한 자는 본인 일부 부담금의 60%를 감경하며, 보험료 감경 대상자는 본인 일부 부담금의 40~60%를 감경 받을 수 있다.

식사재료비, 상급침실 이용에 따른 추가비용, 이·미용비 등 장기요양급여에 포함되지 않는 서비스비용과 월 한도액을 초과하는 장기요양급여비용은 의료급여 수급권자와 본인부담 경감자도 전액 본인이 부담하여야 한다.

재정은 건강보험과 같은 부과방식으로 운영되기 때문에 가입자가 납부한 당해의 보험료 수입으로 제도 도입과 동시에 장기요양급여를 가입자나 피부양자에게 제공할 수 있었다. 그러나 장기요양보험 재정은 보장성 강화와 인구고령화 등으로 인하여 2016년 당기수지 적자를 기록한 이후 재정수지 악화에 직면하고 있다(국회예산처, 2018).

(3) 급여

장기요양기관은 수급자의 선택권을 존중하고 자립생활을 할 수 있도록 적정한 급여를 제공하여야 한다. 장기요양급여는 크게 재가급여, 시설급여, 특별현금급여로 구분되며 재가급여를 우선으로 한다.

재가급여는 수급자가 본인의 주거지에 거주하면서 받을 수 있는 서비스로 방문요양, 인지활동형 방문요양, 방문목욕, 방문간호와 통원형 서비스인 주·야간보호와 단기보호 그리고 기타 재가급여로 복지용구 대여 및 구매로 구분된다.

- 방문요양: 장기요양요원이 수급자의 가정을 방문하여 신체활동 및 가사활동 등을 지원하는 서비스
- 인지활동형 방문요양: 장기요양 5등급 수급자에게 인지자극활동 및 잔존기능 유지 및 향상을 위한 사회활동 훈련(예: 수급자와 함께 옷 개기, 요리하기 등)
- 방문목욕: 방문요양요원이 목욕 설비를 갖춘 차량을 이용하여 수급자의 가정을 방문하여 제공하는 목욕서비스
- 방문간호: 의사, 한의사 또는 치과의사의 지시에 따라 간호사, 간호조무사 또는 치위생사가 가정을 방문하여 제공하는 간호, 진료 보조, 요양에 관한 상담 또는 구강위생 등의 서비스
- 주·야간보호: 장기요양기관에서 주간 또는 야간 동안 목욕, 식사, 기본간호, 치매관리, 응급서비스 등 심신기능의 유지 및 향상을 위하여 제공하는 교육과 훈련 등의 서비스
- 단기보호: 수급자를 월 15일 이내 기간 동안 장기요양기관에 보호하여 신체활동 지원 및 심신기능의 유지 및 향상을 위하여 제공하는 교육과 훈련 등의 서비스
- 기타 재가급여: 수급자의 일상생활 또는 신체활동 지원에 필요한 용구

제공 및 대여(예: 휠체어, 전동·수동침대, 욕창방지 매트리스·방석, 욕조용
리프트, 이동욕조, 보행기 등)

재가급여(복지용구 제외)는 등급별로 수급자가 이용할 수 있는 월 한도액이
다르며, 급여비용은 재가급여의 종류와 등급, 이용시간에 따라 차등화되어
있다.

시설급여는 장기요양기관에 장기간 입소한 수급자에게 신체활동 지원 및
심신기능의 유지·향상을 위한 교육과 훈련 등을 제공하는 급여로 노인요양
시설과 노인요양공동생활가정이 있다.

- 노인요양시설: 치매, 중풍 등 노인성 질환으로 인하여 심신에 상당한 장
  애가 발생하여 도움을 필요로 하는 자에게 가정과 같은 주거 여건과 급
  식, 요양 및 그 밖에 일상생활에 필요한 편의를 제공하는 거주시설
- 노인요양공동생활가정: 거주인원이 5인 이상에서 9인 이하로 제한되며,
  가정과 같은 주거 여건에서 서비스를 제공하는 거주시설

시설급여는 요양 필요도가 높은 1~2등급 수급권자에게 우선적으로 선택
권이 보장되며, 그 밖의 등급자들은 가정에서의 보호가 어렵다고 판단되는
경우에 예외적으로 시설급여를 받을 수 있다.

특별현금급여는 가족요양비, 특례요양비, 요양병원간병비로 구분된다(「노
인장기요양보험법」 제23조~제26조). 제도 도입 이후 유일하게 가족요양비만
지급되고 있으며, 가족요양비 수급자는 재가급여나 시설급여를 중복하여 받
을 수 없으나 기타 재가급여는 중복수급이 가능하다.

- 가족요양비: 도서·벽지 등 장기요양기관이 현저히 부족한 지역, 천재
  지변이나 이와 유사한 사유로 장기요양급여 이용이 어려운 경우 또는

신체·정신 또는 성격 등의 사유로 인하여 가족 등으로부터 장기요양을
받아야 하는 경우 예외적으로 지급되는 급여
- 특례요양비: 수급자가 장기요양기관이 아니 노인요양시설 등의 기관 또
  는 시설에서 재가급여 또는 시설급여에 상당한 장기요양급여를 받는 경
  우 장기요양급여비용의 일부를 해당 수급자에게 지급하는 급여
- 요양병원간병비: 수급자가 요양병원에 입원한 때 대통령령으로 정한 기
  준에 따라 장기요양에 사용되는 비용의 일부를 요양병원간병비로 지급
  하는 급여

우리나라는 장기요양보장제도를 도입한 다른 선진 복지국가와 달리 가족
과 같은 비공식 수발자를 위한 서비스는 2016년 9월부터 제공되는 '가족수발
부담 경감지원서비스'가 유일하다. 이 서비스를 통해 1, 2등급의 중증 치매환
자를 수발하는 가족이 돌보지 못할 상황에 처하게 될 경우 요양보호사가 24시
간, 1년간 최대 6일까지 치매환자를 가족 대신 돌보아 주도록 한다.

(4) 전달체계

노인장기요양보험은 국민건강보험과는 별개의 사회보험이지만, 노인장기
요양보험을 도입하면서 운영의 효율성을 도모하기 위하여 보험자 및 관리운
영기관을 국민건강보험공단으로 일원화하였다. 따라서 장기요양보험사업은
보건복지부 장관이 관장하지만 국민건강보험공단이 노인장기요양보험의 가
입자 자격관리, 보험료 징수, 급여관리, 심사, 장기요양기관 평가 등의 업무
전반을 담당한다.

노인장기요양보험급여를 이용하기 위해서는 본인 또는 대리인이 국민건
강보험공단에 장기요양인정신청을 하여야 한다. 국민건강보험공단의 간호
사, 사회복지사, 물리치료사 등으로 구성된 인정조사원은 신청자를 직접 방
문하여 인정조사를 실시한다. '장기요양인정조사표'는 신체기능, 인지기능,

행동변화, 간호처치, 재활 영역으로 구성되어 있으며, 영역별 항목에 조사결
과를 입력하여 장기요양인정점수가 산정된다.

국민건강보험공단은 지사별로 설치된 장기요양등급판정위원회에서 장기
요양인정점수와 신청자가 제출한 의사소견서를 근거로 등급판정기준에 따
라 6개 등급으로 신청자의 장기요양등급을 판정한다. 국민건강보험공단은
신청자에게 장기요양등급과 장기요양인정 유효기간이 적힌 장기요양인정
서와 표준장기요양이용계획서, 복지용구급여확인서를 제공한다. 표준장기
요양이용계획서에는 이용 가능한 월한도액과 본인부담률, 장기요양 필요 영
역, 중장기요양 목표, 이용 비용 등을 기재하여 수급권자가 장기요양급여를
원활히 이용할 수 있도록 지원한다. 복지용구급여확인서에는 수급권자의 등
급에 따라 구입 또는 대여할 수 있는 복지용구가 기재되어 있다.

장기요양급여 수급권자는 장기요양인정서를 받은 날부터 본인이 원하는
기관과 직접 계약을 체결하고 급여를 받을 수 있으며, 의료급여 수급권자는

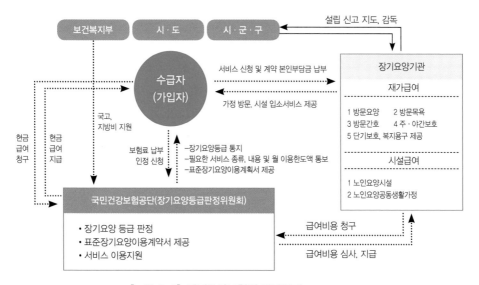

[그림 9-3] **장기요양보험의 전달체계**

출처: 보건복지부 홈페이지(2019). 요양보험제도.

시·군·구에 이용신청서를 제출하고 승인 후 급여계약을 진행한다. 장기요양기관은 체결한 급여계약 내용에 따라 수급권자에게 장기요양급여를 제공한다.

장기요양기관은 일정 법정 자격을 갖추고 소재지를 관할 구역으로 하는 특별자치시장·특별자치도지사·시장·군수·구청장으로부터 지정을 받아야 한다.[2] 장기요양기관의 운영주체는 크게 공립과 법인 그리고 개인시설로 구분할 수 있으며, 법인은 영리법인과 비영리법인으로 나뉜다. 우리나라에서는 장기요양보험 도입 이후 개인시설 중심으로 인프라를 확충하여 2019년 1월 현재 설립주체별 장기요양기관 현황을 살펴보면 개인시설이 입소시설 5,326개소 중 72.7%(3,872개소)를, 재가시설 16,069개소 중 84%(13,490개소)를 차지하고 있어 개인 영리시설의 비율이 매우 높다. 반면 공립시설의 비율은 각각 2.1%(110개소)와 0.8%(135개소)에 불과하다.

4. 한국 장기요양제도의 과제와 전망

2008년 7월부터 시행된 노인장기요양보험은 많은 논란에도 불구하고 돌봄의 사회화를 통해 장기적으로 돌봄을 필요로 하는 노인과 가족의 삶의 질을 향상시켰다는 긍정적인 평가를 받고 있다. 그러나 이제 겨우 제도 시행 10년을 넘긴 노인장기요양보험은 앞으로도 해결해 나가야 할 과제가 많이 남아 있다. 노인장기요양보험제도의 개선을 위하여 크게 세 가지를 제시할 수 있다.

첫째, 장기요양급여의 질적 수준 향상이다. 국민건강보험공단에서는 3년

---

2) 2018년 12월 11일 개정된 「노인장기요양보험법」이 2019년 12월 12일 시행되기 전까지는 재가급여를 제공하는 기관은 지자체에 신고하면 장기요양기관으로 운영할 수 있다.

마다 장기요양기관을 평가하고 있음에도 불구하고 장기요양서비스의 품질
에 대한 문제제기는 지속되고 있다. 제도 도입 이후 요양기관에서의 노인 학
대, 공급자들의 부당청구나 입소거부, 수급자 유인 등 불법 운영 사례는 여전
히 발견되고 있다. 장기요양서비스는 특성상 가장 개인적인 대인서비스임에
도 불구하고 제공인력의 전문성은 여전히 미흡하다. 적절한 교육을 받은 요
양보호사의 양성도 물론 중요하지만 운영자의 전문성 향상을 위한 주기적인
보수교육 강화 또한 고려되어야 한다.

　장기요양기관의 관리감독을 책임지고 있는 지자체 담당자들의 인력 한계
나 실질적 경험 부족 또는 순환보직제도로 인한 업무전문성과 연속성의 단
절 등도 해결되어야 할 문제다. 이를 위하여 장기요양기관 담당업무에 장기
근무가 가능한 사회복지직 공무원을 배치하여 철저한 관리감독을 할 필요가
있다.

　둘째, 재가급여의 활성화다. 「노인장기요양보험법」 제3조 장기요양급여
제공의 기본 원칙에서 노인이 가족과 함께 생활하면서 가정에서 장기요양을
받는 재가급여를 우선적으로 제공하여야 한다고 제시한다. 이 원칙이 지켜
지기 위해서는 재가급여 이용자인 노인이 돌봄을 필요로 할 때 본인이 서비
스 종류와 양을 결정할 수 있는 선택권이 보장되어야 한다.

　제도 도입 초기부터 제기되어 온 재가급여 공급의 지역 간 불균형 문제는
여전히 심각하다. 이를 개선하기 위해서는 지역별 장기요양서비스에 대한
수요를 파악하여 공급이 충분히 이루어지지 않은 지역에는 지자체에서 책임
지고 서비스 공급자로서의 역할을 수행하여야 한다. 협소한 재가급여의 종
류나 양, 보장구의 종류 또한 해결되어야 할 문제다. 재가급여가 확대되지 못
한 다른 원인으로는 크게 재가급여의 낮은 월한도액, 공급자 중심의 서비스,
시설급여와 재가급여 이용량의 형평성 문제를 들 수 있다(이윤경, 2018).

　특히, 재가 영역에서는 비공식 수발자의 역할이 매우 큰 만큼 이들을 위한
사회정책적 지원이 절실하다. 독일은 일정 수발시간과 요건을 충족하는 비

공식 수발자에게 사회보험료 지원, 대리수발, 단기휴직과 단축근무 등의 혜
택을 제공하고 있다. 우리나라의 국민연금에서는 '출산크레디트'와 '군복무
크레디트'를 시행함으로써 출산하거나 병역의무를 이행했을 때 가입기간을
추가로 인정해 준다. 이와 유사하게 '돌봄크레디트'를 도입하여 장기간의 가
족수발로 인하여 경력이 단절되거나 노동이 불가능하여 노후보장이 어려워
질 경우, 수발기간을 연금가입기간으로 추가산입하는 방안을 검토해 볼 필요
가 있다(남현주, 2009: 528). 가족수발로 인하여 노동시간을 단축하거나 휴가
를 신청할 수 있게 하고, 무엇보다 수발 후 직장이 보장되어 복직할 수 있는
노동정책도 필요하다.

셋째, 장기요양제도의 지속 가능성이다. 지속되는 저출산·고령화로 인하
여 노인장기요양보험뿐 아니라 모든 사회보장제도의 지속 가능성에 대하여
문제가 제기되고 있다. 우리나라의 65세 이상 인구는 이미 전체 인구의 14%
를 넘어섰고 2025년에는 20%를 넘을 것으로 예측된다. 완전부과방식으로 운
영되는 노인장기요양보험은 특히 인구변화에 매우 취약할 수밖에 없다. 사
회보험료를 납부할 노동인구의 수는 줄어드는 반면 장기요양을 필요로 하
는 초고령층의 수는 늘어나면서 재정 상황은 갈수록 악화될 것이다. 노인장
기요양보험 재정 현황을 살펴보면 2017년 현재 누적수지는 아직까지 흑자를
유지하고 있지만 당기수지는 2016년부터 적자를 나타내고 있다. 급여 대상
자 증가와 정부가 추진하는 보장성 확대 정책으로 인한 지출 증가는 보험료
인상이나 인정자 비율 조정으로 앞으로의 재정문제를 해결하는 데는 한계가
있을 것으로 보인다. 따라서 이를 극복하는 가장 최선의 방법은 저출산 상황
을 벗어나는 것이다. 그러나 지금까지의 저출산정책은 효과를 거두지 못하
여 2018년 현재 OECD 국가 중 우리나라의 합계출산율은 0.98명으로 1970년
통계 작성 이래 가장 낮았다. 정부는 저출산·고령화에 장기적으로 대응하
기 위하여 지금까지의 저출산 대책 패러다임에서 벗어나야 한다. 노동, 주거,
교육 등의 영역에서 광범위한 사회정책계획을 세우고 이를 실천하기 위한 적

절한 가이드라인을 제공하여 국민의 삶의 질을 향상하기 위하여 노력해야만
지속 가능한 사회보장제도를 기대해 볼 수 있을 것이다.

 참고문헌

강신욱, 강희정, 고숙자, 김동헌, 김원섭, 남원석, 배화옥, 이삼식, 정영호, 정은희, 정
　　홍원, 최경호, 최효진(2018). 네덜란드의 사회보장제도. 경기: 나남.

국회예산정책처(2018). 2018~2027년 노인장기요양보험 재정전망.

남현주(2009). 비공식 수발자들을 위한 사회정책적 지원에 관한 비교연구-독일, 오스트리
　　아, 영국을 중심으로-. 사회복지정책, 96(2), 307-331.

배준호, 김규판, 김명중, 문성현, 임현정, 선우덕, 오현석, 전영수, 정성춘, 정형선, 조
　　성호, 최동원(2018). 일본의 사회보장제도. 경기: 나남.

이윤경(2018). 노인장기요양보험의 재가보호 현황과 저해 요인 분석. 보건복지포럼, 5,
　　pp. 76-89.

최복천, 고제이, 김보영, 남찬섭, 박준, 성시린, 우해봉, 원종욱, 이성희, 전용호, 정경
　　희, 최영준, 한동운(2018). 영국의 사회보장제도. 경기: 나남.

Colombo, F. et al. (2011). *Help Wanted? Providing and Paying for Long-Term
　　Care.* Paris: OECD Publishing. http://dx.doi.org/10.1787/9789264097759-en.

Kraus, M. et al. (2011). *Zukunft der Langzeitpflege in Oberösterreich: Neue Modelle
　　der Finanzierung und Leistungserbringung.* Wien: IHS.

Müller, R., & Theurl, E. (2011). Angebotsstrukturen von stationären
　　Pflegeleistungen in Österreich: Eine empirische Bestandsaufnahme. *Wirtschaft
　　und Gesellschaft, 40.* Jahrgang, Heft 1., pp. 121-150.

OECD (2017). Health at a Glance 2017. OECD Indicators. Paris: OECD Publishing.

국가법령정보센터. http://www.law.go.kr 2019. 04. 21. 검색.

국민건강보험공단, 장기요양보험. http://www.longtermcare.or.kr 2019. 04. 21. 검색.

독일 연방보건부. Bundesministerium für Gesundheit. https://www.
    bundesgesundheitsministerium.de/themen/pflege.html 2019. 04. 10. 검색.

보건복지부, 요양보험제도. http://www.mohw.go.kr/react/policy/index.jsp?PAR_
    MENU_ID=06&MENU_ID=06390301&PAGE=1&topTitle=. 2019. 04. 21. 검색.

오스트리아 연방노동사회보건 및 소비자보호부. BMASGK (Bundesministerium
    für Arbeit, Soziales, Gesundheit und Konsumentenschutz). https://www.
    sozialministerium.at. 2019. 04. 10. 검색.

제10장

•

행복을 위한 사회서비스: 문화복지

이 장에서는 국민 행복을 위한 문화복지의 의미와 원리 그리고 정책 실천 유형을 살펴볼 것이다. 우선 왜 문화복지가 오늘날 중요한 국가의 정책이 되었는지 살펴볼 것이다. 이를 위해서 문화의 정의에 대해서 알아보고, 이를 토대로 문화복지의 협의의 정의와 광의의 정의에 대해서 구분해서 알아보자. 다음으로 문화복지정책의 거버넌스와 정책의 대상이 어떻게 변화되어 왔는지를 문화복지정책의 실천적 관점에서 살펴볼 것이다. 마지막으로, 한국의 문화복지정책 발달사와 오늘날의 주요 문화복지정책에 대해서 다룰 것이다.

1. 문화복지가 왜 필요한가

복지제도의 도입은 개인의 삶의 안정성을 경제적 차원에서 보장하는 측면에서 발전되어 왔다. 복지제도의 발전 과정에서 '삶에 대한 가치'를 가질 수 있도록 고려하는 것은 오랫동안 간과되어 왔다. 하지만 '삶에 대한 가치'가 경제적 차원 중심에서 문화적 차원으로 변화 혹은 확대되면서 문화복지에 대한 사회적 관심이 커지는 가운데 복지 차원에서의 문화정책은 국가의 중요한 정책으로 점점 자리 잡아 가고 있다. 1970년대 이후 한국 사회는 산업화가 빠르게 진행되면서 후기산업사회로 진입했다. 그 결과 개인의 소득수준이 높아지고, 여가시간이 증가하고, 삶에 대한 가치관과 태도에 대한 변화가 생겨났다. 즉, 국민들은 '먹고사는 문제'뿐만 아니라 '어떻게 살 것인가' 하는 질적인 차원에서의 삶을 고민하면서 문화적 욕구가 크게 증가하게 되었다. 이와 같은 사회문화 현상으로서의 문화적 욕구는 경제적 차원의 물질적인 풍요로움을 넘어 삶의 질 향상을 위한 새로운 사회적 현상으로 자리 잡았다(Inglehart, 2008; 김욱, 2012).

한국의 문화복지정책은 국민들의 삶의 질을 개선하고 향상시키기 위해서 문화적 접근이 필수적이라는 인식에서 비롯되었다. 점차적으로 한국 사회에서 시민들의 문화향수에 대한 관심과 욕구가 날로 증가하고 있는 가운데 국가적 차원에서도 이에 따른 기초적인 문화기반시설의 중요성과 국민들의 삶의 질 향상과 관련한 '문화복지정책'이 부각되고 있다.

한편 사회복지발전의 초기 단계에서는 취약계층에 대한 경제적 생활보호에 중심을 두고 삶의 질을 보장했다면 최근 사회복지는 문화정책과 함께 모든 국민의 문화향유권을 보장함으로써 개인의 삶의 질을 향상시킬 수 있는 주요한 정책으로 인식되고 있다. 이와 함께 문화적 권리 실현을 위해 국가는 문화인프라를 확충하거나 문화예술 프로그램을 제공함으로써 지역 간 또는 계층 간 문화격차를 줄이기 위해 많은 노력을 기울이고 있다. 또한 시민들의 욕구의 변화와 요구에 맞추어 정부의 문화복지사업이 점차 확장되고 있다.

앙드레 고르(André Gorz)는 후기산업사회에서 문화향유는 필수적인 시민의 권리가 되었다고 주장했다. 그리고 강호진(2003; 최종혁 외, 2009: 154 재인용)은 문화복지를 "일반적인 문화예술뿐만 아니라 일상생활의 전반적인 것"

이라고 정의했다. 하지만 다차원적인 빈곤문제에서 문화향유는 여전히 제외되고 있다. 의식주와 같이 생활과 밀접한 영역과 비교하면 문화향유와 관련된 영역은 절박감이 떨어지기도 하고, 전통적인 복지의 영역이 관심을 가졌던 분야가 아니기 때문에 그에 대한 무관심이 지금도 계속 지속되는 경향이 있다. 하지만 피에르 부르디외(Pierre Bourdieu)는 산업사회에서 경제적 신분이나 차이가 중요했지만 후기산업사회에 들어서 문화적 계급(Habitus) 또는 문화적 구별 짓기(Distinction)의 내포적 의미가 중요해졌다고 강조했다. 부르디외는 구별 짓기(Distinction)가 사회통합 차원에서 매우 중요하다고 강조했다(Bourdieu, 1979). 왜냐하면 문화자본에 의해 사회적인 차별과 계급 재생산이 이루어지는데 문화자본은 문화소비와 실천을 통해서 내적으로 체화가 이루어지기 때문이다. 그리고 이렇게 내적으로 체화된 문화자본은 기존의 경제적 자본처럼 계급 간 차별화 기제로 작동하여 문화소비와 향유에 대한 개인적 박탈감에 의의를 부여하게 된다. 이제는 문화적 불평등이 한 계급의 소속을 결정짓는 주요 요인으로 작용하기 때문이다. 최근에는 물질적인 문화자산보다는 개인의 체화된 문화자본의 중요성이 더욱 강조되면서 문화향유의 중요성이 커지고 있는 것을 알 수 있다. 이처럼 문화격차가 사회적인 격차를 유발할 수 있는 가능성이 점점 커지는 가운데 사회통합을 위해 문화복지는 당연히 주요 정책적 관심 대상이 되고 있다. 특히, 경제발전에 따라 소득수준이 향상되고, 삶의 양식과 사고방식의 변화에 따라 다양한 삶의 욕구들이 나타나면서 시민들은 기본적인 의식주 문제뿐만 아니라 좀 더 나은 삶을 영위하기 위해 문화복지에 대한 많은 관심과 욕구를 요구하고 있다. 하지만 후기산업사회에서 문화적 배제나 박탈이 가지는 문화사회적 특수성에 대한 연구가 충분히 이루어져 왔음에도 불구하고 여전히 문화복지는 실천적인 측면에서 공급자나 수혜자 모두 인식이 부족하거나 과소평가되고 있다.

2. 문화복지정책의 이론적 논의

1) 문화와 문화복지

이미 많은 연구들이 개인의 삶의 질을 향상시키는 주요 방법으로 문화향유가 중요하다는 것을 밝혀 왔다. 이를 통해서 문화를 통한 복지의 접근이 가능하다고 볼 수 있게 되었다. 기본적 인권으로 문화향유의 권리를 인정하는 것은 문화의 영역을 사회복지의 영역으로 인정하게 되는 중요한 이론적 근거가 된다.[1] 개인이 문화를 일상생활에서 얼마나 향유할 수 있는가에 대해서 사회

---

1) 이와 같은 문화향유의 개인권에 대한 주목은 국제기구의 주도로 이루어져 왔다. 문화권은 행복추구권에서 파생하는 기본권으로 인정되는, 말 그대로 자유롭게 문화를 향유할 수 있는 권리다. 행복추구권은 대부분의 민주주의 사회에서 보장하는 시민의 기본권 중 하나로 안락하고 만족스러운 삶을 추구할 수 있는 권리로 인식되고 있다. 대한민국의 「헌법」은 제10조 인간의 존엄과 가치에 관한 규정에서 행복추구권을 같이 보장하고 있다. 문화권의 보장을 위해 국가는 소득이나 교육수준, 장애 여부와 관계없이 모든 국민이 문화에 대해 공평하게 접근(equitable access)할 수 있도록 하고, 문화예술을 향유하고, 문화생활에 직접 참여함으로써 스스로를 표현하고, 창조하고 내적인 발전을 이루어 나갈 수 있도록 공적 자원을 활용하여 개입할 의무가 있고, 시민이라며 누구나 자신에게 주어진 문화권을 국가에 요구할 권리가 있다.
   (1) 1948년, 「UN 인권선언」 제27조 제1항
       "모든 사람은 공동체의 문화생활에 자유롭게 참여하고, 예술을 감상하며, 과학의 진보와 그 혜택을 향유할 권리를 가진다."
   (2) 1966년, 유엔총회에서 채택된 「경제·사회·문화적 권리에 대한 국제협약(International Covenant on Economic, Social and Cultural Rights)」 제15조 "문화적 권리를 문화생활에 참여하고, 과학적 진보와 그 적용에 따른 혜택을 누리며, 자신이 만든 그 어떤 과학, 문학, 예술 상품으로 정신적·물질적 이득을 누릴 자유"
   (3) 1968년, 인권으로서의 문화권에 관한 전문가 회의에서는 '인권으로서의 문화권에 관한 성명'이 발표됨
   (4) 한국 「헌법」에서의 문화적 기본권: 우리 헌법은 문화적 기본권을 자유권적 기본권 또는 사회적 기본권의 형태로 규정하고 있다.
       1) 학문의 자유, 예술의 자유, 종교의 자유, 교육 받을 권리 등
       2) 양심의 자유도 문화적 자율성의 기초, 언론·출판의 자유는 문화활동의 매체라는 점에서 중요 문화적 기본권
       3) 문화향유권: 「헌법」 제10조의 인간의 존엄성 및 행복추구권으로부터 도출

가 개인의 최소한의 문화향유권을 보장하는 것을 통해서 삶의 질을 보장 받을 수 있는 제도적 장치를 마련하고, 환경을 조성하는 것을 의미한다. 결국 문화복지정책은 "시민 개인의 삶의 질을 높이고자 문화활동과 여가활동이 가능하도록 하는 제반 사회서비스 정책"으로 정의할 수 있다.[2]

한편 '문화복지'라는 용어의 이해를 위해서 이 개념이 어떤 맥락에서 사용되기 시작했는지를 살펴볼 필요가 있다. 이를 위해서 우선 '문화'에 대해서 살펴보자. 테일러(E. Tylor)는 문화를 "사회구성원으로서 인간에 의해 획득된 모든 능력과 습관을 포함하는 복합총제"라고 정의했고, 레이먼드 윌리엄스(R. Williams)는 "교양인으로 일컫는 정신적 발전 상태, 예술 및 인문적 지적 작업"이라고 정의했다. 이 둘의 정의를 통해서 알 수 있는 것은 문화는 "사회를 구성하는 구성원들 사이에 공유하고 있는 관습, 신념, 규범의 가치체계뿐만 아니라 그러한 가치를 습득하는 과정까지를 포함한 개념"이라고 볼 수 있다. 즉, 문화는 '인간의 생활양식 전체'라고 할 수 있다. 하지만 인간의 생활양식은 시대와 장소, 그리고 행위 주체에 따라 다양하게 나타나기 때문에 하나의 객관화된 잣대로 정의하기 어렵다.

한편 문화복지는 일반적으로 문화예술뿐 아니라 일상생활의 전반적인 변화를 유도하는 의미로 확대된 개념으로 향유 대상으로만 인식되어 오던 기존의 문화개념을 뛰어넘어 개인의 자율적이고 적극적인 참여를 통한 문화생활의 활성화와 복지문화를 창조하는 동태적인 개념을 포함하는 개념으로 확대되고 있다. 이에 강호진(2003; 최종혁 외, 2009: 154 재인용)은 문화복지를 "일반적인 문화예술뿐만 아니라 일상생활의 전반적인 것"이라고 정의했다.

---

2) 「사회보장기본법」 제3조 제4항에 따르면 "사회서비스란 국가 · 지방자치단체 및 민간부문의 도움이 필요한 모든 국민에게 복지, 보건의료, 교육, 고용, 주거, 문화, 환경 등의 분야에서 인간다운 생활을 보장하고 상담, 재활, 돌봄, 정보의 제공, 관련 시설의 이용, 역량 개발, 사회참여 지원 등을 통하여 국민의 삶의 질이 향상되도록 지원하는 제도를 말한다."라고 되어 있다. 이처럼 사회서비스의 영역에 문화복지가 관련되어 있으므로 문화 관련 부처에 보건복지부도 포함되어야 하고, 정부 부처 간 정책공조가 이루어질 수 있는 정책운영 메커니즘이 필요하다.

좁은 의미에서의 문화복지(최종혁 외, 2009: 155 재인용)는 "문화적 결함을 가진 문화적 약자나 문화적 낙오자를 예방, 치료하는 것"을 의미한다. 즉, 문화복지를 문화소외계층을 위한 정책으로 이해할 수 있다. 한편 넓은 의미에서의 문화복지는 "모든 국민의 문화적 필요성에 부응하는 문화환경 개선 및 정비"를 일컫는다. 이를 위해서 개인이 필요로 하는 문화서비스를 국가 혹은 공공이 제공하여 문화생활을 개선, 향상시키는 사회문화적 서비스를 의미한다. 특히, 최근에는 사람들의 생활양식이 발전하고, 노동시간의 감소로 인해 문화생활이 일상생활에서 차지하는 비중이 높아짐에 따라 문화향수에 대한 개인적인 욕구와 기대가 높아지고 있다. 이에 대해서 우주희(2009)는 문화적 취약계층을 경제적 취약계층보다 더 넓은 범위에서 이해할 필요가 있다고 강조한다. 문화적 취약계층은 시간, 건강, 경험 등과 같은 다양한 요인에 의해서 영향을 받기 때문에 광의의 개념으로 규정될 필요가 있다.

그리고 사회적 불평등과 관련해서 문화복지는 최근 더 중요하게 인식되고 있다. 하지만 문화적 빈곤으로 인한 불평등의 발생은 단순히 소득의 불평등에서만 기인하는 것이 아니라 다차원적인 사회적 요인에서 발생하기 때문에 사회적 불평등과 문화복지의 상관관계를 규정짓기는 어렵다. 경제적 빈곤으로 인한 사회적 차별이나 배제(social exclusion)의 발생은 규정을 명확히 하기 때문에 그에 대한 대응도 구체적으로 명확하게 할 수 있지만, 최근 사회적 자본(social capital)에 의한 불평등의 심각성(강신옥, 2006)에 대해서는 많은 이들이 공감은 하지만 문화복지가 어떻게 그 문제를 해결해야 하는지에 대해서는 사회적 공감이나 뚜렷한 정책을 구체화하기 어렵다. 문화향수에 대한 욕구가 지극히 개인적인 측면도 있지만 최근 들어 문화복지의 대상이 기존의 문화적 소외계층 이외에도 새롭게 한국사회에 진입을 하려는 외국인 노동자, 국제결혼 이주자, 탈북해서 남으로 온 북한 동포 등 대상이 더욱 다양해졌기 때문이다. 문화복지에서 가장 큰 어려운 점은 문화복지의 대상자들이 문화적 박탈감을 얼마나 느끼는지를 측정하고 평가하는 것이다. 김경혜(2010)는 소득, 노동, 건강, 교육 등 다양한 지표에 대한 중요도를 조사한 결과 문화 항목은 낮은 수준의 중요도가 나왔다는 점을 지적하면서 문화향유에 대한 주관적 필요성이 복지의 성격에 얼마나 영향을 미치는지를 설명했다. 문화향유에 대한 욕구는 생존이나 일상생활과 직결된 것이 아니기 때문에 개인적인 영향보다는 사회 전체적인 수준에서의 환경 변화가 개인에게 미치는 영향이 매우 크다. 이와 같은 맥락에서 보면 문화향수에 대한 빈곤은 상대적 박탈의 성격이 매우 강하다.

2) 문화복지정책의 거버넌스

대부분의 국가가 문화가 국가적·사회적 가치가 높은 것을 인정하고 있기 때문에 매우 높은 공적 개입을 통해서 문화와 관련된 정책을 시행하고 있다. 문화정책을 실천하기 위해서는 국가의 개입이 필수적이며 국가를 중심으로 조직과 제도가 만들어지고 이를 통해서 문화정책의 발전의 토대가 마련된다. 그리고 국가 중심의 문화정책이 어느 정도 발전하게 되면 중앙정부의 역할은 점차 상대적으로 축소되는 단계로 넘어가게 된다. 즉, 문화정책의 초기 거버넌스는 중앙정부 중심으로 이루어질 수 있지만 사회적 역량이 강화되고 사회적 토대가 갖추어진 이후에는 '수직적 거버넌스'에서 '수평적 거버넌스'로 변화되고 이 가운데 문화정책을 수립하고 시행하는 데 있어서 '누가 책임과 권한을 갖는가'보다는 '무엇을 어떻게 할 것인가'라는 것을 위한 협력과 상호 인정이 필요한 거버넌스 구조로 바뀌게 된다.[3]

이처럼 각 국가는 문화에 대한 사회적 환경에 맞는 문화정책을 시행하

---

3) '거버넌스(Governance)'란 한 조직 또는 사회가 스스로의 방향키를 조정하는 과정이며, 그 과정에는 소통과 통제가 핵심적이다(Rosenau, 1995). 거버넌스 개념의 등장은 시장의 실패와 국가정책의 실패로 인해 시작되었다. 즉, 거버넌스는 다양한 행위자를 포함하며, 위계적 모형이 아닌 네트워크 모형의 이미지를 가진다.

고 있다. 때문에 문화정책에 대한 국가의 지원 유형이나 조직의 운영 형태도 다양하게 이루어지고 있다. 각 국가들이 문화정책을 지원하는 유형은 다양하지만 대부분은 정책을 수립하고 운영하는 가운데 참여 주체 혹은 행위자 간의 갈등을 어떻게 조정하고 조율할 것인가에 대한 각각의 '거버넌스(Governance)'를 갖고 있다고 볼 수 있다. 거버넌스는 특정한 주체가 권력과 책임을 지는 것이 아니다. 그리고 거버넌스에 참여하는 주체들이 '무엇을 어떻게 할 것인가'라는 것이 중요하다. 즉, 문화정책에 참여하는 각 주체들은 정체성이라고 할 수 있는 '상수'를 건드리는 것이 아닌 공통된 변수를 통해서 서로 상생할 수 있는 방법을 찾는 것이다. 그리고 이것이 지방분권시대에 맞는 문화정책을 수립하고 실천하는 데 있어서 중요한 부분이다. 이를 실천하는 가운데 주요 국가들은 자신들의 사회적 환경에 맞는 거버넌스를 통해서 문화정책을 수립하고, 집행하고 있다.

한국과 프랑스는 중앙권력적 문화정책을 펼치는 대표적인 나라들이다. 한국은 문화정책에 관한 주요 업무를 문화체육관광부가 담당하고 있고, 프랑스는 문화통신부가 담당하고 있다. 이들 국가는 중앙정부에서 정책적 결정을 하고 이를 시행할 제도와 기구를 통해서 문화정책을 시행하고 있다. 프랑스의 경우는 중앙집권적이지만 중앙정부와 지방자치단체는 각각의 역할과 권한을 독립적으로 또는 협력을 통해서 실천하고 있다.

한편 한국의 경우는 1995년 지방자치제도를 도입되고, 2014년 「지역문화진흥법」이 제정되었음에도 불구하고 각 기관들 사이에 협력을 할 수 있는 거버넌스가 구축되지 못한 채 중앙에서 정책을 수립하고 내려 보내는 하향식의 문화정책을 여전히 시행하고 있다. 이에 대해서 양혜원(2012)은 한국 정부는 문화복지정책을 실천하기 위한 거버넌스를 아직 제대로 구축하지 못했다고 지적하고 있다.

〈표 10-1〉 주요 국가들의 문화정책 지원 유형

구분	독립부처형	부처소속 외처형	분산부처형	통합부처형	부처관할 위원회형	완전독립 위원회형
국가	프랑스 한국	일본	이탈리아	스웨덴 네덜란드	영국 캐나다	미국
부처 명칭	문화통신 (프랑스) 문화체육 관광부(한국)	문화청	문화재 환경부 관광공연 예술부	교육문화부 (스웨덴) 복지보건 문화부 (네덜란드)	문화매체 체육부 (영국) 문화유산부 (캐나다)	없음
중앙집권	매우 큼 ──────────────────────▶ 거의 없음					없음
간섭 정도	매우 큼 ──────────────────────▶ 거의 없음					없음
위원회 명칭	한국문화 예술위원회	일본문화 진흥회	자문 위원회	국립문화 위원회 (스웨덴) 예술위원회 (네덜란드)	영국 예술위원회 캐나다 예술위원회	National Endowment for the Arts
위원회 위상	산하기관	산하기관	자문기관	준독립기관	독립기관	완전독립 기관

출처: 김정수(2010). 문화행정론: 이론적 기반과 정책적 과제. 집문당, p. 98.

3) 문화복지정책의 대상

문화복지정책의 유형은 크게 세 가지로 문화 접근성 강화를 위한 문화기반시설과 문화·예술 관련 프로그램 향유를 위한 기회 제공 그리고 문화·예술교육으로 구분할 수 있다. 하지만 문화복지정책을 시행함에 있어서 정책의 대상, 수행주체, 프로그램 그리고 전달체계 등을 구체화하는 데 어려움이 존재한다. 왜냐하면 문화복지의 개념은 정책 대상이 광범위하고, 정책의 주체도 불명확하기 때문이다. 때문에 문화복지 대상은 문화복지를 어떻게 이해하느냐에 따라 달라진다. 이는 아마도 사회복지를 시행하는 데 있어서

봉착하는 어려움과 같지 않을까? 우선 복지정책의 범위와 대상을 결정하는 논란이 계속되는 것처럼 문화복지정책을 시행하는 데 있어서 모든 국민들을 대상으로 하는 보편적 문화복지 혹은 경제적·문화적 취약계층을 위한 선택적 문화복지에 대한 사회적 합의가 필요하다. 현재는 1972년 처음 제정된 「문화예술진흥법」에 따라 "경제적·사회적·지리적 제약 등으로 문화예술을 향유하지 못하고 있는 계층"으로 문화소외계층을 정의하고 있다. 「문화예술진흥법 시행령」 제23조 2에서 문화소외계층의 범위를 다음과 같이 규정하고 있다.

제23조의 2(문화소외계층의 범위)

법 제15조의 4 제1항에서 '대통령령으로 정하는 문화소외계층'이란 다음 각 호의 어느 하나에 해당하는 사람을 말한다.

1. 「국민기초생활 보장법」 제2조 제2호에 따른 수급자
2. 「국민기초생활 보장법」 제2조 제10호에 따른 차상위계층에 해당하는 사람 중 다음 각 목의 어느 하나에 해당하는 사람
   가. 「국민기초생활 보장법」 제7조 제1항 제7호에 따른 자활급여 수급자
   나. 「장애인복지법」 제49조 제1항에 따른 장애수당 수급자 및 같은 법 제50조 제1항에 따른 장애아동수당 수급자
   다. 「장애인연금법」 제5조에 따른 장애인연금 수급자
   라. 「국민건강보험법 시행령」 [별표 2] 제3호 라목의 경우에 해당하는 사람
3. 「한부모가족지원법」 제5조에 따른 보호 대상자
4. 그 밖에 경제적·사회적·지리적 제약 등으로 인하여 문화예술을 향유하기 위한 지원이 필요한 사람으로서 문화체육관광부장관이 정하여 고시하는 사람

〈표 10-2〉 **문화 소외계층 구분**

구분	문화소외계층
경제적 소외계층	기초생활수급자, 법정 차상위계층, 임대주택 거주자 등
사회적 소외계층	장애인, 노인 재활원 보육원 등과 같은 사회복지시설 이용자 및 교정시설 수용자, 군인, 다문화가정, 새터민, 외국인 노동자 등
지리적 소외계층	농어촌, 도서산간지역 및 공단 지역 주민

출처: 김휘정(2013). '문화복지정책의 동향과 문화복지사업의 발전방향'. 예술경영연구. 26, p. 45 재인용.

　또한 2013년 제정된 「문화기본법」의 제3조(정의), 제4조(국민의 권리), 제5조(국가와 지방자치단체의 책무) 등을 살펴보면, 문화취약계층을 따로 분리해 놓고 그들에게 '향유할 권리를 제공'하는 것을 '문화복지'로 규정하고 있다. 그리고 문화적 취약계층을 위한 문화복지정책은 문화향유의 문제가 경제적 빈곤으로부터 기인한다고 보고 있기 때문에 무료 문화체험 기회의 확대, 문화향유에 필요한 경제적 지원을 통한 접근성 향상을 지원하는 방식으로 이루어진다. 즉, 문화 · 예술 기반이 부족한 지역(농어촌 및 오지), 신체적 어려움으로 인한 접근성이 취약한 장애인과 노인 그리고 문화적 차이를 가진 다문화가정에 대한 분야별 맞춤형 문화정책이 확대되고 있다. 또한 저소득층 부모의 경제적 · 사회적 여건 영향을 많이 받는 아동 · 청소년에게 바람직한 여가향유의 기회를 제공함으로써 바람직한 인성과 건강한 신체 단련 기회를 제공하고 있다.

　이처럼 한국사회에서 사회복지는 경제적 소외계층에 대한 지원을 중심으로 이루어지고 있다. 이러한 사회복지에 대한 사회적 인식은 문화복지에도 영향을 크게 미치고 있다. 문화복지정책은 경제적으로 어려운 사람들을 대상으로 문화향유에 대한 기회를 제공해야 한다고 인식되고 있다. 인간의 문화향유에 대한 기본 욕구를 해소해야 하는 측면에서 문화복지정책이 이루어지고 있는 것은 아니다. 다시 말하면 문화복지정책이 '문화적 취약계층'을 대상으로 하는 것이 아니라 '경제적 취약계층'을 대상으로 시행되고 있다. 한편 문화적 욕구가 높지만 문화 접근성이 낮은 이들을 대상으로 하는 문화복지정책은 크게 발전하지 못하고 있다. 문화적 취약계층에 대한 개념도 불명확하다. 문화적 취약계층에 대한 중요성을 언급을 하지 않는 것은 아니다 하지만 언제나 경제적 취약계층을 문화복지정책의 우선 지원 대상으로 선택하는 것은 개인의 문화적 욕구에 대한 사회적 파악과 이를 위한 개입에 대한 근거가 부족하기 때문이다. 경제적 취약계층은 법적인 기준이 명확하지만 문화적 취약계층에 대한 구분을 하기 어렵다. 게다가 정부의 예산의 한계도 존재한다. 때문에 소득수준에 의해 구분이 명확한 경제적 취약계층이 문화복지정책의 주 정책 대상으로 주도권을 가질 수밖에 없다. 하지만 문화복지는 경제적 소외계층뿐만 아니라 지리적 소외계층, 사회적 배제로 인한 사회적 소외계층 등 매우 포괄적으로 포함해야 한다. 그렇지만 문화복지정책에 대한 대상을 선정하는 데 있어서 사회복지와 같이 명확한 선정기준을 정하지 못하고 있기 때문에 경제적 요인이 여전히 우선시 되고 있다.

4) 문화복지정책의 실천: 문화민주화와 문화민주주의

국민의 문화권을 어떻게 보장하고 실현시킬 수 있는가 하는 방법의 차이에 따른 구분으로 문화민주화와 문화민주주의를 들 수 있다. 문화민주화(the democratization of Culture)는 1950~1970년 중반까지 유럽의 문화정치의 주요한 전략이었다. 1970년대 중반 이후 문화민주화가 문화향유권의 확산만을 우선시하는 가운데 문화의 단일성 측면에서 많은 비판을 받게 되고 이의 대안으로 문화민주주의(Cultural Democracy)가 또 하나의 주요한 문화복지정책의 주요 실천 전략으로 등장하게 된다. 이와 같은 변화는 한 사회 안에 존재하는 문화의 다양성을 존중하고 이로 인해서 하나의 문화로 사회 전체를 아우르는 것이 불가능하다는 비판으로부터 시작했다.

〈표 10-3〉 문화민주화와 문화민주주의 비교

문화의 민주화(the democratization of Culture)	문화민주주의(Cultural Democracy)
문화의 단일성(Mono culture)	문화의 다원성(Plurality of cultures)
기관/제도 중심	비공식/비전문가 조직
기획의 기성화	역동적
전문가 중심	아마추어 중심
미학적 질	사회적 동등성
보존	변화
전통	개발과 역동성
생산물	과정
모두를 위한 문화(Culture for everybody)	모두에 의한 문화(Culture by everybody)
문화 접근성 (Accessibility to cultural events)	문화 생산의 주체 (Means of cultivating themselves)

출처: Langsted, J. (Ed.) (1990). Double in a modern cultural policy. *The Journal of Arts Management, Law and Society*, 19(4), p. 58. 저자에 의해서 일부 수정 후 재인용.

문화민주화(the democratization of Culture)는 문화와 문화적 참여가 모든 이에게 개방되어야 한다는 것을 목표로 문화의 접근성을 강화하기 위한 정책이 추진된다. 모든 시민들이 문화를 향유함에 있어서 교육이 매우 중요하고, 문화·예술을 체험하도록 하는 정책이 중심이 된다. 현실에서는 고급문화를 부르주아들만의 문화로 보는 인식이 매우 강하다. 때문에 문화민주화는 전문가와 관료 중심의 하향식 방식으로 정책이 수립되고 집행이 되었다. 이런 고급문화에 대한 인식은 고급문화가 갖고 있는 문화의 질적인 측면을 부정하는 것이 아니라 그 문화를 향유할 수 없는 이들의 어려움에서 인식의 왜곡 혹은 오해가 발생한다고 볼 수 있다. 고급문화를 향유하기 위해서는 재정적인 측면과 고급문화를 이해할 수 있는 교육이 수반되어야 하기 때문에 누구나 향유하기 쉬운 것은 아니다. 때문에 이런 고급문화에 대한 접근의 장벽을 낮추거나 없앨 수 있는 것은 시장보다는 정부의 역할과 책임이 중요하다고 보았다. 문화민주화의 주요 정책 수단으로 홍보의 강화나 가격 인하 혹은 무료

화 방식을 사용했다. 즉, 고급문화는 민주화가 될 수 있고, 그것은 정부에 의
해서만 가능하다는 것이다. 이러한 맥락에서 문화민주화는 전문 예술가 중
심의 정책, 문화예술 공간의 지방의 설립을 통한 분산 등의 정책이 큰 비중을
차지했다. 결과적으로 문화민주화는 정부의 중앙집권적 시스템에서 하향적
방식(Top Down)으로 정책이 추진된다. 그리고 문화민주화는 사회계층 간 격
차뿐만 아니라 중앙과 지방의 문화격차 해소를 위해서 지리적 분산을 통한
정책 시행을 중요시한다.

　한편 문화민주주의는 문화의 민주화의 부족한 점을 보완한 대안적 개념으
로 유럽에서 1970년대 중반쯤 등장했다. 특히, 1976년 유럽 문화장관회의를
통해 문화민주주의 개념이 발전하게 된다. 문화민주주의는 대중에 호소하는
대중주의(populism)적이고 평등주의적 개념으로 상향식 방식(Bottom Up)이
다. 문화는 향유자의 사회적 배경으로 인해서 사회적 배제(social exclusion)
또는 차별적 도구(instruments of distinction)로 작용할 위험이 있다. 하지만 문
화민주주의는 개인의 창의성 표현과 능동적인 문화향유에 대한 인정, 삶의
질과 관련된 문제에서의 자기결정권, 지속적인 교육, 사회적 연대와 참여를
중시한다. 즉, 문화민주주의는 개인의 자율성과 자발성을 매우 중시하기 때
문에 각 개인의 다양성을 위해서는 문화관련 기관뿐만 아니라 교육, 사회서
비스 등 다양한 부처 간 협력이 중요하다. 그리고 문화민주주의는 사회계층
간 격차 또는 중앙과 지방의 격차를 해소하는 것보다는 개인의 자발적인 참
여와 경험을 중시한다. 즉, 문화민주주의는 문화향유자 개인의 주체적 측면
을 중시한다. 때문에 문화민주주의는 고급문화 혹은 엘리트 문화 이외에도
문화 · 예술의 범주를 확대함으로써 다양한 계층의 문화를 포용한다.

　최근 문화정책에 있어서 주요한 의제는 다수를 수용하는 문화정책으로의
전환이다. 이를 위해서 개인의 문화적 역량 강화가 중요해지고 있다. 이것을
실천하기 위한 문화복지정책이 문화민주주의의 기본 조건으로 논의되고 있
다. 그리고 이를 위한 지방분권화가 중요해지고 있다.

3. 한국의 문화복지정책

1) 문화복지정책 발달사

우리나라의 문화정책은 예술진흥, 문화산업, 문화분권 그리고 문화복지 등으로 정책의 범위가 점차 확장되어 왔다. 해방 이후부터 1980년 초까지 문화정책은 국가 주도로 예술, 체육, 관광의 발전을 목표하는 가운데 국가의 가치와 이익을 우선시하는 방향으로 추진되었다. 즉, 문화정책은 일제에 의해서 훼손된 우리의 민족문화를 회복시키기 위해서 전통문화보전과 민족문화 정체성 확립을 위해서 이루어졌다.[4] 실질적 정책목표는 문화주체성 확립과 전통문화예술 발전에 맞춰져 있었다. 당시 문화예산의 대부분이 문화유산의 보전과 민족주체성 확립에 사용되었다. 문화정책이 서구 문화로부터 민족문화의 정체성을 지키고 문화적 검열에 초점을 맞추어 진행되었다.

그리고 1980년에 들어서「헌법」제8조에 '국가는 전통문화의 발전과 문화의 창달에 노력해야 한다.'라고 규정하게 된다. 이처럼「헌법」에 문화의 역할을 명시하게 됨으로써 문화에 대한 사회적 의미가 커지게 되었다. 그리고 이 시기부터 문화에 대한 예산이 양적으로 증가하기 시작했고, 예산의 쓰임에 있어서도 공보부문보다 문화 부분이 앞서기 시작했다. 한편 문화에 대한 국민의 수요가 증가함에 따라 문화기반시설을 갖추기 위한 투자가 대대적으로 이루어졌다. 이 시기를 거치면서 문화정책이 문화를 생산하는 이들 중심에서 소비를 하는 향유자 중심으로 정책의 대상을 확대했다. 한편으로 국토균

---

4) 대한민국 정부 초기의 문화를 담당했던 부처는 문화공보부였다. 문화부라는 이름은 노태우 정부에서 쓰기 시작했다. 이후에도 부처의 이름은 김영삼 정부(문화체육부) → 김대중 정부(문화관광부) → 이명박 정부(문화체육관광부)로 바뀌면서 현재의 명칭을 사용하고 있다.

형개발을 목적으로 지역 간 문화격차 해소를 위한 문화정책도 함께 이루어졌다. 특히, 1986년 제5차 경제사회발전 5개년 수정계획 문화예술 부문 계획에서 문화복지를 지향하는 국민문화향수권이 목표로 설정되었다. 이는 문화정책이 이전의 문화민족의 창달보다 국민의 문화복지가 우선시 되는 정책 목표가 되었다는 것을 의미한다. 이를 계기로 대규모 문화시설 조성, 지방문화 행사 개발, 지역문화시설 확충이 이루어지기 시작했다.

문화복지의 형성은 노태우 정부에 들어서 본격적으로 문화복지국가로 확대되기 시작했다. 노태우 정부는 문화복지라는 용어를 사용한 최초의 정부로 비록 문화복지가 복지, 화합, 민족, 개방, 통일을 포함하는 광범위한 개념으로 사용되었지만, 문화복지국가의 실현이 정책의 기본 방향으로 확정될 만큼 문화복지에 대한 관심이 증가되는 시기였다.

김영삼 문민정부는 1996년 세계화를 정책 기조로 삼고 '삶의 질의 세계화'를 문화복지 차원에서 접근했다. 또한 '문화복지 중장기실천계획'을 발표하여 문화복지의 개념 형성과 문화복지적 정책 확립에 노력을 기울였다.

김대중 정부는 1998년 국민의 정부 새 문화정책 발표를 통해 '창의적 문화복지국가의 건설'을 최종 목표로 하여 문화복지의 대상을 국민으로 인식하기 시작했다. 이를 위해서 문화복지와 관련된 공공지원책에 대한 논의가 활발하게 이루어졌던 시기였다.

노무현 정부에서는 보편적 문화복지정책보다는 문화취약계층의 문화향수 기회 증대가 핵심 영역이었다. 한편 문화정책을 추진하는 방향은 자율·참여·분권을 위한 다양한 정책들이 실현되었다. 그 결과 노무현 정부는 '문화행정혁신', '문화복지확산', '예술교육진흥' 그리고 '지역문화창달과 균형발전' 부분에 대한 성과를 보였다는 평가를 받는다.

이명박 정부는 문화복지정책 확대하여 고령화 다문화사회 정착을 위해 노인 및 이주민을 대상으로 문화향유 및 여가환경 개선을 통한 대상층 확대를 이뤘다. 이명박 정부는 '문화비전 2008-2012'를 통해서 '품격 있는 문화국가

대한민국'을 표방하며 수요자 중심의 맞춤형 문화정책을 추진했다. 한편 이
명박 정부는 문화를 통해서 사회적 통합을 이끌어 내려 했다는 점에서 높이
평가를 받는다. 하지만 노무현 정부부터 시작된 문화산업에 대한 집중투자
가 이명박 정부에서는 객관적 평가나 점검 없이 더욱 강화가 되면서 문화의
기반이 되는 인문학에 대한 정책적 소외와 방임이 이루어졌다는 비판도 받고
있다(원도연, 2014).

　박근혜 정부는 정부 초기부터 '문화융성'을 국정 목표로 설정하고 국가 발
전에 있어서 문화의 중요성을 강조했다. 문화융성의 목표로 국민들의 실질
적 삶의 질 향상과 국민행복을 설정했다. 특히, '문화가 있는 날'은 박근혜 정
부의 문화융성 정책의 핵심 사업으로 국민 모두가 매월 마지막 주 수요일에
는 쉽게 문화시설을 이용할 수 있도록 프로그램의 확대 혹은 이용료 무료화
또는 할인을 제공했다. 또한 「문화기본법」과 「지역문화진흥법」을 제정함으
로써 문화정책의 확장성을 담보하는 성과를 이루었다. 「문화기본법」은 국민
의 문화권에 대해서 명시했고, 문화정책에 대한 국가와 지방자치단체의 책무
를 규정했다. 또한 국민의 기본권으로써 '문화권'[5]을 최초로 명시하였으며,
문화의 정의를 협의의 문화예술에 국한하지 않고 국민 개개인의 삶 전 영역
으로 확장했다. 이러한 노력에도 불구하고 실질적 성과적 측면에서는 과거
정부의 정책을 이어가는 수준에 머물렀다는 아쉬움이 있다.

　문재인 정부는 '개인의 자율성 보장', '공동체의 다양성 실현', '사회의 창의
성 확산'이라는 문화의 3대 가치를 기반으로 '문화비전 2030 사람이 있는 문
화'를 제시했다.

---

5) 「문화기본법」 제2조에서 찾을 수 있다. 「문화기본법」 제2조에 따르면 '문화가 민주국가의 발전과
　국민 개개인의 삶의 질 향상을 위하여 가장 중요한 영역 중의 하나임을 인식하고, 문화의 가치가 교
　육, 환경, 인권, 복지, 정치, 경제, 여가 등 우리 사회 영역 전반에 확산될 수 있도록 국가와 지방자치
　단체가 그 역할을 다하며, 개인이 문화 표현과 활동에서 차별받지 아니하도록 하고, 문화의 다양성,
　자율성과 창조성의 원리가 조화롭게 실현되도록 하는 것을 기본 이념으로 한다.'로 규정하고 있다.

〈표 10-4〉 정부별 문화정책 변화

정부	이념	특징	비고
전두환 정부	문화민주주의 문화입국	• 대규모 문화시설의 조성 • 문화향수권의 강조 • 지방문화의 육성	• 경제사회발전 5개년계획에 문화발전계획 포함
노태우 정부	문화주의	• 문화향수권과 참여권의 신장 • 국제문화교류의 양적 확대와 다 변화 • 문화 부문 재정 확충 • 창작풍토 조성 및 환경과 제도 개선	• 문화복지 중시 • 문화부 발족(1990~1993) • 문화발전 10개년계획 수립
김영삼 정부	세계화, 민주화 창의적 문화 국가	• 우리 문화의 세계화와 문화산업 의 강조 • 민중 · 민족예술계열 인사 제도권 참여 • 문화발전을 국가 발전의 중심축 으로 인식	• 문화체육부에서 담당 • 문화산업국 신설 • 문화창달 5개년계획 수립
김대중 정부	창의적 문화 국가	• 문화의 세기 강조 • 지식기반사회의 문화역할 강조 • 국가 발전의 성장 동력으로 문화 산업 육성	• 문화관광부에서 담당 • 새문화관광정책 수립 • 문화산업 5개년계획 • 순수예술진흥종합계획 수립
노무현 정부	참여 · 자율 · 분권	• 문화예술행정의 국민 참여 확대 • 문화예술정책 자율체계 정립 • 권한 이전 및 배분으로 분권과 균형	• 문화비전중장기계획 수립 • 새예술정책 수립 • 문화산업중장기계획 수립 • 문화혁신위원회 구성 • 문화예술위원회 설치
이명박 정부	품격 있는 문화국가	• 예술 자체 완성도와 가치 제고 • 사회적 약자의 문화향유 기회 확대 • 정부 · 지자체 · 민간 간 역할 분담 • 선택과 집중 등 지원방식의 개편	• 문화비전 • 「콘텐츠산업진흥법」 제정 • 문화기구 통·폐합

박근혜 정부	문화융성	• 국민의 문화권 강조 • 문화분권을 위한 제도적 기반 마련 • 문화의 가치로 사회적 갈등치유 • 문화예술을 통한 국가 발전, 문화를 통한 국민행복 추구	• 문화융성위원회 설치 • 문화 관련 법안 통과(「문화기본법」, 「지역문화진흥법」) • '문화가 있는 날' 운영 • 문화융성 국민체감 확대 • 문화예술 창작 기반 확대
문재인 정부*	사람이 있는 문화	• 개인의 자율성 보장 • 공동체의 다양성 실현 • 사회의 창의성 확대	• 개인의 문화권리 확대 • 문화예술인/종사자의 지위와 권리 확대 • 성평등 문화의 실현 • 문화다양성의 보호와 확산 • 공정하고 다양한 문화생태계 조성 • 지역 문화분권 실현

* 문재인 정부에 대한 문화정책은 2018년 12월에 발표된 '문화비전 2030'을 토대로 작성했으며 이는 정책의 기본 방향을 제시한 것으로 평가가 이루어진 것이 아님을 밝힘.
출처: 문화관광부(2004). 예술, 인간 그리고 미래를 위한 새 예술정책; 김정수(2010). 문화행정론: 이론적 기반과 정책적 과제, p. 435. 재인용. 저자에 의해 일부 수정·보완.

앞에서 볼 수 있듯이 우리나라의 문화정책의 목표는 점차 구체화되고, 대상은 더욱 넓어졌다. 문화정책은 국가의 총체적이고 종합적인 차원에서 이루어지는 주요한 국가 정책으로 자리를 잡고 있다. 특히, 1980년대부터 국민의 문화향유권 확대와 함께 문화정책의 개념이 발전되어 오면서 문화를 복지의 차원으로 이끌어 왔다. 물론 학술적으로 정립된 개념이 아닌 정치적 용어에 머물고 있지만 그럼에도 불구하고 정책을 시행하는 과정에서 실질적으로 국민의 삶의 질 향상을 위한 문화향유자 중심의 정책이 시행되고 있다. 즉, 오늘날 문화정책은 국민들의 일상의 행복과 삶의 질을 향상시키는 실질적인 정책으로 문화복지정책이라 할 수 있다.

2) 한국의 문화복지정책의 내용

우리나라에서 시행 중인 문화복지정책의 내용은 크게 '문화나눔', '문화예술교육' 그리고 '지역문화재단 사업' 등으로 볼 수 있다.

문화나눔사업은 사회적 · 경제적 · 지리적으로 문화향유가 어려운 시민들을 대상으로 문화향유권 보장을 지원하는 정책이다. 문화나눔사업은 사회양극화에 따른 사회계층 간 문화격차 혹은 문화소외를 해소하기 위해서 시작되었다. 2004년부터 복권기금을 활용해서 다양한 문화나눔사업을 시행하고 있으며, 2008년부터는 '복권기금 문화나눔'이란 명칭으로 다양한 사업을 시행하고 있다.[6] 대표적인 문화나눔사업으로는 '통합문화이용권(문화누리카드)', '공연나눔', '창작나눔' 등이 있다. 문화나눔사업은 시민들이 자발적으로 문화에 대한 욕구를 가질 수 있도록 하기 위한 계기를 마련하고, 환경을 조성하기 위한 향유자 중심의 국민 문화기본권 보장을 위한 사업이다.

'통합문화이용권사업'은 예산도 커지고 이용자도 급증하고 있는 상황에서 공급과 수요의 선순환적 구조를 바탕으로 문화소외계층의 문화 · 예술향유의 활성화에 기여를 했다는 평가를 받고 있다. 반면 통합문화이용권의 사용처가 매우 제한적이라는 문제를 지적받고 있다. 특히, 도서와 영화에 편중되어 있기 때문에 개인의 문화적 취향 형성에 도움을 주기보다는 대중적인 문화소비에 수혜자의 기호가 집중되고 있다는 구조적 문제가 있다.

---

6) 2004년 제정된 「복권 및 복권기금법」에 따라 기획재정부 복권위원회가 복권사업으로 조성된 재원을 투명하고 효율적으로 관리, 사용하기 위해 설치한 기금으로 35%는 법정배분사업에 쓰이고, 65%는 복권위원회에서 선정한 소외계층을 위한 공익사업에 쓰이고 있다. 복권기금으로 진행되고 있는 대표적인 문화나눔사업으로 '통합문화이용권(문화누리카드)사업'이 있다. 문화누리카드는 2005년 문화바우처 시업사업으로 시작해서 2013년부터 문화누리카드 발급을 통해서 기초 · 차상위계층을 대상으로 문화예술 · 여행 · 체육 등을 향유할 수 있도록 지원하고 있다. 즉, 문화누리카드사업은 개인의 삶의 질 향상 및 계층 간 문화격차 해소를 위한 문화복지사업이다. 문화누리카드는 연간 개인당 8만 원씩 지원한다. 문화이용권사업은 지난 10년 동안 수혜자의 수가 2006년 164,554명에서 2015년 1,648,312명으로 10배가 넘게 증가했다.

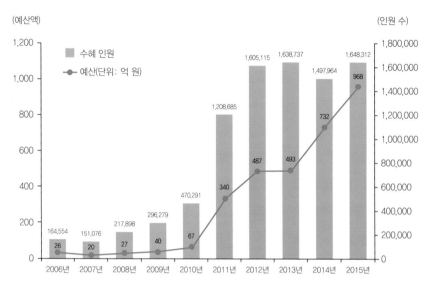

[그림 10-1] **문화이용권사업의 연도별 예산 및 수혜자 수(2006~2015년)**

출처: 문화체육관광부 문화여가정책과(2016). 2016 국민여가활동조사.

'공연나눔사업'은 문화 인프라가 잘 갖추어져 있지 못한 지역에 살고 있는 주민들과 저소득층, 노인 및 장애인, 군인 등과 같이 문화향유에 어려움과 제약이 있는 이들을 대상으로 직접 찾아가서 다양한 문화예술 프로그램을 제공함으로써 시민들의 문화향유권을 신장하고, 문화격차 또는 문화소외 문제를 해소하기 위한 사업이다. 하지만 공연나문사업은 중앙정부 주도 전문가 중심의 프로그램으로 공급되는 프로그램이기 때문에 현장의 욕구를 반영하지 못하는 문제를 갖고 있다. 때문에 수혜자들의 참여가 않지 않고, 참여가 이루어지더라도 단기적이고 일시적으로 끝난다. 이러한 문제를 개선하기 위해서는 지역의 현장성과 수혜자들의 요구를 반영할 수 있는 문화복지정책사업의 기획과 운영이 필요하다.

'창작나눔'은 생활문화공동체사업으로 문화소외지역의 주민들이 일상생활 속에서 자율적으로 문화예술을 향유함으로써 마을공동체 통합에 이바지하기 할 수 있도록 하기 위한 사업이다. '문화예술활동'을 매개로 지역주민들이 공동체의 '비전과 가치'를 만들고 공유함으로써 '지역 공동체 형성과 발달'의 계기를 마련하고자 하는 목적으로 사업이 시작되었다. 창작나눔사업은 문화복지정책에서도 향유자 중심으로 이루어지는 대표적인 사업으로 자리 잡아가고 있다.

문화예술교육은 국가가 국민들에게 최소한의 문화적 향유를 누릴 수 있는 개인적 문화역량을 키워 주기 위한 문화복지정책으로 크게 '학교문화예술교육'과 '사회문화예술교육'으로 볼 수 있다. 문화예술교육은 예술의 기능만을 습득하기 위함이 아닌 다양한 예술체험을 통해서 '문화적 해득력의 함양과 소통능력의 계발'을 위한 교육이다(양현미 외, 2004). 한편 문화예술교육은 개인의 문화역량을 가질 수 있도록 돕고, 이를 토대로 문화적 소통을 통해 사회적 통합을 목표로 한다. 문화예술교육은 시민 모두가 문화예술의 향유자이

〈표 10-5〉 **문화예술교육의 효과**

주요 효과	유사 또는 하위 개념
문화예술 감수성	문화예술적 감수성, 예술에 대한 긍정적 평가, 문화예술향유 인식, 문화예술향유 능력, 문화예술 이해 및 향유 능력 정도 등
자기효능감	자신감, 자기조절 효능감, 과제 난이도 선호, 자아존중감, 자존감, 자기 확신, 자기정체성, 자신에 대한 긍정적 태도 등
자기표현력	자기표현력, 의사전달력 등
사회성	대인관계, 협동심, 건전 태도, 인내 및 집중, 공동체의식, 사회적 관계 등
진로결정 자기효능감	진로준비도, 진로성숙도, 진로탐색 시계 확장, 꿈 발견 등
정서지능	정서인식, 정서표현, 감정이입, 정서조절, 자기조절력 등
행복감	주관적 안녕감, 삶의 질 등
창의성	창의인성, 창의역량, 예술적 창조성 등

출처: 한국문화예술교육진흥원(2015). 학교 문화예술교육 효과분석 연구-사례연구를 통한 효과모델 탐색, p. 45.

자 생산자로서 문화를 향유하고, 이를 통해서 자신의 삶을 설계하고 영위할 수 있도록 하는 것이다. 게다가 최현묵(2008)의 연구에 따르면 문화예술교육이 개인의 삶의 질 향상에 긍정적인 영향을 끼치는데 이는 학력, 직업, 소득에 비해 더 영향력이 큰 것으로 나타났다. 이러한 맥락에서 문화예술교육은 문화복지로서 국민의 삶의 질을 높일 수 있는 실질적 정책이 될 수 있다.

마지막으로, '지역문화재단사업'으로 문화복지의 주체가 지방정부로 점차 이양이 되면서 지역문화재단의 역할에 더욱 주목을 받고 있다. 특히, 지역문화재단은 지방자치단체에 비해 정치적 고려에서 비교적 자유롭게 문화복지사업을 추진할 수 있다(이재희, 2012). 하지만 아직까지는 중앙정부의 사업을 위탁받아 수행하는 수준에 머물고 있다는 한계를 갖고 있다. 이는 문화재단의 재정 자립도가 낮기 때문에 중앙정부나 지방자치단체로부터 독립해서 지역에 맞는 자체적인 문화복지정책을 시행하기에는 현재로서는 많은 제약이 존재한다.

4. 한국 문화복지정책의 과제와 전망

문화의 세기를 맞으며 문화복지정책은 국가의 중요한 정책으로 점차 자리를 잡아 가고 있다. 하지만 여전히 문화정책이 무엇을 의미하는지를 명확히 설명하기 어렵다. 물론 문화정책이 중요하고 필요하다고 말하는 것은 어렵지 않다. 문화정책은 정치권에서 정치적 용어로 너무나 쉽게 쓰이고 있다. 때문에 시민들은 문화복지정책에 대해서 구체성이 떨어지는 정치인들의 수사적인 표현 혹은 정치적 수단으로만 생각하기 쉽다. 하지만 개인의 일상에서 점차 문화복지정책에 대한 필요성과 욕구가 높아지는 가운데 문화복지정책의 변화가 요구되고 있는 것은 부인할 수 없는 현실이 되고 있다.

현재 한국의 문화복지정책은 나아가야 할 길이 멀다. 우선 한국 사회에서 문화는 수평이 아니라 수직적인 체계부터 개선이 되어야 한다. 이런 맥락에서 볼 때 문화다양성 측면에서 우리나라의 문화에 대한 정의는 매우 제한적이고 폐쇄적이다. 한편 문화를 정의함에 있어서 문화의 주체(행위자)를 명확히 한정하지 않는 경우가 많다. 그럴 경우에는 문화의 정의는 매우 폭력적으로 되어 버린다. 예를 들어, '청소년문화', '다문화가정문화'라고 할 경우 청소년, 다문화가정에 속한 개개인은 그들이 갖고 있는 다양하고 차별화된 개인의 문화정체성과 문화가치가 사회적으로 인정받지 못한 채 일괄적으로 평가되어 버린다. 이러한 문제를 극복하기 위해서 문화를 인지할 때에는 매우 구체적으로 '개인 누구의', '어느 사회의', '어느 시대의' 등을 명시할 필요가 있다. 이러한 고려가 없이 문화정책이 수립되고 실천된다면 앞에서 언급한 '폭력적인 문화'의 재단처럼 매우 폭력적이고 거친 문화정책이 될 수 있다. 즉, '모든 사람들을 위한 문화정책'은 현실적으로 불가능하다는 것을 의미하기도 하다. 이런 맥락에서 보면 한국의 '문화복지정책'이 얼마나 거칠게 만들어지고 운영되는지 알 수 있다. 이러한 점에 대해서 많은 문화복지연구들이 비판했던 한국의 문화복지정책의 비효율성(김효정, 2014; 서우석, 김정은, 2010; 심창학, 2013)의 문화사회적 원인을 알 수 있다.

한편 우리나라에서 현재 시행되고 있는 문화복지정책은 '문화민주화'를 바탕으로 소외계층의 문화향유 기회 제공을 통한 문화격차와 문화소외를 해소하기 위한 정책 중심으로 이루어져 있다. 특히, 문화격차 해소를 위한 방법으로 여전히 경제적 지원을 중심으로 진행이 되고 있다. 때문에 경제자본의 영향이 아닌 사회적 자본의 영향을 받은 문화소외계층에 대한 정책적 고려가 전혀 되지 않고 있다. 이러한 문제를 비롯해서 장기적으로 문화복지정책이 발전하기 위해서는 다음과 같은 점을 주요하게 고려해야 한다.

문화복지정책은 국민들 스스로가 주체가 되어 자신의 일상에서 자유롭게 문화적인 삶을 누릴 수 있는 사회적 환경을 만들어 주는 것이다. 즉, 문화복지정책은 행복에 영향을 주는 사회적 요인을 강화하는 데 기여할 수 있어야 한다. 그리고 문화적 취약계층의 부족한 것을 채워 주는 정책에서 머무는 것이 아니라 개인이 자신의 욕구를 스스로 충족할 수 있게 도움을 주는 정책으로 거듭나야 한다. 이를 통해서 개개인이 인간답게 살 수 있도록 문화적 역량을 키우고, 그 결과 삶의 질을 높일 수 있어야 한다. 이를 위해서는 장기적인 관점에서 문화복지정책의 로드맵이 수립되고, 이를 위한 법·제도화가 수반되어야 할 필요가 있다. 물론 문화복지의 정책적 효과는 단기간에 나타나기 어렵다. 또한 개인의 문화역량이 형성되는 데 상당한 시간이 필요하다. 때문에 문화복지정책은 잦은 정책 변화를 지양하고, 장기적인 관점에서 제도적 기반과 환경을 조성하는 방향으로 나아가야 한다. 또한 문화복지정책에 적합한 전문인력의 역할 중요한 만큼 전문인력 관리를 위한 체계를 마련해야 한다.

참고문헌

강내희(2000). "'문화적 권리'의 이해와 신장을 위한 예비적 검토". 한국인권재단 편, 21세기의 인권 1. 서울: 한길사.

강신욱(2006). "사회적 배제 개념의 정책적 적용을 위한 이론적 검토". 동향과 전망, 66, 9-31.

고명석(2011). 인권과 사회복지. 경기: 대왕사.

김경욱(2003). "문화민주주의와 문화정책에 대한 새로운 시각". 문화경제연구, 6(2), pp. 31-53.

김경혜, 김준현, 박은철(2010). 다차원적 빈곤 관점에서의 서울시 빈곤실태와 정책과제. 서울: 서울시정개발연구원.

김기곤(2011). "한국 사회의 문화권 구성과 제도화". 민주주의와 인권, 11(2), pp. 207-238.

김남국(2010). "문화적 권리와 보편적 인권: 세계인권선언에서 문화다양성 협약까지". 국제정치논총, 50(1), 261-284.

김욱(2012). "탈물질주의와 한국의 정치변동". 강수택, 박재홍 엮음, 한국의 사회변동과

탈물질주의. 서울: 도서출판 오름, 127-155.

김정수(2010). **문화행정론: 이론적 기반과 정책적 과제.** 서울: 집문당.

김효정(2014). **문화시설 배치 및 기능조정 모형개발을 위한 기초연구.** 서울: 한국문화관광연구원.

김휘정(2013). "문화복지정책의 동향과 문화복지사업의 발전방향". **예술경영연구, 26,** pp. 35-63.

노명우(2006). "문화헌장 제정과 문화정책의 과제". **문화/과학 제46호,** pp. 220-236.

문화체육관광부 문화여가정책과(2016). 2016 국민여가활동조사.

문화체육관광부(2018). 문화비전 2030: 사람이 있는 문화.

서우석, 김정은(2010). "문화격차 해소에 대한 평가와 전망". **문화경제연구 제13권, 제2호,** pp. 3-26.

서우석, 양효석(2013). "문화적 박탈감을 통해 살펴본 문화복지 대상 범위 연구". **문화정책논총, 27**(1), pp. 165-197.

심광현(2003). **문화사회와 문화정치.** 서울: 문화과학사.

심창학(2013). "문화복지 쟁점을 통해서 본 한국의 문화복지정책: 특징 및 한계 그리고 대안". **비판사회정책, 제40호,** 149-184.

양현미 외(2004). "문화예술교육 활성화를 위한 정책기반 조성방안 연구". 서울: 한국문화관광정책연구원.

양혜원(2013). "문화복지 정책의 사회·경제적 가치 추정과 정책방향". 서울: 한국문화관광연구원.

용호성(2012). "문화 바우처 정책의 쟁점과 방향". **문화정책논총, 26**(1), 99-124.

원도연(2014). "이명박 정부 이후 문화정책의 변화와 문화민주주의에 대한 연구: 이명박 정부의 문화정책 평가를 중심으로". **인문콘텐츠학회, 32,** pp. 219-245.

이동연(2008). "문화다양성과 문화적 권리를 위한 문화운동". 유네스코와 문화다양성. 유네스코한국위원회.

이재희(2012). "문화복지와 부산문화재단의 역할". **지역사회연구, 제20권 제4호,** pp. 161-182.

정갑영(2005). "우리나라 문화복지 정책의 흐름과 전망". **문화정책논총, 17**(5), 225-

243.

최종혁 외(2009). "문화복지 개념 정립을 위한 질적 연구". 사회복지연구, 40(2), pp. 145-
    182.

최현묵(2008). "평생교육으로서의 문화예술교육의 의미: 한국문화예술진흥원 사업을
    중심으로". 모드니 예술, 1, pp. 169-184.

한국문화예술교육진흥원(2015). "2015 학교 문화예술교육 효과분석 연구: 사례연구
    를 통한 효과모델 탐색".

현택수(2006). "문화복지와 문화복지정책의 개념에 관한 연구". 사회복지정책, 26,
    101-122.

Augustin Girard (1996). *Les politiques culturelles d'andré malraux à jack lang.*
    C.N.R.S., pp. 27-41.

Bourdieu, P. (1979). *La distinction, Critique sociale du jugement.* Minuit.

Inglehart, R. F. (2008). "Changing Values among Western Publics from 1970 to
    2006". *West European Politics, 31*(1-2), 130-146.

Jean Caune (2006). *La démocratisation culturelle, une médiation à bout de souffle,
    Grenoble.* Presses universitaires de Grenoble.

Langsted, Jorn (Ed.) (1990). Double in a modern cultural policy. *The Journal of Arts
    Management, Law and Society, 19*(4), 53-71.

Marie CORNU (2001). "Droit de la culture". in Dictionnaire des politiques
    culturelles, E. de Waresquiel, Larousse, CNRS.

Marie-Claire Martel (2017). *Vers la démocratie culturelle.* Cese.

Ministère de la culture et de la communication (1992). *Patrimoine.* La
    Documentation française.

Olivier Donnat (2009). *Les partiques culturelles des français à l'ère numérique.* La
    découverte/Ministère de la culture et de la communication.

Philippe Poirrier (dir.) (2011). *Pour une histoire des politiques culturelles dans le
    monde 1945-201.* La Documentation française.

Rernest Renan (1947). *Qu'est-ce qu'une nation?*. Paris: Calman-Lévy.

Tolila Paul, & Olivier Donnat (2003). *Le(s) Public(s) de la culture*. Paris: Presses de
Science Po.

Xavier Greffe et Sylvie Pflieger (2009). *La politique culturelle en France*. La
documentation française.

제11장
•
빈곤에 대응하는 최후의 사회안전망

빈곤문제는 인류 역사와 더불어 시작된 가장 오래된 사회문제이며, 전 세계의 모든 국가와 사회에서 여전히 미결의 과제로 남아 있다. 빈곤문제는 사회복지 분야에서 특별한 관심의 대상이 되고 있다. 왜냐하면 사회보장제도 및 기타 정책의 효과성을 빈곤 감소 정도를 통해 평가하기 때문이다. 빈곤의 개념은 최저생활을 유지할 수 없는 수준을 의미하는 절대적 빈곤과 사회의 평균적인 생활수준을 고려하여 빈곤을 정의하는 상대적 빈곤 외에도 주관적 빈곤, 사회적 배제 등이 있다.

사회복지 차원에서 빈곤문제에 대한 전통적인 대응은 최후의 사회안전망인 공공부조제도를 통해 이루어지고 있다. 공공부조제도의 주요 특징은 다음과 같다.

첫째, 공공부조는 국가 또는 지방자치단체 등이 엄격한 자산조사를 거쳐 선별된 대상자에게만 지급되는 선별적 복지제도다. 둘째, 일반조세를 재원으로 하고, 수직적 재분배의 기능을 하며, 비용효율성이 높다. 셋째, 일정한 빈곤선 이하의 생활이 어려운 사람에게 현금 또는 현물서비스를 제공한다. 넷째, 다른 사회보장제도보다 행정비용이 많이 들며, 수급자의 근로의욕 저하 및 낙인감을 유발할 가능성이 있다.

우리나라에서는 40년간 인구학적 기준과 구빈법적 전통을 유지해 오던 생활보호

제도가 1999년에 폐지되고, 2000년부터 전 국민의 최저생활을 보장하기 위한 국민
기초생활보장제도가 시행되고 있다. 기초생활보장제도는 부양의무자 기준을 지속적
으로 완화하였고, 2015년 7월부터 기존의 통합급여체계에서 맞춤형 개별급여체계
로 전환하였다. 그러나 기초보장 사각지대 해소를 위한 지속적인 노력이 필요하고,
탈수급 효과가 미흡하며, 급여수준의 적절성 제고가 필요하다.

1. 빈곤문제

빈곤문제는 인류 역사와 함께 시작된 가장 오래된 사회문제이며, 오늘날과
같이 풍요롭고 과학과 문명이 발달한 4차 산업혁명시대에도 전 세계의 모든
국가와 사회에서 여전히 미결의 과제로 남아 있다. 그렇기 때문에 빈곤문제
는 사회복지가 등장한 시기부터 지금까지 관심거리가 되어 왔다. 사실 빈곤
의 감소가 사회보장의 유일한 정책목표는 아니다. 그리고 사회보장이 빈곤
과 관련된 사회정책의 유일한 구성요소도 아니다. 그럼에도 불구하고 사회
보장제도와 기타 정책들이 빈곤을 감소시키는 정도(extent)가 바로 동 제도와
정책들의 효과성을 평가하는 중요한 척도가 되기 때문에 빈곤문제는 사회복
지 분야에서 특별한 관심의 대상이 되고 있다.

빈곤은 한 국가의 복지시스템이 제대로 작동하고 있지 못하다는 것을 의
미하는 가장 확실한 징후라고 할 수 있다. 많은 국가에서 모든 사회보장제도
가 빈곤의 감소와 직접적으로 연관되어 있지는 않더라도, 빈곤 감소는 복지
국가(welfare state)의 핵심적 목표가 되고 있다. 따라서 만일 어떤 국가의 복
지시스템이 빈곤을 감소시키는 데 성공적이지 못하다면 면밀한 분석을 통해
그 원인이 무엇인지 밝혀낼 필요가 있다. 이에 빈곤은 한 국가의 정부와 사
회가 복지에 쏟아부은 노력에 대한 결과물(outcome)이며, 빈곤연구는 사회

보장제도와 보다 포괄적인 재분배정책, 그리고 궁극적으로 복지국가의 성과
(performance)를 이해하기 위한 중요한 요소라고 할 수 있다(Bradshaw, 1999).

1) 빈곤의 개념

그렇다면 빈곤이란 무엇인가? 빈곤은 시대에 따라 다르게 정의되어 왔고,
국가와 사회에 따라, 그리고 한 국가와 사회 내에서도 서로 다른 상황에 놓여
있는 사람들마다 다른 의미로 사용되어 왔다. 빈곤의 개념과 관련된 논쟁은
주로 절대적 빈곤과 상대적 빈곤 개념 사이의 이분법에 초점이 맞추어졌다.
그러나 어떤 학자는 이 두 개념이 불충분하다고 지적한다. 빈곤을 어떻게 정
의하느냐에 따라 빈곤을 측정하는 방법과 빈곤문제의 해결방안이 달라진다
는 점에서 빈곤의 개념은 중요하다.

첫째, 절대적 빈곤은 "최저생활을 유지할 수 없는 수준, 즉 최소한의 육체
적 효율성을 유지하는 데 필요한 의 · 열 · 식 · 주 등을 가지지 못한 수준"으
로 정의할 수 있다. 절대적 빈곤은 현대적 빈곤연구의 개척자인 부스(Charles
Booth, 1889년 영국 런던에서 빈곤조사 실시)와 라운트리(Seebohm Rowntree,
1899년 영국 요크시에서 빈곤조사 실시)의 연구에서 사용된 빈곤개념이다. 특
히, 라운트리의 빈곤개념은 빈곤층이 최소한의 육체적 필요조차 충족하지 못
하고 있다는 것을 증명하기 위한 빈곤기준이었다(Rowntree, 2000).

둘째, 상대적 빈곤은 사회의 평균적인 생활수준을 고려하여 빈곤을 정의하
는 것이다. 상대적 빈곤개념에 따르면 빈곤은 절대적인 것이 아니라 다른 사
람들과의 비교를 통해 심리적으로 느끼는 상대적 박탈감에 따라 빈곤할 수도
있고 빈곤하지 않을 수도 있다.

셋째, 주관적 빈곤은 일반 사람들의 주관적 평가를 토대로 빈곤을 정의한
다. 이는 국민들 스스로가 일정수준의 삶을 영위하고 그들이 속한 사회에 참
여하는 데 필요한 최저소득기준에 대해 가장 적절한 결정을 내릴 수 있다는

가정에 기초하고 있다.

넷째, 사회적 배제(social exclusion)는 소득의 문제에만 국한되지 않는 다차원적인 불리(不利)함과 사회적 관계에서의 배제로 정의할 수 있다. 기존의 빈곤개념과 비교할 때, 빈곤의 역동성과 동태적인 과정에 초점을 맞춘다. 사회적 배제는 1950년대 프랑스에서 정책 담론의 장에서 사용되었고, 1980년대 이후 유럽을 중심으로 많이 사용되고 있는데, 추상적이고 이론적인 개념의 수준을 넘어서 정책과 프로그램의 실질적 원리가 되고 있다.

2) 빈곤의 측정

첫째, 절대적 빈곤을 측정하기 위한 방법은 크게 라운트리 방식(전물량 또는 마켓바스켓 방식)과 오샨스키(Orshansky) 방식(반물량 방식)으로 구분할 수 있다. 먼저 라운트리 방식은 최저한의 생계에 필요한 물품과 서비스의 목록과 양(마켓바스켓)을 구성하고 이를 합산하여 최저생계비를 계측한다. 우리나라의 국민기초생활보장제도가 2015년에 맞춤형 급여제도로 변경되기 전까지 대상자 선정기준 및 급여기준으로 사용된 최저생계비도 라운트리 방식으로 계측되었다.

다음으로 오샨스키 방식은 마켓바스켓에 최저한의 생계에 필요한 모든 물품과 서비스의 항목을 포함시키지 않고, 식료품 관련 항목만 포함시킨다. 그리고 이 식료품 바스켓 구입비용에 식료품비가 전체 소득에서 차지하는 비율, 즉 엥겔지수를 적용한다. 미국의 빈곤선은 이 방식으로 결정되며, 최저식료품비에 3을 곱한다.

절대적 방법은 이해하기 쉽고 대중들에게 호소력이 있으며, 정책을 수립하고 결정하는 데 활용하기 쉽다는 장점이 있다. 그러나 최저생활수준을 결정하는 데 있어 전문가의 자의적인 판단이 개입될 수 있다는 문제가 있다. 또한 생활수준이 변화하면서 빈곤이 무엇을 의미하는지에 대한 사람들의 생각도

달라지는데, 절대적 방법은 이러한 시대·환경 변화에 민감하게 반응하지 못한다는 비판을 받는다.

둘째, 상대적 빈곤을 측정하는 방법으로 크게 박탈 지표 방식과 소득 또는 지출수준을 이용한 상대적 계측 방식으로 구분할 수 있다. 먼저 박탈 지표 방식은 상대적 박탈(relative deprivation)의 개념을 활용하여 빈곤을 측정하는 방법이다. 상대적 개념의 주창자인 타운센드(Peter Townsend)는 빈곤을 "일상 식품을 획득하고 사회활동에 참여하며, 그들이 속한 사회에서 관례적인 생활조건과 편의시설을 누리는 데 필요한 자원이 결핍된 상태(상대적 박탈감)"로 정의하였다. 그는 이러한 결핍을 측정하기 위해 생활양식에 관한 60개의 항목이 포함된 목록을 작성하고 그중 저소득과 가장 연관성이 있는 것으로 보이는 12개 항목을 선정하여 박탈 지표를 구성한 뒤 각 응답자에 대해 박탈지표에서 결핍된 항목의 수를 계산하여 박탈점수를 도출하였다. 그리고 이것을 소득수준과 비교하여 일정 소득수준 이하에서 박탈점수가 급격히 낮아지면 그 소득수준을 빈곤선으로 결정하였다(Townsend, 1979).

다음으로 소득과 지출을 이용한 상대적 계측 방식은 평균/중위소득 또는 지출의 일정비율을 빈곤선이나 최저생계비로 활용하는 방법이다. 예를 들면, OECD나 EU에서는 중위소득의 50% 또는 60%를 빈곤선으로 많이 사용하고 있다.

상대적 방법은 다수의 사람들이 향유하는 보편적인 생활수준에 부합하는 빈곤의 정도를 나타낸다는 장점이 있다. 그러나 상대적 방법도 상당한 문제를 가지고 있다. 박탈 지표 방식의 경우 라운트리 방식과 마찬가지로 박탈지표 목록에 포함될 항목을 선정하는 데 있어 전문가의 자의성이 개입될 수 있다(Bradshaw, 1999). 이러한 한계 때문에 오늘날 소득 또는 지출을 이용한 방식이 일반적으로 많이 사용되고 있으나, 어떠한 기준을 빈곤선으로 잡을 것인지, 즉 소득 또는 지출의 몇 %를 빈곤선으로 삼을 것인지는 임의로 결정할 수밖에 없다.

셋째, 주관적 빈곤을 측정하는 방식은 크게 합의/사회 지표(consensual/social indicators) 방식과 라이덴(Leyden) 방식이 있다. 먼저 합의/사회 지표 방식은 여론조사를 통해 사회생활에서 꼭 필요한 필수품 목록을 결정한다(Mack & Lansley, 1985). 즉, 사회적 필수품 목록을 결정하는 데 있어 일반 대중들 스스로 결정하도록 하고 사회적 합의를 거친다는 점에서 차별성이 있다. 다음으로 라이덴 방식은 빚을 지지 않고 그럭저럭 살아가기 위해 필요한 최소 소득을 묻고, 이를 통해 빈곤선을 추정하는 방식이다.

주관적 방법은 전문가가 아닌 일반 사람들이 빈곤선을 결정하며, 사회적으로 더 현실성이 있다는 장점이 있다. 그러나 모든 지역의 주민 또는 빈곤층의 의견을 종합해 빈곤기준을 설정하는 것이 현실적으로 어렵다는 단점이 있다. 또한 조사과정이 매우 복잡하고 많은 시간과 비용을 필요로 한다. 그리고 응답자들마다 최저생활기준에 대해 다르게 여길 수 있으며, 빈곤선이 해마다 상당히 달라질 수 있다(Gordon et al., 2000). 빈곤에 대한 정의들이 위와 같은 문제점을 가지고 있기 때문에 최근 들어 사회적 배제라는 용어가 많이 사용되고 있다.

넷째, 사회적 배제는 전통적인 빈곤으로는 포착되지 않으면서도 다른 구성원들이 일반적으로 누릴 수 있는 다양한 권리, 기회, 자원으로부터 체계적으로 배제되어 있는 집단이 늘었다는 인식하에, 이를 측정하기 위한 여러 지표들이 등장하고 있다. 즉, 소득의 문제에 대한 관심을 넘어서 사회적 배제를 구성하는 다양한 요소들, 예를 들면 복지권리, 고용에 대한 접근성, 교육, 차별문제, 사회적 관계망, 사회참여 능력, 의료, 문화, 정치생활 통합 정도 등에도 관심을 가진다.

지금까지 살펴본 빈곤문제는 사회보장의 주요 대상이 되고 있다. 그리고 사회복지 차원에서 빈곤문제에 대한 전통적인 대응은 최후의 안전망(last resort)인 공공부조제도를 통해 이루어지고 있다. 공공부조제도는 많은 국가에서 빈곤선(poverty lines)의 기능을 하고 있으며, 현대 복지국가에서 빈곤을 예방하고 감소시키는 데 결정적인 역할을 한다(Eardley et al., 1996). 따라서 공공부조가 사람들을 빈곤으로부터 보호하지 못한다면 더 이상의 사회안전 망은 없으므로 결국 그들은 빈곤에 노출될 수밖에 없다는 점에서, 대부분의 국가에서 공공부조에 대한 관심과 중요성은 지속되고 있다(Behrendt, 2002; Eardley et al., 1996).

2. 공공부조제도의 원리와 형태

1) 공공부조제도의 원리

공공부조와 관련해서 다양한 정의와 견해가 있으나, 전 세계적으로 통용 되는 공공부조의 개념은 없다. 미국과 우리나라에서는 주로 공공부조(public assistance)라고 부르지만, 영국과 유럽, OECD 등에서는 사회부조(social assistance)라는 용어를 더 많이 사용한다. 공공부조는 소득 또는 자산이 정 해진 빈곤선 이하인 생활이 어려운 자에게 현금 또는 현물로 제공되는 최후 의 사회안전망이자 비기여·자산조사급여라는 특징을 가지고 있다. 많은 국 가들이 다양한 형태의 공공부조제도를 운영하고 있으나 크게 전 국민을 대 상으로 하는 일반적 공공부조(general assistance)와 특정 계층 또는 집단(예 를 들면, 아동, 노인, 장애인, 한부모 가정 등)을 대상으로 하는 범주적 공공부조 (categorical assistance)로 구분할 수 있다.

(1) 기본 원리
첫째, 공공부조는 생존권을 보장한다. 우리나라의 공공부조법인「국민기초 생활 보장법」에서는 "이 법은「헌법」상 국민의 생존권 보장이념에 근거를 두 며, 생활유지의 능력이 없거나 생활이 어려운 자에게 필요한 보호를 행하여 이들의 최저생활을 보장하고 자활을 조성하는 것을 목적으로 한다."고 규정하고 있다. 이는 「헌법」에서 보장하는 생존권 보장의 원리를 구체화한 것으로 모든 국민의 기본적 생존을 국가가 보장해야 한다는 이념을 구체화한 것이다.

둘째, 공공부조는 스스로 생활이 어려운 자에 대한 최후의 안전망으로서 최저생활을 보장한다. 앞서 언급한 생존권 보장을 제도가 보장하고 있는 급여수준의 관점에서 볼 때, 공공부조급여 수급자의 최저한의 수요가 충족될 수 있을 정도로 보장해야 한다. 우리나라 「사회보장기본법」과 「국민기초생활 보장법」에서는 "건강하고 문화적인 최저수준의 생활을 보장"하도록 규정하고 있다. 이는 최저생활보장의 원리를 반영한 것이라고 볼 수 있다.

최저생활과 관련해서 공공부조가 보장해야 할 최저수준의 정의는 국가마다 다르다. 예를 들면, 최저수준에 대해 스웨덴, 핀란드, 독일은 "인간의 존엄성을 유지하고 일반적인 사회생활이 가능한 괜찮은(decent) 수준"으로 정의하고 있는 반면, 영국, 포르투갈, 일본, 한국에서는 "최저(minimum) 수준"으로 정의하고 있다(Jung, 2007).

셋째, 공공부조는 보충성(subsidiarity)의 원리를 기반으로 한다. 1차적 사회안전망은 사회보험이며, 공공부조는 자신의 자산과 근로능력을 최대한 활용한 후 부족분을 보충하는 2차적 사회안전망, 즉, 최후의 안전망이다. 공공부조급여를 수급할 때 최저생활에 필요한 모든 현금과 현물을 국가와 지자체가 제공하는 것이 아니라, 국민 각자가 모든 자원과 수단을 동원하여 빈곤을 해소하고 생활을 유지하기 위해 최대한 노력해야 하며, 그렇게 노력해도 부족할 경우 그 부족분을 국가가 보충해 준다.

「국민기초생활 보장법」은 제3조 제1항에서 "이 법에 따른 급여는 수급자가 자신의 생활의 유지·향상을 위하여 그의 소득, 재산, 근로능력 등을 활용하여 최대한 노력하는 것을 전제로 이를 보충·발전시키는 것을 기본 원칙으로 한다."고 규정함으로써 보충성의 원리를 구체화하고 있다.

넷째, 공공부조는 자립(self-reliance)을 조성한다. 공공부조는 수급자가 급여수급에 의존하지 않고 자립할 수 있도록 한다. 즉, 공공부조는 수동적으로 국가에 의존해 최저생활을 유지하는 것이 아니라 궁극적으로 생활이 어려운 자의 자립과 개인적 책임(individual responsibility)을 조장한다. 이를 위해 공공의 자원을 통해 자력으로 생활할 수 있도록 다양한 지원을 제공하는데, 그 대표적인 프로그램이 자활사업이다. 이러한 근로연계복지는 수급자의 소득뿐만 아니라 공공부조에 대한 장기 의존성(long-term dependency)을 예방하는 역할을 하기 때문에 1990년대 이후 다수의 OECD 국가에서 강화하는 추세다(Jung, 2007; Lødemel & Trickey, 2000).

(2) 특징

사회보험, 사회서비스와 함께 우리나라의 대표적 사회보장제도 중 하나이인 공공부조는 다음과 같은 특징을 가진다.

첫째, 공공부조는 모든 국민에게 제공되는 보편적인 복지제도가 아니라, 엄격한 자산조사를 거쳐 선별된 대상자에게만 선택적으로 지급되는 선별적 복지제도다. 둘째, 공공부조는 일반조세를 재원으로 하며, 수직적 재분배의 기능을 한다. 누진세가 반영된 조세를 재원으로 하고, 가장 소득이 낮은 절대빈곤층을 대상으로 급여를 제공하기 때문에 고소득층에서 저소득층으로 소득을 직접적으로 재분배하는 수직적 재분배 효과가 가장 큰 사회보장제도다. 셋째, 공공부조는 급여에 따라 현금 또는 현물서비스를 제공한다. 우리나라 국민기초생활보장제도에서 제공하는 급여 중 생계급여, 주거급여 등은 현금으로 지급하고, 의료급여 등은 현물(서비스)로 지급한다. 넷째, 공공부조는 서비스 제공주체가 국가 또는 지방자치단체 또는 관련 공공기관인 공적제도다. 다섯째, 제한된 예산을 저소득층에게 집중적으로 사용할 수 있다는 점에서 비용효율성이 높은 장점이 있다. 즉, 결과의 평등을 가장 효율적으로 달성할 수 있는 사회보장제도다.

여섯째, 일정한 빈곤선 이하의 생활이 어려운 사람에게 급여를 제공한다.

공공부조는 법적으로는 모든 국민이 보호 대상이나, 실제로는 자산조사를 통해 일정 소득 또한 자산 이하인 자로서 자신의 자산과 근로능력으로 독립된 생활을 하기가 어렵고, 가족이나 친족의 도움을 받을 수 없어 생활상 곤란을 겪는 절대빈곤층이 주요 대상이 된다. 따라서 실제 공공부조 수급자는 상대적으로 소수다.

일곱째, 공공부조는 다음과 같은 단점이 있다. 수급자격을 결정하기 위해 자산조사, 부양의무자 조사 등을 실시하기 때문에 다른 사회보장제도보다 행정적으로 복잡하고 비용이 많이 든다. 또한 공공부조가 최저생계비와 가구소득 간의 차이를 급여로 지급하는 보충성의 원리를 따르고, 수급자격이 일정액 이하의 소득을 기준으로 결정되기 때문에 수급자의 근로의욕 저하와 낙인감 또는 수치심을 유발할 가능성이 있다. 그리고 수급요건이 엄격할수록 수혜자가 적어져서 정치적으로 소수의 사람들만이 지지를 하게 되므로 대다수의 국민은 이 제도의 확충 여부에 관심을 크게 갖지 않는 경향이 있다(이준영, 김제선, 2012).

2) 공공부조제도의 형태

공공부조제도는 다양한 형태로 유형화할 수 있는데, 공공부조의 범주와 특징(공공부조 예산 및 수급자수), 공공부조의 구조(수급자 선정기준, 자산조사, 근로능력심사), 성과(급여수준)라는 세 가지 평가 영역을 분석틀로 사용한 고프 외(Gough et al., 1997)와 정인영(2007)의 연구를 바탕으로 크게 다섯 가지 형태로 구분할 수 있다.[1]

---

1) 다섯 가지 형태에 포함되지는 않았으나 호주와 뉴질랜드의 경우 사회보험이 발달하지 않고 거의 모든 사회보장급여 및 서비스를 일반조세를 재원으로 하는 자산조사방식으로 운영하고 있다는 점에서 특이하다. 전 국민을 대상으로 한 일반적 공공부조가 아니고 특별한 집단에 초점을 맞춘 범주적 사회복지급여들을 다양하게 제공하고 있으며, 자산조사 기준, 소득공제 기준, 급여수준 등은 상대적으로 관대한 편이다.

첫째, 중앙정부 주도의 보편적이며 광범위한 공공부조제도를 운영하며, 수급자 선정기준과 자산조사 기준이 상대적으로 관대한 유형으로 영국과 아일랜드가 여기에 속한다. 이 유형은 전체 사회보장제도에서 공공부조가 차지하는 비중이 상대적으로 높고, 사회보험 수준의 관대한 사회안전망을 제공하며, 약간의 근로연계복지를 포함하고 있다.

둘째, 중앙정부는 지침만 제공하고, 제도 운영은 지방정부가 하는 유형이다. 즉, 전국적으로 균일한 규정은 있지만 법률 및 행정과 관련해서 지방정부에게 자치권을 부여하고 지역의 특수한 상황을 고려하여 공공부조제도를 운영하는 형태로 스웨덴, 핀란드, 덴마크와 같은 북유럽 국가들이 채택하고 있다. 이 유형은 시민권에 기초하여 상대적으로 높은 수준의 급여를 제공하나, 전통적으로 개인과 가정의 경제적 책임, 그리고 시민권에 기초한 신청과 절차를 중요시 여기기 때문에 자산조사가 엄격한 반면, 관대한 외국인 규정을 갖고 있다. 스웨덴 같은 북유럽 국가는 첫 번째 유형의 국가들과 달리 높은 수준의 사회보장과 사회서비스, 적극적 노동시장정책 등 보편적 복지제도가 이미 많은 빈곤 위험을 예방하기 때문에 공공부조는 보편적 복지제도가 포괄하지 못하는 인구를 대상으로 최종적인 보호만을 담당한다. 따라서 전체 사회보장제도에서 공공부조가 차지하는 비중이나 중요성은 상대적으로 낮다.

셋째, 중앙정부 차원에서 제정된 법률과 규칙의 틀 안에서 지역에 따라 약간의 자유재량이 허용되는 형태로 독일이 여기에 속한다. 이 유형은 권리로서 제공되는 보편적 사회안전망과 더불어 특별한 계층 또는 집단을 위한 범주적 공공부조를 운영하고, 비교적 관대한 자산조사 기준을 가지고 있다. 또한 다른 유럽 국가들에 비해 부양의무자 범위가 넓고, 급여수준은 앞의 두 가지 유형보다 낮다.

넷째, 주로 노인과 장애인을 대상으로 하는 범주적 공공부조제도와 지자체 차원의 자유재량에 의한 구호, 그리고 지역의 종교단체나 자선단체에 의한 구호, 가족의 비공식적 복지제공2)에 의존하는 형태로 스페인, 포르투갈 등

남부 유럽 국가들이 포함된다. 자산조사는 특별히 엄격하지는 않지만, 지역에 따라서는 아예 급여가 제공되지 않는 경우가 있으며, 급여 수급기간의 제한을 두고 있다. 또한 다른 유럽 국가들보다 확대된 가족부양의 책임을 요구하고 있으며, 급여수준이 유럽 국가 중 가장 낮은 점이 특징이다.

다섯째, 자산조사형 공공부조 급여들을 다양하고 광범위하게 제공하는 유형으로 미국이 여기에 속한다. 이 유형은 자산조사가 상당히 엄격하고, 급여 수급기간의 제한을 두고 있으며, 근로연계복지에 많은 중점을 두고 있는 반면, 급여수준은 주에 따라 다르지만 대체적으로 낮은 경향이 있다. 한편, 소득공제제도나 수급신청을 위한 절차상의 권리는 비교적 잘 확립되어 있다.

이러한 다섯 가지 유형들과 비교할 때, 일본은 전국적으로 균일한 중앙집권적 공공부조제도를 운영하고 있으나 지역에 따라 약간의 급여차등을 두고 있다는 점에서 차이가 있다. 또한 국적·거주 규정과 확대된 가족부양의무를 포함한 엄격한 수급자 선정기준 및 자산조사 규정, 공공부조에 대한 낙인화(stigmatization) 등이 서양 국가들과 다른 점이라고 할 수 있다. 일본은 GDP 대비 공적사회복지비의 지출수준이 상대적으로 낮은 가운데 전체 사회보장제도에서 공공부조가 차지하는 비중이나 중요성은 작은 반면, 상대적으로 높은 수준의 급여를 제공하고 있다.

그렇다면 우리나라의 공공부조제도는 어떤 특징을 가지고 있을까?

첫째, 전국적으로 균일한 법률과 행정체계에 의해 공공부조가 운영되고 있다는 점에서 첫 번째 유형과 공통점이 있으나, 수급자수가 상대적으로 많지 않고, 급여수준이 낮다는 점에서 차이가 있다. 둘째, 다른 국가에 비해 GDP 대비 공공부조 지출수준이 낮고, 광범위한 부양의무자 범위 및 외국인 제외 규정 등 엄격한 수급자 선정기준과 자산조사 규정을 적용하고 있다. 다음에

2) 남부 유럽 국가들은 다른 유럽 국가들과는 달리 취약한 사회안전망으로 인해 가족의 비공식적 복지제공의 비중이 매우 크며, 가족은 흔히 '사회적 충격 흡수자(social shock absorber)'로서 광범위한 사회적 위험에 대처하는 데 중요한 역할을 해 왔다(정창률, 권혁창, 정인영, 2015).

서는 주요 국가들의 제도의 형태를 공공부조의 구조와 관련된 지표들을 중심
으로 살펴보기로 한다(정인영, 2007).

(1) 법률 및 행정

첫째, 중앙집권적으로 운영되는 형태다. 전국적으로 균일한 급여기준을
가지고 있는 형태로, 영국, 아일랜드, 한국이 여기에 속한다. 수급자의 선정
과 급여지급 등 공공부조의 법률 및 행정과 관련해서 지역적 특수성은 고려
되지 않으며 전국적으로 균일한 조직 운영 및 서비스 전달이 이루어진다. 둘
째, 지방분권적으로 운영되는 형태다. 즉, 세부적인 법률 및 행정과 관련해
서 지방정부에게 자치권을 부여하고 지방의 특수한 상황을 고려하여 공공부
조제도를 운영하고 있으며, 급여의 수준도 지역에 따라 차이가 있다. 스웨덴,
핀란드, 독일, 일본 등이 여기에 속한다.

(2) 국적 및 거주 규정

첫째, 일반적 공공부조제도의 수급권과 관련해서 국적에는 큰 제한을 두지
않는 대신, 해당 국가에 합법적으로 거주하는 사람들에게만 수급권을 부여하
는 형태다. 예를 들면, 영국의 경우 1994년부터 수급신청 전 2년 동안 영국이
아닌 다른 나라에서 살았던 신청인은 상시거주조사(habitual residence test)[3]
의 요건을 충족시켜야 한다. 둘째, 국적에 제한을 두는 형태다. 독일은 자국
민과 25개 EU 회원국의 국민들에게 공공부조 수급신청을 허용하고 있다. 또
한 한국과 일본은 외국인들에게 수급권을 인정하지 않기 때문에 국적 및 거
주요건과 관련해서 가장 엄격한 제한을 두고 있는 나라들이다.

---

3) 상시거주조사는 과거의 거주 및 체류 기록과 향후의 의도 및 계획에 관한 조사를 통해 신청인의 주
  요 관심사가 영국에 있는지를 평가하는 데 목적이 있다.

(3) 급여 수급기간

급여 수급기간과 관련해서는 대부분의 국가들이 별도의 제한을 두고 있지 않지만, 미국과 스페인, 이탈리아, 포르투갈 등 남부 유럽 국가들의 경우 수급기간에 제한을 두고 있다.[4]

(4) 급여 수급단위 및 자산조사단위

첫째, 대부분의 경우 급여 수급단위는 신청인과 배우자 및 자녀들을 포함하는 핵가족(nuclear family)을 기준으로 한다. 반면에 한국과 일본은 가족이 아닌 세대 또는 가구(household)를 수급단위로 한다. 둘째, 자산조사와 관련해서도 많은 나라들이 핵가족을 기준단위로 간주하고 있지만, 몇몇 국가의 경우 보다 확대된 가족부양의 책임을 요구하고 있으며, 신청인과 같이 살고 있지만 가족이 아닌 사람이나 심지어는 따로 살고 있는 사람도 자산조사의 대상에 포함되기도 한다. 예를 들면, 포르투갈의 경우 자산조사 시 모든 미성년 친척들(손자, 손녀, 의붓자녀, 양자녀, 입양자녀 등)의 소득도 함께 고려된다. 독일은 부모와 자녀, 배우자(별거 중이거나 이혼한 사람도 포함)의 소득도 자산조사에 포함시킨다. 심지어 한국과 일본의 경우 함께 살고 있지 않은 직계혈족 및 배우자, 수급권자와 생계를 같이하는 형제와 자매까지 자산조사의 대상에 포함될 수 있다.

(5) 자산조사

자산조사에서 제외되는 항목과 공제액 및 공제율은 각국에서 실시하고 있는 자산조사의 특성을 살펴볼 수 있는 중요한 지표라고 할 수 있는데, 가족부양의 의무, 근로유인책의 강조 정도, 한부모와 동거에 대한 사회적 견해, 사

---

4) 예를 들면, 미국의 근로연령 세대 빈곤층 대상 범주적 공공부조제도인 TANF의 최대 수급기간은 5년이다.

회보장제도 내에서 공공부조제도의 역할과 중요성 등에 따라 나라마다 달라
질 수 있다(Eardley et al., 1996). 자산조사는 크게 소득조사와 재산조사로 구
분할 수 있는데, 먼저 소득조사, 특히 근로의욕의 저하를 방지하고 근로유인
을 제공하기 위한 소득공제제도와 관련해서 네 가지 형태로 분류할 수 있다.
첫째, 근로소득의 일정비율 또는 일정액이 공제되는 정률 혹은 정액공제를
실시하는 형태로 독일, 영국, 일본 등이 속한다. 둘째, 소득공제가 수급자와
그 가족의 자립·자활에 도움이 될 수 있다고 간주되는 경우에 소득공제가
이루어지는 형태로 핀란드, 네덜란드, 포르투갈 등이 포함된다. 셋째, 소득공
제가 부분적이고 제한적으로 이루어지는 형태로 한국이 이 유형에 포함된다
(자세한 내용은 3절 한국의 공공부조제도 참조). 넷째, 가장 엄격한 소득조사와
가장 낮은 비율의 소득공제가 이루어지는 형태로 원칙적으로 모든 종류의 가
구 소득이 고려의 대상이며, 스웨덴과 아일랜드가 여기에 속한다.

다음으로 자산조사를 구성하는 또 하나의 중요한 요소인 재산공제제도와
관련해서 재산조사에서 공제되는 항목과 공제액을 살펴보면 크게 세 가지 형
태로 구분할 수 있다.

첫째, 상대적으로 엄격한 재산조사를 실시하는 형태로 북유럽과 남부유럽
국가들, 그리고 동아시아 국가들을 꼽을 수 있다. 이들 국가에서는 모든 종류
의 금융재산과 일반재산이 고려되는데, 재산공제가 있는 경우에도 그 수준
은 상당히 낮다. 특히, 한국과 스웨덴은 가장 엄격한 재산조사를 실시하는 나
라로 자동차와 살고 있는 주택까지도 재산의 종류에 포함된다. 핀란드, 일본,
포르투갈의 경우는 실제로 거주하는 주택과 사용하고 있는 자동차, 농지, 토
지 등은 재산의 종류에 포함되지 않는다. 둘째, 매우 관대한 수준의 재산공제
를 실시하는 형태로 네덜란드와 영국을 꼽을 수 있다. 셋째, 북유럽 및 동아
시아 국가들보다는 관대하고 네덜란드와 영국보다는 엄격한 중간 정도 수준
의 재산공제제도를 운영하고 형태로 독일과 아일랜드를 들 수 있다.

(6) 근로능력심사

공공부조제도와 관련해서 1990년대를 전후해서 많은 국가에서 중요한 변화가 일어났는데, 바로 근로능력심사(work test)와 근로유인적 요소의 도입이라고 할 수 있다. 1980년대 초반까지만 해도 공공부조 대상자는 정부의 고용정책의 실패로 장기실직자가 된 사람들로서 최소한의 생계비에 의지하여 살아가는 존재로 인식되었다. 그러나 1980년대 중반 이후부터 선진 복지국가들을 중심으로 근로복지(welfare-to-work)의 개념이 도입되어, 수급자의 생계급여를 중심으로 하는 전통적인 의미의 복지국가에서 근로와 복지를 연계하려는 움직임이 일어났다. 특히, 공공부조 분야에서 수급자들의 근로능력을 심사하고, 근로능력이 있는 대상자들에게 구직 노력을 의무화하는 방향으로 제도를 변화시킴으로써, 적극적 노동시장정책과 공공부조제도를 연결하고자 시도하였다(김미곤 외, 2000; 문진영, 2001). 이러한 근로유인적 요소의 도입은 수동적인 정책에서 적극적인 정책으로 공공부조의 패러다임이 변화된 것이라고 할 수 있다(Lødemel & Trickey, 2000).

그 결과 오늘날 많은 국가들이 근로능력이 있는 공공부조 대상자에게 자신이 가진 근로능력을 최대한 활용할 것을 요구하고, 근로능력심사와 직업훈련, 취업알선, 취업정보제공, 자산조사 시의 소득공제, 사업자금 융자 및 대부사업 등 근로연계정책을 실시하고 있다. 영국과 아일랜드의 경우 일반적 공공부조의 수급과 관련해서 근로시간에 제한을 두고 있는 것이 특징이다. 예를 들면, 영국의 경우 일반적 공공부조인 소득보조(Income Support)의 수급자가 되기 위해서는 주당 16시간 미만으로 일해야 하며, 그 이상 일하는 근로능력자들은 범주적 공공부조 프로그램인 소득기반 구직자수당(Income-based Jobseeker's Allowance)을 신청할 수 있다.[5]

---

5) 저소득층, 실업자 등에게 제공되던 여섯 개의 공공부조제도—Income Support와 Income-based Jobseeker's Allowance를 포함하여 Child Tax Credit, Housing Benefit, Income-related Employment and Support Allowance, Working Tax Credit—가 Universal Credit라는 단일 제도로

우리나라의 국민기초생활보장제도 역시 수급자들의 근로능력을 판별하여 근로능력과 여건이 허락하는 수급자는 자활에 필요한 사업에 참가할 것을 조건으로 생계급여를 지급하는 조건부수급제도를 실시하고 있으며(법 제3조, 제9조), 이들 조건부 수급자가 자활지원계획에 따라서 자활사업에 참여하지 않을 경우, 수급자 본인에 해당하는 생계급여의 일부 또는 전부를 중지할 수 있도록 하는(법 제30조) 근로강제적 성격을 가지고 있다.

3. 한국의 공공부조제도

현재 우리나라에서 시행되고 있는 공공부조성격의 빈곤정책을 구분하면, 일반적 공공부조제도로 국민기초생활보장제도와 범주적 공공부조제도의 성격을 가진 기초연금, 장애인연금, 장애수당, 장애아동수당, 한부모가정지원비, 근로장려금, 자녀장려금 등으로 분류할 수 있다. 여기서는 일반적 공공부조에 해당하는 국민기초생활보장제도를 중심으로 살펴보기로 한다.

1961년에 제정된 생활보호제도는 일제 강점기 조선구호령의 기본 틀을 답습하여 전체 저소득층을 대상으로 하지 않고 연령의 제한을 두는 범주적 공공부조제도였다. 40년간 지속되었던 생활보호제도는 몇 차례 개정을 거쳤지만 빈곤을 개인과 가족의 책임으로 돌리고 시혜적 성격이 강했으며 잔여적 복지에 머물러 있었다. 그러던 와중에 1997년 한국 사회를 강타한 IMF 경제위기 이후 경제·사회 전반에 걸쳐 대대적인 구조조정과 개혁이 진행되었고, 사회복지제도에 있어서도 많은 변화와 확충이 이루어졌다. 특히, 공공부조제도와 관련해서 40년간 인구학적 기준과 구빈법적 전통을 유지해 오던 생활보호제도가 1999년에 폐지되고, 2000년 10월부터 전 국민의 최저생활을 보장하

통합되어 2013년 4월부터 전환 작업이 진행 중이다. 원래는 2017년경에는 전환이 완료될 것으로 예상했으나, 예상보다 늦어져 2022년쯤 완료될 것으로 보인다(Millar & Sainsbury, 2018).

기 위한 일반적 공공부조제도인 국민기초생활보장제도가 시행되었다.

　기초생활보장제도는 초기에 소득인정액이 최저생계비 이하이고 부양의무자 기준을 충족하는 수급자에게 생계, 주거, 의료, 교육 등 기초생활을 보장하기 위해 모든 급여를 통합하여 제공하는 통합급여체계로 운영함으로써, 부양의무자 기준으로 인한 사각지대가 존재하고 근로능력이 있는 수급자의 탈빈곤을 어렵게 한다는 비판을 받았다. 이에 부양의무자 기준을 지속적으로 완화하였고, 2015년 7월부터 맞춤형 개별급여체계로 전환하였다. 이에 따라 소득인정액 기준을 최저생계비 이하 가구에서 상대적 빈곤선인 기준 중위소득의 일정 비율 이하 가구로 변경하고, 욕구별 지원체계로 전환하여 급여별로 수급자 선정기준을 다층화하였다.

1) 수급 대상

　수급자로 선정되기 위해서는 소득인정액 기준과 부양의무자 기준을 동시에 충족시켜야 한다. 즉, 부양의무자가 없거나, 부양의무자가 있어도 부양능력이 없거나 또는 부양을 받을 수 없는 자로서, 소득인정액이 급여 종류별 선정기준 이하인 자가 수급 대상이 된다. 단, 주거급여와 교육급여는 부양의무자 기준을 적용하지 않는다.

(1) 소득인정액 기준

　국민기초생활보장제도에서 가구는 수급자 선정, 급여액 결정 및 지급의 기본 단위다. 급여체계 개편 전에는 가구별 소득인정액이 최저생계비 기준보다 낮은 가구를 수급자로 선정하였으나, 맞춤형급여체계 도입 이후부터는 소득인정액이 가구규모별 기준 중위소득 대비 일정 비율 이하인 가구를 수급자로 선정한다. 기준 중위소득은 보건복지부장관이 급여의 기준 등에 활용하기 위해서 중앙생활보장위원회의 심의 · 의결을 거쳐 고시하는 국민 가구소

득의 중위값이다. 기준 중위소득은 급여 종류별 선정기준과 생계급여 지급
액을 정하는 기준이고, 부양의무자의 부양능력을 판단하는 기준이 된다(〈표
11-1〉 참조).

소득인정액은 보장기관[6]이 급여의 결정 및 실시 등에 사용하기 위해 산출
한 개별가구의 소득평가액(실제소득−가구특성별 지출비용−근로소득공제)과
재산의 소득환산액[(재산−기본재산액−부채)×소득환산율]을 합한 금액이다. 소
득평가액 산정 시 등록장애인이 장애인 · 정신질환자 직업재활사업에 참여
하여 얻은 소득의 50% 공제, 24세 이하 수급권자 및 대학생의 근로소득과 사
업소득 중 40만 원을 공제하고 나머지 금액에 대해 30% 추가 공제, 65세 이
상 노인, 등록장애인, 북한이탈주민의 근로 · 사업소득 중 30% 공제 등이 적
용된다(보건복지부, 2019). 가구별로 산정된 소득인정액을 가구규모별 · 급여
종류별 선정기준(〈표 11-1〉 참조)과 비교하여 급여 종류별로 수급자를 선정
하고 생계 · 주거급여액을 결정한다.

〈표 11-1〉 2019년도 가구규모별 기준 중위소득과 급여 종류별 수급자 선정기준　　　(단위: 원)

	1인 가구	2인 가구	3인 가구	4인 가구	5인 가구	6인 가구
기준 중위소득	1,707,008	2,906,528	3,760,032	4,613,536	5,467,040	6,320,544
생계급여 수급자 (기준 중위소득 30%)	512,102	871,958	1,128,010	1,384,061	1,640,112	1,896,163
의료급여 수급자 (기준 중위소득 40%)	682,803	1,162,611	1,504,013	1,845,414	2,186,816	2,528,218
주거급여 수급자 (기준 중위소득 43%)	751,084	1,278,872	1,654,414	2,029,956	2,405,498	2,781,039
교육급여 수급자 (기준 중위소득 50%)	853,504	1,453,264	1,880,016	2,306,768	2,733,520	3,160,272

출처: 보건복지부(2019). 2019년 국민기초생활보장사업 안내.

6) 보장기관이란 「국민기초생활 보장법」에 따른 급여를 실시하는 국가 또는 지방자치단체를 말한다.

(2) 부양의무자 기준

부양의무자 범위는 그동안 수차례 개정되어 완화되었는데, 현재는 수급권자의 1촌의 직계혈족(부모, 자녀)과 그 배우자(며느리, 사위, 계부, 계모)로 한정한다. 단, 사망한 1촌의 직계혈족의 배우자는 제외(아들·딸 사망 시, 며느리·사위는 부양의무자 범위에서 제외)한다. 앞서 언급한 바와 같이, 부양의무자 기준이 모든 급여에 적용되는 것은 아니다. 즉, 생계급여와 의료급여의 수급자 선정기준으로 활용되며, 주거급여와 교육급여는 부양의무자 기준을 적용하지 않는다.

부양의무자 기준을 충족하기 위해서는 ① 부양의무자가 없는 경우, ② 부양의무자가 있어도 부양능력이 없는 경우, ③ 부양의무자가 부양능력이 미약한 경우로서 수급권자에 대한 부양비 지원을 전제로 부양능력이 없는 것으로 인정하는 경우, ④ 부양의무자가 있어도 부양을 받을 수 없는 경우 중 한 가지에 해당되어야 한다. 부양의무자의 부양능력 판정은 부양의무자 가구의 소득, 재산, 가구특성 등을 고려하여 판정기준에 따라 결정된다.

부양의무자의 부양능력 판정 기준은 다음과 같다.

첫째, 부양의무자의 부양능력 판정 소득액이 부양의무자 가구의 기준 중위소득 100%에 수급자 가구의 기준 중위소득의 40%를 합한 금액 이상이거나, 재산의 소득환산액이 수급권자 및 부양의무자 가구 각각 기준 중위소득 합의 18% 이상일 경우 부양능력 있음으로 간주되어 수급권자는 급여 대상에서 제외된다. 둘째, 부양의무자의 부양능력 판정 소득액이 부양능력의 기준에는 미달하지만 부양의무자 가구의 기준 중위소득 100%를 초과하며, 재산의 소득환산액이 수급권자 및 부양의무자 가구 각각 기준 중위소득 합의 18% 미만일 경우 부양능력 미약으로 분류된다. 그리고 부양의무의 이행을 위하여 그 가구의 소득수준에 따라 생계·의료급여 수급(권)자에게 정기적으로 일정액의 생활비(부양비)를 지원하는 것을 전제로 부양능력이 없는 자로 간주된다. 이때 부양비는 수급(권)자 가구의 소득으로 산정하여 급여 종류별 수급자 선정 및 급여액 결정에 반영된다. 셋째, 부양의무자의 부양능력 판정 소득액이 부양의무자 가구 기준 중위소득의 100% 미만이며, 재산의 소득환산액이 수급권자 및 부양의무자 가구 각각 기준 중위소득 합의 18% 미만일 경우 부양의무자 기준을 충족한 것으로 간주된다(보건복지부, 2019).

한편, 복지사각지대 축소를 위해 2017년 11월부터 수급자와 부양의무자가구에 노인 또는 중증장애인이 모두 포함된 경우 부양의무자 기준을 적용하지 않고, 2018년 10월부터는 주거급여에 대한 부양의무자 기준을 폐지하여 비수급빈곤층을 추가적으로 지원하고 있다. 또한 2019년부터 부양의무자 가구에 중증장애인(장애인연금 수급자 등)이 포함된 경우 생계·의료급여 수급자 선정 시, 기초연금 수급 노인이 포함된 경우에는 생계급여 수급자 선정 시 부양의무자 기준을 적용하지 않는다.

(3) 수급자의 종류

국민기초생활보장제도에서는 소득인정액 기준과 부양의무자 기준을 충족해 수급자로 선정된 18세 이상 64세 이하의 수급자 중 근로능력이 있다고 판단될 경우 자활사업에 참가할 것을 조건으로 생계급여를 지급하는데, 이러한 수급자를 조건부수급자라고 한다. 또한 근로능력이 없다고 판단될 경우 일반수급자라고 한다. 다만, 가구의 여건이나 개인의 상황으로 자활사업에 참여하기 어렵거나 근로 또는 사업에 종사하는 대가로 소득을 얻고 있는 경우에는 조건부과에서 제외된다.

2) 급여

국민기초생활보장제도에서 제공하는 급여의 종류는 생계급여, 주거급여, 교육급여, 의료급여, 해산급여, 장제급여, 자활급여가 있다.

(1) 생계급여

생계급여는 수급자에게 의복, 음식물 및 연료비와 그 밖에 일상생활에 기본적으로 필요한 금품을 지급하여 수급자가 생계를 유지하도록 지원하는 것이다. 생계급여 수급권자는 부양의무자가 없거나, 부양의무자가 있어도 부양능력이 없거나 부양을 받을 수 없는 사람으로서 가구의 소득인정액이 생계급여 선정기준인 기준 중위소득의 30% 이하인 사람이다(〈표 11-1〉 참조).

생계급여는 생계급여 선정기준에서 가구별 소득인정액을 차감한 금액을 급여로 지급하는 보충급여방식으로 운영된다. 생계급여는 현금지급을 원칙으로 지급한다.

앞서 언급한 바와 같이 근로능력이 있는 조건부수급자는 자활지원계획에 따라 자활에 필요한 사업에 참가할 것을 조건으로 생계급여가 지급되는데, 자활사업에 참가한 달의 다음 달부터 매 3개월마다 조건이행 여부를 정기적으로 확인하여 생계급여 지급 여부가 결정된다.

(2) 주거급여

주거급여는 수급자에게 주거안정에 필요한 임차료, 수선유지비, 그 밖의 수급품을 지급하는 것이다. 주거급여는 「주거급여법」에서 별도로 정하고 있으며, 국토교통부에서 주관한다. 주거급여 수급권자는 소득인정액이 주거급여 선정기준인 기준 중위소득의 43% 이하인 사람이다(부양의무자 기준 적용 안 함).

주거급여는 임차급여와 수선유지급여로 구성되어 있다. 임차급여는 수급권자가 타인의 주택 등에 거주할 경우 지역별·가구원수별 기준임차료를 상한액으로 가구의 소득인정액에 따라 임차료를 현금으로 차등지급한다. 수선유지급여는 수급권자가 자가주택 소유자일 경우 경·중·대보수로 구분하여 수선비용 한도액과 수선주기(3년, 5년, 7년)가 정해져 있으며, 가구의 소득인정액에 따라 수선유지비를 현금으로 차등지급한다.

(3) 교육급여

교육급여는 초ㆍ중ㆍ고교에 재학 중인 자녀가 있는 수급자에게 입학금, 수업료, 학용품비, 그 밖의 수급품을 지급하는 것으로, 교육부에서 주관한다. 교육급여의 신청 및 지급 등에 대해서는 「초ㆍ중등교육법」의 교육비 지원절차를 따르도록 하기 때문에 별도의 교육급여법을 제정하지는 않았다. 교육급여 수급권자는 소득인정액이 교육급여 선정기준인 기준 중위소득의 50% 이하인 사람이다(부양의무자 기준 적용 안 함).

2019년 현재 초등학생은 부교재비 132,000원, 학용품비 71,000원, 중학생은 부교재비 209,000원, 학용품비 81,000원을 연 1회 지원한다. 고등학생은 입학금, 수업료, 교과서대 실비 전액을 지원한다.

(4) 의료급여

의료급여는 수급자에게 건강한 생활을 유지하는 데 필요한 각종 검사 및 치료 등 의료서비스를 제공한다. 즉, 수급자에게 국가재정으로 질병이나 부상, 출산 등에 대한 진찰, 검사, 약제ㆍ치료재료의 지급, 처치ㆍ수술과 그 밖의 치료, 예방 및 재활, 입원, 간호, 이송, 기타 의료목적 달성을 위한 조치를 제공하며, 급여일수는 365일이다. 의료급여에 필요한 사항은 별도의 「의료급여법」에서 정하고 있다. 의료급여 수급권자는 부양의무자가 없거나, 부양의무자가 있어도 부양능력이 없거나 부양을 받을 수 없는 사람으로서 가구의 소득인정액이 의료급여 선정기준인 기준 중위소득의 40% 이하인 사람이다.

의료급여 수급자는 근로능력 유무에 따라 1종과 2종 수급권자로 구분되며, 본인부담의 차등이 있다. 1종 수급권자는 근로능력이 없는 사람(18세 미만인 자, 65세 이상인 자, 중증장애인, 치료 또는 요양이 필요한 자 중 시ㆍ군ㆍ구청장이 판정한 근로무능력자, 임산부, 병역 중인 자, 보건복지부 장관이 인정한 근로무능력자 등)으로만 구성된 세대의 구성원을 대상으로 하며, 2종 수급권자는 근로능력이 있는 가구의 구성원을 대상으로 한다. 1종 수급권자는 외래진료

318 제11장 빈곤에 대응하는 최후의 사회안전망

시 본인부담(1차 의료기관 방문 시 1,000원, 2차 의료기관 1,500원, 3차 의료기관 2,000원, 약국은 처방전 1개당 500원 부과)이 있으며, 입원진료는 식대(20%)를 제외하고 전액 무료다. 반면에 2종 수급권자는 입원과 외래진료 모두 본인부담제를 시행하고 있는데, 입원 시 총진료비의 10%, 외래진료 시 1차 의료기관 방문 시 1,000원, 2차 또는 3차 의료기관은 총진료비의 15%, 약국은 처방전 1개당 500원을 부과하고 있다. 또한, 수급권자들의 본인부담 완화를 위해 대불제도, 본인부담보상제, 본인부담상한제 등을 실시하고 있다.

(5) 해산급여

해산급여는 생계·의료·주거급여 수급자 중 하나 이상의 급여를 받는 수급자가 출산(출산예정 포함)한 경우 조산(助産) 및 분만 전과 분만 후의 필요한 조치와 보호를 위해 수급자나 세대주, 세대주에 준하는 사람에게 현금으로 지급하는 것이다. 급여액은 1인당 600천 원을 현금으로 지급하고, 추가 출생 영아 1인당 600천 원을 추가지급(쌍둥이 출산 시 1,200천 원 지급)한다.

(6) 장제급여

장제급여는 생계·의료·주거급여 수급자 중 하나 이상의 급여를 받는 수급자가 사망한 경우 사체의 검안·운반·화장 또는 매장 기타 장제조치를 행하는 데 필요한 금품을 지급하는 것이다. 급여액은 1구당 750천 원을 지급하며, 금전지급이 적당하지 않다고 인정되는 경우 현물로 지급할 수 있다.

(7) 자활급여

자활급여는 기초생활수급자(조건부수급자, 일반수급자 등)와 차상위계층(기초생활수급자가 아니면서 소득인정액이 기준 중위소득의 50% 이하인 자)의 자활을 돕기 위하여 다양한 지원을 제공하는, 우리나라의 대표적인 근로연계복지 제도다. 특히, 조건부수급자는 의무참여 대상이며, 불참 시 생계급여가 중단

될 수 있다. 자활급여는 자활에 필요한 금품의 지급 또는 대여, 자활에 필요한 근로능력의 향상 및 기능습득의 지원, 취업알선 등 정보 제공, 자활을 위한 근로기회의 제공, 자활에 필요한 시설 및 장비의 대여, 창업교육, 기능훈련 및 기술·경영 지도 등 창업지원, 자활에 필요한 자산형성 지원, 자활에 필요한 자산형성을 지원한다.

보건복지부는 자활사업의 시행을 위해 중앙자활지원센터를 두고, 시·도에 광역자활센터를, 그리고 시·군·구에 지역자활센터를 지정하여 운영하고 있다. 또한 시장·군수·구청장은 자활지원사업의 효율적인 추진을 위해 지역자활센터, 직업안정기관, 사회복지시설의 장 등과 상시적인 자활기관협의체를 구축하여야 한다.

자활지원기관들을 통해 근로와 관련된 교육과 경험을 축적한 수급자들은 서로 협력하여 자활기업을 설립하기도 한다. 자활기업은 수급자 및 차상위자가 조합 또는 부가가치세법상의 사업자 형태로 설립한 경제조직으로써, 자활기업으로 인정될 경우 자활을 위한 사업자금융자, 국유지·공유지 우선 임대, 국가 또는 지방자치단체가 실시하는 사업의 우선 위탁, 국가나 지자체의 조달구매 시 자활기업 생산품의 우선 구매, 기타 수급자의 자활촉진을 위한 각종 사업 등의 지원을 받을 수 있다. 이러한 지원은 자활기업 이외에도 수급자 및 차상위자를 일정비율 이상 고용하는 기업에게도 제공된다.

3) 재정

국민기초생활보장제도의 재원은 조세이며, 급여 지급에 소요되는 보장비용은 국가와 지자체가 분담한다. 국가는 시·군·구 보장비용의 총액 중 100분의 40 이상 100분의 90 이하를 부담해야 한다. 광역자치단체인 시·도는 시·군·구 보장비용의 총액에서 국가부담분을 뺀 금액 중 100분의 30 이상 100분의 70 이하를 부담하고, 기초자치단체인 시·군·구는 시·군·구 보장비용의 총액 중에서 국가와 시·도가 부담하는 금액을 뺀 금액을 부담해야 한다.

국가는 지자체의 재정 자립도를 고려하여 지자체에 지원하는 국고보조금의 재원부담률을 결정하도록 되어 있는데, 서울특별시의 경우 국가 50% 이하, 시 25% 이상, 구 25% 이하를 부담하고 있다. 그리고 그 이외의 지자체의 경우 국가 80% 이상, 시·도 10% 이상, 시·군·구 10% 이하를 분담한다.

4) 전달체계

보건복지부는 기준 중위소득, 소득인정액 산정방식 결정, 수급자 범위의 특례, 지역자활센터 지정 등 기초생활보장제도의 중요 정책사항을 결정하고, 생계급여, 의료급여, 해산급여, 장제급여를 관할한다. 그리고 국토교통부는 주거급여, 교육부는 교육급여를 관할한다. 또한 지방자치단체는 집행기능을 담당한다. 한편, 생활보장사업의 기획·조사·실시 등에 관한 사항을 심의·의결하기 위해 보건복지부와 시·도 및 시·군·구에 각각 생활보장위원회를 설치해야 한다.

지자체의 읍·면·동은 상담 및 급여신청 안내, 신청·접수, 지원이 필요한 가구 발굴, 찾아가는 서비스 등 대민 서비스 창구의 기능을 수행한다. 시·군·구는 통합조사관리팀을 설치하여 자산조사가 필요한 사업의 신규 신청자 조사 및 선정, 변동사항 적용 및 관리, 확인조사 업무 등 자산조사와 자격관리를 일원화하고, 급여종류별 보장팀을 설치하여 보장 결정 및 통지, 급여지급, 징수·이의신청 등의 기능을 수행한다. 단, 교육급여 수급권자에 대한 자산조사, 확인조사 등은 시·군·구에서 실시하고, 보장결정, 급여지급 등의 업무는 시·도교육감이 담당한다. 그리고 주거급여 수급권자에 대한 자산조사, 보장결정, 급여지급 등은 시·군·구의 통합조사관리팀과 보장팀이 담당하지만 주거급여 지급을 위한 주택조사는 한국토지주택공사(LH)가 수행한다.

4. 한국 공공부조제도의 과제와 전망

첫째, 기초보장 사각지대 해소를 위한 지속적인 노력이 필요하다. 기초생활보장제도의 급여체계가 2015년 7월에 맞춤형 개별급여체계로 전환됨에 따라 생계급여, 의료급여, 주거급여, 교육급여 등을 수급하는 전체 기초생활보장 수급자수는 2014년 142만 명에서 2016년 163만 명(전체 인구의 3.15%)으로 약 20만 명 정도 증가하였다. 이는 얼핏 보면 과거보다 기초보장 사각지대가 상당히 줄어든 것으로 보이나, 인간다운 삶을 위해 가장 필요한 생계급여 수급자수는 124만 명으로, 급여체계 변경 전인 2014년의 132만 명보다 오히려 감소한 수치다.

맞춤형 급여체계로 개편되었음에도 불구하고 앞서 살펴본 바와 같이 다른 국가들에 비해 여전히 엄격한 수급요건 및 부양의무자 기준으로 인해 기초생활수급자보다 생계가 어렵지만 지원을 받지 못하는 비수급빈곤층 등 여전히 빈곤 사각지대가 존재한다. 그중에서도 본인의 소득 및 재산은 소득인정액 기준을 충족하지만 부양의무자의 소득과 재산이 기준보다 높아 급여를 받지 못하는 비수급빈곤층이 사회적으로 문제가 되고 있다. 특히, 부양의무자가 있어도 실제로는 부양을 받지 못하거나, 부양의무자 가구가 노인, 장애인 등 취약가구인 경우에도 해당 가구의 소득 및 재산으로 인해 수급자에서 탈락하는 등 엄격한 부양의무자 기준이 기초보장 사각지대의 주요 원인으로 지목되고 있다. 이에 부양의무자 기준을 완화하기 위한 조치가 이어져 왔고, 2017년에는 부양의무자 기준을 단계적으로 폐지하는 계획을 포함한 1차 기초생활보장 종합계획이 발표되었다. 물론 부양의무자 기준 완화가 부양의식 약화를 조장하고 부정수급 등의 부작용이 우려된다는 의견도 일부 있는 것이 사실이다. 그러나 빈곤에 대응하여 국민을 더 두텁고 촘촘하게 보호하기 위해 부양의무자 기준 완화는 반드시 필요하며, 이를 위해 지속적으로 국민들의 의견을 수렴하고 사회적 논의와 합의를 통해 개선해 나갈 필요가 있다.

둘째, 탈수급 효과가 미흡하다. 기존의 통합급여체계에서는 수급자가 되면, 생계급여뿐만 아니라 의료·주거급여 등 일곱 가지 급여를 모두 받고, 탈락하면 어떤 급여도 받지 못하는 구조였기 때문에 근로능력이 있는 수급자가 기초생활보장제도에서 벗어나는 것을 꺼리게 된다는 비판을 받아 왔다. 이러한 비판에 대응하기 위해 맞춤형 급여체계로 개편하였고, 이로 인해 수급자들의 탈수급을 촉진하는 데 일정 정도 기여할 수 있을 것으로 예상된다. 그러나 보충성의 원리에 따라, 생계급여의 선정기준과 수급자 가구의 소득인정액 간 차이만큼 생계급여를 지급하는 공공부조제도에서 근로소득이 증가하는 만큼 생계급여액이 감소한다면(현행 급여감소율은 100%임) 근로유인은 감소할 수밖에 없으며, 이것이 탈수급을 저해하는 요인이 되고 있다. 따라서 수급자들의 탈수급을 촉진하기 위해서는 근로소득에 대한 공제 확대, 자활사업에 참여하는 조건부수급자가 받는 자활급여와 자활소득에 대한 소득공제 실시 등 근로활동에 대한 인센티브를 더욱 확대하는 방안을 검토할 필요가 있다. 또한 차상위계층 등 비수급빈곤층이 공공부조 수급자로 전환되는 것을 막기 위해 근로장려금과 적극적 노동시장정책을 포함한 저소득층을 위한 정부의 소득 지원 및 고용서비스의 확대방안 모색이 필요하다.

셋째, 급여수준의 적절성 제고가 필요하다. 기초생활보장제도의 급여 적절성은 제도 도입 이후 지속적으로 제기된 문제 중 하나다. 실제로 OECD 국가들과 비교할 때, 우리나라 기초생활보장제도의 급여수준은 가장 낮은 수준에 속한다(김태성, 손병돈, 2016; 정인영, 2007). 기초생활보장제도가 맞춤형 급여체계로 전환되어 소득인정액 기준이 최저생계비에서 중위소득으로 변경되었고, 생계급여, 주거급여, 교육급여, 의료급여 등의 급여수준에 일정정도 변화가 있지만, 급여수준의 적절성 측면에서 볼 때는 큰 차이가 없다. 따라서 빈곤층이 최저생활과 인간다운 삶을 유지할 수 있도록 급여수준을 적절하게 상향시키려는 노력이 필요하다.

김미곤 외(2000). 국민기초생활보장법 시행방안에 관한 연구. 세종: 한국보건사회연구원.

김태성, 손병돈(2016). 빈곤론. 서울: 형지사.

문진영(2001). "생산적 복지제도의 구축방안: 공공부조제도와 적극적 노동시장 정책의 연계 프로그램을 중심으로." 사회보장연구, 16(1), 143-173.

보건복지부(2019). 2019년 국민기초생활보장사업 안내. 세종: 보건복지부.

이준영, 김제선(2012). 사회보장론(2판). 서울: 학지사.

정인영(2007). "공공부조제도 국가 간 비교연구: 한국과 OECD 8개국을 중심으로." 사회복지정책, 31, 7-33.

정창률, 권혁창, 정인영(2015). "남부유럽 국가의 연금개혁 비교연구: 이탈리아, 스페인, 그리스를 중심으로." 사회복지정책, 42(1), 161-186.

Behrendt, C. (2002). *At the Margins of the Welfare State: social assistance and the alleviation of poverty in Germany, Sweden and the United Kingdom*. Aldershot: Ashgate.

Bradshaw, J. (1999). "The nature of poverty" in J. Ditch (ed.). *Introduction to Social Security*. London: Routledge.

Eardley, T., Bradshaw, J., Ditch, J., Gough, I., & Whiteford, P. (1996). *Social Assistance in OECD Countries: Synthesis Report*. DSS Research Report No. 46, London: HMSO.

Gordon, D. et al. (2000). *Poverty and Social Exclusion in Britain*. York: Joseph Rowntree Foundation.

Gough, I., Eardley, T., Bradshaw, J., Ditch, J., & Whiteford, P. (1997). Social assistance schemes in OECD countries. *Journal of European Social Policy, 7(1)*, 17-43.

Jung, I. Y. (2007). *Social Assistance in Korea in Comparative Perspective*. Ph.D. Thesis. University of York.

Lødemel, I., & Trickey, H. (Eds.). (2000). *An Offer You Can't Refuse: Workfare in international perspective*. Bristol: The Policy Press.

Mack, J., & Lansley, S. (1985). *Poor Britain*. London: Allen and Unwin.

Millar, J., & Sainsbury, R. (Eds.). (2018). *Understanding Social Security* (3rd ed.). Bristol: Policy Press.

Rowntree, B. S. (2000). *Poverty: A Study of Town Life* (Centennial Edition). Bristol: Policy Press.

Townsend, P. (1979). *Poverty in the United Kingdom*. London: Allen Lane and Penguin Books.

/ 제3부 /

과제와 전망

제12장

•

한국 사회보장의 과제와 전망

이 장에서는 사회적 위험의 상황을 검토하고, 한국 사회보장의 성과와 과제를 평가하며, 어떠한 사회보장 개혁이 필요한가를 살펴보았다. 먼저 사회적 위험의 측면에서, 산업화시대에는 남성의 정규직 전일제 근로와 가부장적 핵가족 제도를 통하여 개인들은 일차적으로 생활안정을 기할 수 있었고, 이러한 일차적 시스템이 작동하지 않는 경우 사회보장이 개입하여 개인의 생활을 보장하였다. 하지만 20세기 말 이후 노동의 불안정성 증가, 가족구조와 여성 역할 변화, 그리고 저출산 고령화로 인하여 새로운 사회적 위험이 발생되고 있다.

다음으로 한국의 사회보장의 성과와 과제의 측면에서, 한국 사회보장을 포괄성, 급여 적절성, 형평성, 그리고 재정적 지속 가능성의 네 가지 측면에서 평가하였다. 한국의 사회보장은 그 형식적 포괄성에도 불구하고 여전히 실질적인 포괄성에서의 제한성이 컸고, 급여수준이 낮으며, 소득재분배 효과가 낮고 젠더 간 및 세대 간 형평성이 약한 것으로 나타났다. 그리고 현재에는 사회보장 지출의 수준이 낮으나 향후 인구고령화의 결과로 재정적 지속 가능성에 대한 우려가 큰 상황이다.

마지막으로, 사회보장의 개혁 방향으로 전통적 사회보장제도의 강화를 통한 개혁과 급진적 개혁으로 기본소득제의 도입에 대하여 살펴보았다. 현재의 상황에서는 우선 전통적 사회보장제도의 포괄성과 급여수준을 제고하여야 한다. 장기적으로는 기술진보와 노동시장의 변화 양상 등에 따라 기본소득제의 도입이 고려될 수 있다. 하지만 기본소득의 경우 개인의 자유와 이에 상응하는 책임의 이슈는 계속 논란의 대상으로 남을 것으로 보인다.

1. 사회적 위험의 상황은 어떠한가

  사회보장은 산업화 이후 사회경제적 변화에 따라 제기된 사회적 위험들에 대응하여 개인들의 생활안정성을 보장하기 위하여 도입되었다. 그러나 사회적 위험의 양상은 고정된 것이 아니라 사회경제적 상황에 따라 변화한다. 사회적 위험의 양상이 변화함에도 불구하고 사회보장이 고정되어 있다면 사회적 위험과 사회보장 간의 차이가 벌어져서 사회보장은 국민들의 생활보장이라는 목적을 달성하지 못하게 된다. 그러므로 사회보장을 다루는 사람들은 사회적 위험의 변화에 촉각을 곤두세우고 그 변화 양상을 파악하고 그에 맞추어 사회보장을 조정하고 현대화해야 한다.

  산업화시대에 사회보장제도는 남성의 정규직 전일제 근로와 가부장적 핵가족 제도의 기반위에서 구축되었다. 노동시장에서 성인 남성들은 정규직으로 전일제 근로를 정년까지 수행하도록 가정되었다. 그리고 성인 남성들이 노동시장에서 획득한 근로소득으로, 여성은 돌봄과 가사노동을 수행하도록 가정되었다. 이러한 안정된 노동시장과 가족구조를 통하여 개인들은 일차적으로 생활안정을 기할 수 있었고, 이러한 일차적 시스템이 작동하지 않는 경우 사회보장이 개입하여 개인의 생활을 보장하는 역할을 수행하였다. 그래서 사회보장은 실업, 산업재해, 질병, 장애, 노령 등으로 인한 노동시장에서의 소득활동

단절에 대응하고, 아동을 양육하는 가구에 대해 아동(가족)수당을 제공하며, 의료, 주거, 교육 등에 대한 사회서비스를 제공하는 역할을 수행해 왔다.

그러나 20세기 말 무렵부터 사회적 위험의 양상에 상당한 변화가 발생하였다. 노동시장이 노동자들에게 안정적인 일자리와 소득을 제공하지 못하고, 가족이 제공하던 양육과 돌봄의 기능이 안정적으로 제공되지 못하게 되었다. 이러한 변화를 가리켜 과거의 전통적인 구사회위험(old social risks)과 구분하여 신사회위험(new social risks)이라고 부르기도 한다. 20세기 말 이후 새롭게 직면하고 있는 사회적 위험들에 대하여 보다 구체적으로 살펴보면 다음과 같다.

첫째, 노동의 불안정성이 증가하였다. 세계화, 탈산업화, 자동화와 인공지능 기술의 발전 등과 같은 요인들로 인하여 노동시장의 유연성이 증가하였다. 과거에 노동시장에서 성인 남성들이 정규직으로 전일제 근로에 종사하며 정년까지 일하여 자신과 가족 부양을 위해 안정적인 소득을 획득할 수 있었다. 하지만 비정규직 근로, 비정형적 근로, 저임금 등이 만연하게 되어 노동의 불안정성이 증가하였다. 그 결과 과거에는 정규직 근로자들이 자신이 노동할 수 없게 되는 상황들, 즉 실업, 장애, 노령 등의 상황에 대응하여 사회보험을 통해 생활불안에 대응했다면, 이제 사회보험은 많은 비정규 비정형 저임금 근로자들을 포괄하지 못하고 사각지대에 방치함으로써 개인들의 생활보장에 문제를 가지게 되었다.

둘째, 가족구조와 여성 역할이 변화하였다. 가족구조의 측면에서 과거에는 부부와 자녀로 구성되는 핵가족이 전형적인 가족구조였다. 하지만 비혼, 저출산, 이혼, 사별 등으로 인하여 1인 가구, 무자녀 가구, 한부모 가구 등이 증가하였다. 또한 여성의 역할이 변화하여 여성들의 경제활동 참여가 증가하면서 가족의 돌봄 제공 기능에 공백이 생기게 되었다. 그래서 과거에 가족 내 여성들이 주로 담당하던 돌봄의 기능을 사회적으로 대체하는 보육서비스나 장기요양서비스 등의 돌봄서비스의 제공이 사회보장의 주요한 과제로 제기되었다. 또한 이와 함께 보다 포괄적으로 여성과 남성 간의 일과 가정생활을 둘러싼 역할조정의 문제가 제기되었다. 그래서 1인 가구 등 비정형적 가족들에 대한 보호의 문제가 중요하게 되었다. 또한 남성의 유급노동과 여성의 가사 및 돌봄 노동이 아니라 남성과 여성 모두가 일과 가족의 균형(work and family balance)을 잡을 수 있도록 지원하는 정책들이 중요하게 되었다.

셋째, 저출산 · 고령화로 인구구조가 급속하게 변화하고 있다. 저출산과 인간 수명의 증가로 인해 노인 인구의 비중이 급속히 증가하는 데 비해 경제활동 연령층의 인구 비중이 급속히 줄어드는 사회로 변화되고 있다. 이는 노령연금, 의료, 장기요양 등의 영역에서의 사회적 부담을 증가시키고 있다. 과거에 경제활동연령대 인구가 많고 노인 인구가 적은 인구구조가 역전되면서 사회보장도 이에 대응하여 재조정이 필요하게 되었다.

한국의 사회보장제도는 구사회위험에 대응해야 하는 동시에 새로운 사회적 위험에 대응해야 하는 이중적 부담을 안고 있다. 그러면 이러한 상황하에서 한국의 사회보장은 그동안 어떠한 성과를 이루어 왔고, 또한 어떠한 과제를 안고 있는가? 다음 절에서는 이 이슈에 대해 살펴본다.

2. 한국 사회보장의 성과와 과제

한국 사회보장의 그동안의 성과와 과제를 살펴보기 위하여 평가를 위한 기준이 필요하다. 여기에서는 사회보장의 목표인 생활보장을 달성하기 위하여 사회보장제도가 기본적으로 가져야 할 원칙들을 기준으로 한국의 사회보장을 평가해 보고자 한다. 제1장에서 사회보장제도가 가져야 할 원칙들로 포괄성, 급여 적절성, 형평성, 재정적 지속 가능성의 네 가지 원칙을 제시한 바 있다. 여기에서는 이 네 가지 원칙의 측면에서 현재 한국 사회보장제도의 상황을 평가해 보고자 한다.

첫째, 포괄성의 측면이다. 한국의 사회보장은 형식적 측면에서 포괄성이 높은 체계를 구축해 왔다. 한국은 그동안 전 국민 사회보험체계를 구축하였고, 전 국민 사회부조체계를 구축하였으며, 아동과 노인에 대한 인구학적 (준)보편수당체계를 구축하였다. 그리고 보육, 교육, 장기요양 등이 사회서비스에서 보편적 서비스체계를 구축하였다. 이로써 한국은 주요 사회보장제도들을 대부분 갖춘 국가가 되었다. 하지만 그 내용적 측면에서 여전히 포괄성에 상당한 제한이 있는 상황이다.

적용 대상에 있어서 사회보험의 광범위한 사각지대가 존재하고 있다. 사회보험이 주로 정규직 근로자들을 중심 대상으로 하기 때문에 상당수의 비정규직 및 비정형적 노동자와 영세 자영업자들이 사회보험의 적용을 받지 못하는 사각지대에 처해 있다. 〈표 12-1〉은 고용 형태별 사회보험 가입률을 보여 주고 있는데, 정규직과 달리 비정규직의 경우 사회보험 가입률이 고용보험 72.1%, 건강보험 59.4%, 국민연금 56.7%로 낮게 나타나고 있다. 사회보험의 사각지대에 대응하여 이를 보완해야 하는 사회부조의 경우 엄격한 수급 요건으로 인하여 사회보험의 사각지대를 적절하게 메우지 못하고 있다. 한국의 국민기초생활보장제도에서는 엄격한 부양의무자기준과 자산기준으로 인하여 수급 대상이 제한적이다. 그 결과 사회보험과 국민기초생활보장제도의 사각지대에 처한 사람들을 포괄하는 문제가 주요 과제로 제기되고 있다. 또한 보편적 수당의 경우에도 아동수당의 수급연령이 만 5세 이하로 제한되고 있고, 기초연금의 대상도 하위 70% 이하로 제한되고 있다.

〈표 12-1〉 근로 형태별 사회보험 가입자 비율(2018년 8월)

	국민연금*	건강보험*	고용보험
정규직	86.2	90.1	87.0
비정규직	36.6	45.9	43.6

* 직장가입자만 집계한 수치임.
출처: 통계청(2018). 경제활동인구조사.

위험 종류 측면에서 보면, 주요 사회적 위험들에 대한 제도들이 대부분 도입되었다. 노령에 대응한 국민연금과 기초연금, 질병에 대응한 건강보험, 장애에 대응한 장애인연금과 국민연금의 장애연금, 산업재해에 대응한 산재보험, 실업에 대응한 고용보험, 장기요양에 대응한 장기요양보험이 도입되어 있고, 빈곤에 대응하여 국민기초생활보장제도, 아동양육에 대응하여 아동수당과 보육서비스 등이 제공된다. 위험 종류 측면에서 서구 국가들이 가지고 있는 제도들은 거의 다 가지고 있다. 그중에서 우리가 가지고 있지 못한 제도는 질병에 따른 소득단절에 대응한 현금급여로서의 상병보험(sickness payment)이다. 한국에서 질병에 대응한 치료를 위해 건강보험제도를 도입하였지만, 질병으로 인한 소득단절의 문제에 대응하여 현금을 지급하는 질병보험제도는 도입하지 못했다. 앞으로 질병보험제도의 도입이 필요하다.

수급률 측면에서 낙인감이나 정책 이해도 부족 등으로 인하여 포괄성에 문제가 있을 수 있다. 한국의 경우 대체로 수급률 측면에서 큰 문제는 없어 보인다. 하지만 육아휴직의 경우에는 낙인감 등의 이유로 사용률이 낮은 상황이다. 〈표 12-2〉는 육아휴직 사용률 통계를 보여 주고 있는데 육아휴직 사용률이 여성의 경우 약 40%, 남성의 경우 1%대로 낮은 상황이다. 직장에서 육아휴직을 할 경우 상사의 눈치가 보이거나 육아휴직 후 일자리 보장이나 승진 불이익 등의 문제로 인하여 실제로 육아휴직을 사용하지 못하는 경우가 많다. 특히, 남성의 경우에는 전통적인 가부장적 성역할 분담 인식 등으로 인

〈표 12-2〉 육아휴직 사용률

	0~7세 자녀를 둔 부모의 육아휴직 사용률[1]	12개월 이하 자녀를 둔 부모의 육아휴직 사용률(2017년)[2]
모	38.3	42.3
부	1.6	1.1

주: 1) 2010~2017년에 180일 이상 계속 근무 경험이 있는 임금근로자 중 육아휴직 사용자.
2) 자녀의 출생일 기준 180일 이전부터 계속 근무 경험이 있는 임금근로자 중 육아휴직 사용자.
출처: 통계청(2018). 일·가정 양립 지표.

하여 사용률이 낮다. 여성의 역할 변화와 젠더 평등의 관점에서 일과 가족 양
립을 위한 정책들에서의 수급률을 제고하는 것이 필요하다.

둘째, 급여 적절성의 측면이다. 한국의 경우 그동안 주요 위험에 대응하여
사회보장제도를 도입하고 적용 대상을 확대하는 것에 초점을 맞추어 왔다.
하지만 빠른 시간 내에 제도를 도입하고 대상을 확대하기 위하여 급여는 가
급적 낮은 수준으로 제한해 왔다. 그래서 한국의 사회보장제도는 대체로 급
여수준이 낮다.

사회보험의 경우 급여가 빈곤구제에 초점이 맞추어져 있다. 일반적으로
사회보험의 경우 빈곤구제와 이전생활수준 보장의 두 가지 목표를 가지고 있
다. 서구의 경우 베버리지 유형의 사회보험은 주로 빈곤구제 수준의 정액급
여를 제공하고, 비스마르크 유형의 사회보험은 이전생활수준 보장을 제공하
는 것으로 알려져 있다. 한국의 사회보험은 빈곤구제 수준의 정액급여를 제
공하는 베버리지 유형에 가깝다. 대표적인 예가 고용보험의 실업급여다. 한
국의 실업급여는 이전 소득의 50%를 제공하도록 설정되어 있음에도 불구하

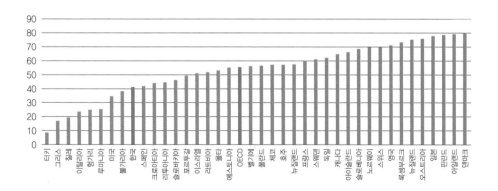

[그림 12-1] **OECD 국가들의 실업 5년간 실업급여의 평균 순대체율**

주: 1인 소득자(Average Wage) 부부와 두 자녀(6세, 4세)로 구성되는 가구에 실업급여와 주거급여 및 사회부
　조 급여가 지급되는 것으로 가정.
출처: OECD, Tax-Benefit Models (2015). http://www.compareyourcountry.org/benefits-taxes-
　　wages?cr=oecd&lg=en&page=0

고 급여의 상한선과 하한선이 거의 차이가 없어 정액급여에 유사하다.

　보편적 프로그램들의 급여수준도 낮은 상황이다. 아동수당이 월 10만 원이고 기초연금이 월 25만 원으로 중위소득(2016년 통계청 가계동향조사에 따른 가처분소득기준 균등화중위소득 196만 원)[1] 대비 각각 약 5%와 13% 수준이다.

　사회부조의 경우에도 국민기초생활보장제도의 선정기준 및 급여수준이 낮다. 국민기초생활보장제도에서는 2018년 현재 생계급여의 선정기준은 50만 원(1인 가구의 경우)인데 이는 통계청 발표 중위소득의 약 25%에 불과한 상황이다.

　[그림 12-1]은 OECD 국가들에서의 실업급여의 급여수준을 보여 준다. 평균임금 근로자가 5년간 실업을 당했을 경우의 실업보험, 주거급여, 사회부조를 합한 급여수준을 보여 준다. 한국은 OECD 국가들 중에서 하위 아홉 번째에 해당된다는 것을 볼 수 있다.

　사회서비스의 경우에도 높은 본인부담률로 인하여 급여수준이 낮다. 의료서비스를 제공하는 건강보험의 경우에도 건강보험의 보장률이 2016년 62.6%에 불과하여 OECD 평균 81%에 훨씬 못 미치는 상황이다. 장기요양서비스의 경우에도 장기요양에서의 본인부담금이 15%에 달한다. 보육서비스의 경우에도 무상보육이라는 명칭에도 불구하고 사립유치원 등의 경우에는 실제로는 입학금, 교재비, 수업료, 특별활동비 등의 명목으로 상당한 액수를 학부모가 추가부담하고 있다.

　그러므로 소득보장제도들의 급여수준을 빈곤구제를 넘어서서 이전생활수준 유지를 가능하게 할 수 있도록 높여 나가야 한다. 사회서비스의 경우에도 최소한의 서비스가 아니라 고품질의 최적의 서비스를 제공할 수 있도록 급여를 내실화해야 한다.

---

1) 2017년 가계금융복지조사에 따르면 가처분소득기준 균등화중위소득은 264만 원이다. 이를 기준으로 보면, 아동수당과 기초연금 급여수준은 중위소득 대비 3.8%와 9.5% 수준에 불과한 수준이다.

셋째, 형평성의 측면이다. 한국의 사회보장은 집단 간 형평성의 차원에서 기본적으로 사회보장의 적용에 있어서 집단에 따른 차이를 최소화하기 위해 노력해 왔다. 사회보장제도를 집단별로 분립적으로 구축하여 집단별로 다른 제도를 적용하기보다는 전 국민 또는 전체 집단들을 하나로 묶어서 동일한 제도적 규정을 적용하는 방향으로 제도를 구축해 왔다. 대표적으로 건강보험의 경우 초기에 직역 및 지역별로 조합을 구성하여 의료보험을 운영하던 조합주의 의료보험방식에서 전 국민을 하나의 건강보험제도로 통합하는 통합주의 건강보험방식으로 전환하였다. 국민연금도 근로자와 자영자 또는 직역별로 분립적 국민연금방식이 아니라 전 국민을 하나의 제도 체계 속에 통합하는 방식을 채택하였다. 그리고 사회부조의 경우에도 인구집단별로 분립적인 제도가 아니라 전 국민에 대해 단일의 통합적인 국민기초생활보장제도를 구축하였다. 사회서비스의 경우에도 보육서비스나 장기요양서비스 등에서 전 국민을 단일의 제도 속에 통합하는 체계를 구축하였다. 이처럼 사회보장의 적용에 있어서 집단 간 차이를 최소화하기 위해 노력해 온 결과 한국의 사회보장체계는 집단 간 차별성과 같은 문제가 상대적으로 적어 집단 간 형평성이 높은 체계를 구축하고 있다. 하지만 여전히 연금 분야에서의 공무원연금 등 특수직역연금 가입자와 일반국민연금 가입자 간에 집단 간 형평성의 문제가 제기되고 있다. 또한 다른 한편에서는 집단 간 동일처우에 너무 집중하여 제도가 획일적 성격을 가지게 됨으로써 집단 간 욕구의 차이를 제대로 반영하지 못하고 있다는 문제도 제기된다. 예를 들어, 전 국민에 동일 대우를 하는 것에 집중함으로써 노인이나 장애인 등의 특수 집단의 욕구에 보다 직접적으로 충분히 반응하지 못하고 있는 측면이 있다. 현재 노인의 빈곤율이 50%에 육박함에도 전 국민에 대한 국민기초생활보장제도나 국민연금으로 노인뿐만 아니라 전 국민에 대해 동일하게 적용되는 제도적 규칙으로 대응하는 데 집착함으로써 현재 노인 집단의 욕구에 직접적이고 신속하게 대응하지 못하는 문제가 제기되고 있다. 그러므로 한국의 사회보장에 있어서 전반적

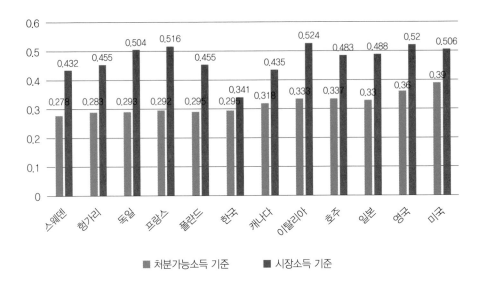

[그림 12-2] OECD 주요국의 정부개입의 소득재분배(지니계수 감소) 효과

출처: OECD, 「http://stats.oecd.org, Income Distribution and Poverty」 2018. 9.
e-나라 지표. OECD 주요국의 지니계수에서 재인용.
(http://www.index.go.kr/potal/stts/idxMain/selectPoSttsIdxSearch.do?idx_cd=4012&stts_cd=401202)

인 통합성을 유지하면서도 집단 욕구의 차이에 적절하게 대응할 수 있는 체
계를 구축해 나가야 하는 과제가 있다.

　소득계층 간 재분배의 측면에서 보면, 한국의 사회보장은 그동안의 확대를
통하여 소득재분배에 상당한 기여를 해 왔다. 하지만 국제적 기준에서 볼 때
한국 사회보장의 소득재분배 효과는 아주 낮은 수준이다. [그림 12-2]에서
보이는 것처럼 한국은 정부개입 이전(시장소득 기준)에 비하여 정부개입 이후
(처분가능소득) 지니계수의 값이 0.341에서 0.295로 그 감소 정도가 다른 주
요 국가들에 비하여 현저하게 낮은 것으로 나타났다. 여기에는 현재 노인들
에 대한 소득보장이 제도로 이루어지지 못하고, 비정규직과 영세자영업자 등
의 상당수 저임금 저소득 근로자들이 사회보장의 사각지대에 처해 있고, 전
반적으로 사회보장의 급여수준이 낮다는 점 등이 영향을 미칠 것으로 생각된
다. 한국의 사회보장제도의 소득재분배 효과를 제고하기 위한 정책적 노력

이 필요하다.

　젠더 간 형평성의 측면에서 보면, 한국의 사회보장제도는 젠더 간 형평성에 취약한 상황이다. 한국의 사회보장이 그동안 사회보험을 중심으로 구축되어 옴으로써, 젠더 간 경제활동 참여와 취업의 양상의 차이를 반영하여 젠더 간 형평성에 문제가 제기되어 왔다. 여성들의 경우 남성들에 비하여 노동시장에서 주로 비정규직 및 영세업체 종사자 등의 저임금 불안정 노동에 종사해 왔다. 사회보험이 형식적으로는 전체 노동자들을 포괄하고 있음에도 불구하고 실제로는 주로 정규직 근로자들을 중심으로 운용됨으로써, 여성들은 실질적으로 사회보험의 사각지대에 처하게 되는 경우가 많다. 그동안 기초연금이나 아동수당 등의 보편적 수당제도의 도입을 통하여 이러한 젠더 간 사회보장 불평등의 문제가 부분적으로 완화되어 왔음에도 불구하고, 여전히 사회보장에서의 젠더 간 불평등이 큰 상황이다. 특히, 한국의 경우에는 노동시장에서의 젠더 간 격차 문제가 다른 국가들에 비하여 더욱 심각하여 사회보장에서의 젠더 격차 문제도 더욱 심각하게 나타나고 있다.

　세대 간 형평성의 측면에서 현재 노인세대, 베이비붐세대, 그리고 후세대들 간의 급여와 부담을 둘러싼 형평성 문제가 복잡하게 전개되고 있다. 현재 노인세대의 경우 급여와 부담 모두에서 소외된 세대다. 국민연금의 전 국민 확대가 2000년에야 시행되었고 최소 20년을 가입하여야 완전노령연금이 지급된다는 측면에서 현재 노인세대의 상당수는 국민연금의 급여 대상에서 제외되어 있다. 기초연금제도의 도입에 의해 현재 노인세대들도 기초연금을 받을 수 있게 되었지만 낮은 급여수준으로 인하여 노인 빈곤 완화에 역부족인 상황이다. 베이비부머들의 경우 낮은 공적보장에 대응하여 부모세대를 부양해 왔고, 또한 자녀세대들의 교육을 위하여 세계적으로 높은 사교육비 지출을 해 왔다. 그 결과 베이비부머들 또한 자신들의 노후를 충분히 준비하지 못하고 상당히 자녀세대들에 의존하고 있다. 후세대들의 경우에는 인구고령화로 인하여 향후 노년부양비(15~64세 인구 대비 65세 이상 노인 인구의 비중)가

급증함에 따라 사회보장에 대한 부담이 과도할 것으로 우려되고 있다.

　넷째, 재정적 지속 가능성의 측면이다. 현재 한국의 사회보장 지출은 OECD 국가들 중에 아주 낮은 상황에 있다. [그림 12-3]에서 제시된 것처럼 GDP 대비 공적사회 지출의 비중이 OECD 평균은 21.0%인 데 비해 한국은 10.4%로 절반에 불과하다. 그 주요한 이유 중의 하나는 한국의 노인 인구 비중이 낮기 때문이다. 일반적으로 사회보장 지출 중에서 공적연금과 건강보장 지출이 전체 사회 지출의 약 80% 가까이를 차지한다. 공적연금과 건강보장 지출은 주로 노인들에게 지출되는 항목이다. 그런데 한국의 경우에는 다른 국가들에 비하여 노인 인구의 비중이 낮고 경제활동 연령인구의 비중이 높아 공적연금과 건강보장 지출이 낮다. 더욱이 공적연금 지출의 경우에는 국민연금의 미성숙으로 인하여 현재 노인들에 대한 연금 지출이 더욱 낮은 상황이다. 하지만 향후 베이비부머 세대의 은퇴와 저출산 경향에 따라 노년부양비가 급증할 것으로 예상되고 있다.[2] 그 결과 [그림 12-4]에서 제시된 것처럼 현재의 사회보장제도를 유지하더라도 향후 사회보장 지출수준이 OECD 국가들의 평균 이상으로 29.0%로 증가할 것으로 예상되고 있다.

　하지만 한국의 공적연금의 광범위한 사각지대와 짧은 가입기간으로 인한 실질적인 소득보장수준은 낮을 것으로 평가되고 있고, 또한 건강보험의 보장률도 국제수준에서 낮은 것으로 보고되고 있다. 따라서 한국 사회보장은 급여수준을 제고해야 하는 한편, 후세대의 부담수준을 적정수준에서 관리해야 하는 이중적인 압력에 직면해 있다. 사회보장의 목표가 국민들의 생활보장이라는 점을 전제하면, 적정 급여수준을 제공하는 데 우선순위가 부여되어야 한다. 그리고 급여의 효율화와 지출의 통제에도 적극적 관심이 부여되어야 한다. 또한 인구구조 변동에 대응하여 후세대들의 부담을 적정 수준에서 관

---

2) 노년부양비(20~64세 인구 대비 65세 이상 인구의 비율)가 한국의 경우 2000년 11.2%에서 2075년에는 78.8%까지 증가할 것으로 예상되고 있다. 이는 OECD 국가들의 경우 평균적으로 2000년 22.5%에서 2075년 58.6%로 증가하는 것과 비교하면 훨씬 급속한 속도다(OECD, 2017).

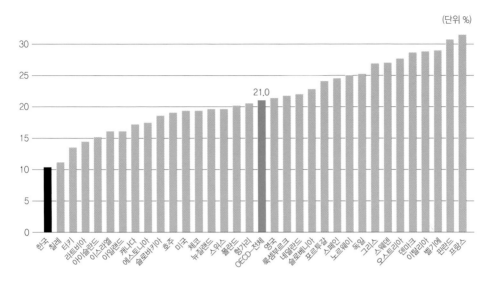

[그림 12-3] OECD 국가들의 공적사회 지출의 GDP 대비 비중(2016년 기준)

출처: OECD (2019). Social spending (indicator). doi: 10.1787/7497563b-en (Accessed on 04 January 2019).

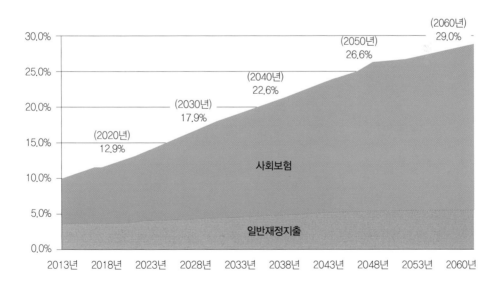

[그림 12-4] 사회보장 지출 전망

출처: 신화연(2014). 사회보장장기재정추계와 정책과제. 보건복지이슈 & 포커스, 234호.

리하기 위해서는 베이비붐세대의 미래 준비 노력이 필요하다.

　　이상에서 한국 사회보장을 포괄성, 급여 적절성, 형평성, 그리고 재정적 지속 가능성의 네 가지 측면에서 평가해 보았다. 한국의 사회보장은 그 형식적 포괄성에도 불구하고 여전히 실질적인 포괄성에서의 제한성이 컸고, 급여가 빈곤구제에 초점을 두어 급여수준이 낮으며, 소득재분배 효과가 낮고 젠더 간 및 세대 간 형평성이 약한 것으로 나타났다. 그리고 현재에는 사회보장 지출의 수준이 낮으나 향후 인구고령화의 결과로 재정적 지속 가능성에 대한 우려가 큰 상황이다. 즉, 한국의 사회보장은 적정생활보장보다는 기초생활 보장에 초점을 맞춘 제도로서 기능해 온 것으로 보인다. 그 결과 공적 사회보장과 시장에의 의존 간의 관계에 있어서 한국은 제한된 사회보장과 큰 시장 의존이라는 상태에 있다.

　　민간의료보험이나 개인연금 등의 시장의 규모가 크고, 보육, 요양, 의료 등의 사회서비스의 공급을 영리 또는 비영리 민간기관들이 중심이 되어 수행하고 있다. 대표적 예로 한국의 보건의료비 지출을 보면, [그림 12-5]에서 보

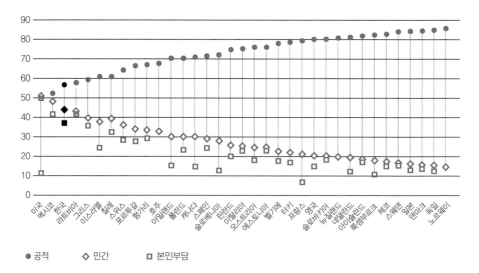

[그림 12-5] OECD 국가들의 보건의료비 지출 부담의 구성(공적/민간/본인부담)

출처: OECD (2019). Health spending (indicator). doi: 10.1787/8643de7e-en (Accessed on 10 May 2018)

이는 것처럼 OECD 국가들에 비해 공적의료비 지출의 비중이 56.4%로 낮고, 민간 지출이 43.6%로 높으며 특히 본인부담이 36.8%로 높은 것을 알 수 있다. 이러한 상황에서 한국이 사회보장은 전통적 사회보장을 확대해야 하는 과제와 새로운 사회적 위험들에 대응해야 하는 과제에 직면하고 있다.

3. 어떠한 사회보장 개혁이 필요한가

사회보장의 개혁 방향을 설정함에 있어서 기존의 전통적인 사회보장제도들의 부분적으로 개혁하는 방향이 있고, 다른 한편에서는 급진적으로 사회보장을 구조적으로 개혁하는 방향이 있다. 대체로 전통적 사회보장제도의 부분적 개혁 방향은 현재의 사회경제적 상황하에서 발생된 문제들에 대해 직접적으로 대응하고자 하는 중·단기적 개혁이고, 급진적 사회보장 개혁 방향은 미래의 사회경제적 상황의 변화에 따라 급진적인 구조 변화가 필요한 장기적 개혁이다. 그러므로 여기에서는 전통적 사회보장제도들을 강화하는 개혁 방향과 급진적인 구조 개혁을 구분하여 검토해 보고자 한다. 전통적 사회보장제도의 강화방안에 있어서 사회보장의 각 영역에서 제기되는 개혁 과제들을 여기에서 모두 살펴볼 수는 없고, 주요한 개혁 방향들을 중심으로 살펴보고자 한다. 그리고 급진적인 구조개혁 방안으로는 최근에 많은 관심을 받고 있는 기본소득제에 대하여 검토해 보고자 한다.

1) 전통적 사회보장제도 강화 개혁 방향

현재의 사회경제적 상황하에서 사회적 위험의 변화에 대응하여 전통적 사회보장제도를 강화하는 방향에서의 주요한 개혁 방향들에 대하여 검토해 보자.

첫째, 노인 빈곤 문제에 대응하여 노후소득보장체계의 개혁이 시급하게 필요하다. 한국의 노인 빈곤율은 [그림 12-6]에서 제시된 것처럼, 약 50%에 육박하는 수준으로 국내에서 다른 인구집단과 비교하여 또한 OECD 국가들의 노인 빈곤율과 비교해서도 지나치게 높은 수준이다. 이처럼 한국의 노인 빈곤율이 높은 이유는 노후소득보장을 위한 공적지출 수준이 너무 낮기 때문이다. 일반적으로 노후소득보장은 공적연금을 통하여 이루어진다. 그런데 한국의 국민연금제도는 출발이 너무 늦어 보험료를 납부할 기회가 없거나 너무 짧았던 현 노인들에 대해서는 제대로 급여를 제공하지 못하고 있다. 그래서 국민연금제도는 미래 노인들에 대한 노후 준비를 위한 것이지 이미 보험료 납부 기회를 상실한 현 노인들에 대해서는 유명무실한 제도다. 기초연금제도가 현 노인들에 대해 급여를 제공하고 있지만 준보편적 제도로서의 기초연금제도는 급여수준이 낮아 현 노인들을 빈곤에서 구제할 만한 급여를 제공하지 못한다. 그런데 기초연금급여를 인상하기도 쉽지 않다. 왜냐하면 국민연금과 기초연금급여를 종합하여 공적노후소득보장 패키지로서 기능해야 하는데 기초연금 급여수준을 전체적으로 인상시키면 국민연금과 종합하여 공적노후소득보장의 정도가 국제적 기준에서 너무 과도해질 우려가 있기 때문

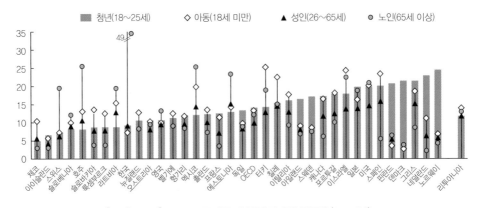

[그림 12-6] OECD 국가들의 연령집단별 빈곤율(2014년)

주: 중위소득 50% 미만 소득 인구의 비율.

출처: OECD (2016). 2016 한눈에 보는 사회, p. 111.

이다. 또한 사회부조제도로서 국민기초생활보장제도가 있지만, 엄격한 자산 기준과 부양의무자기준으로 인하여 노인들을 충분히 포괄하기에는 제한이 너무 심하다. 이러한 상황에서 현재 한국의 노인 빈곤 문제에 직접적으로 대응할 수 있는 제도적 대응이 필요하다. 노인 빈곤율이 50%에 육박한다는 점을 고려하면 노인들 중 하위 50% 대상에 대해 집중적으로 소득을 제공할 수 있는 제도적 개혁이 필요하다. 기초연금에서 하위 50% 노인들에 대해 추가적 급여를 제공하거나, 노인들에 대해 개인(또는 노인 부부) 단위의 별도의 보충급여제도를 도입하는 방안 등을 고려할 수 있다. 또한 국민기초생활보장제도에서의 자산기준 및 부양의무자기준을 완화 또는 폐지하는 방안도 고려할 수 있다. 어떠한 방안을 고려하든지 국민연금, 기초연금, 사회부조를 포함하는 종합적인 노후소득보장 패키지에 대한 고민 속에서 개혁이 추진되어야 한다.

둘째, 불안정 노동자들을 사회보험에 포괄하기 위한 개혁이 필요하다. 현재 한국 사회에서는 비정규직, 영세자영자, 그리고 비정형적 근로자 등의 광범위한 불안정 노동자 계층이 형성되어 있고 이들의 생활불안이 사회문제가 되고 있다. 이 불안정 노동자 계층을 사회보험의 체계 내로 편입시켜야 한다. 비정규직 등의 불안정 노동자 계층은 광범위한 사회보험 사각지대에 빠져 있다. 이들을 사회보험에 포함할 수 있도록 사회보험제도가 개편되어야 한다. 우선 특수고용 노동자 등 비정형적 노동자들을 사회보험체계 내로 포괄해야 한다. 특히, 최근 플랫폼 공유경제의 등장과 함께 플랫폼 노동자들의 경우 노동자도 아니고 사용자도 아닌 비정형적 성격으로 인하여 사회보험의 사각지대에 처하게 되는 문제들이 발생되고 있다. 플랫폼 노동자들은 플랫폼 기업들과 계약을 통하여 숙박, 운전, 배달 등의 대인서비스를 제공하고 있다. 그러나 플랫폼 기업들은 자신들은 플랫폼 노동자들의 사용자가 아니라 이들과 대인서비스 이용자들을 연계해 주는 중개업자라고 주장하며 고용주로서의 성격을 거부하고 있다. 이 플랫폼 노동자들을 임금노동자로 규정하거나 또는 전형적인 자영자나 임금노동자가 아닌 제3의 유형의 노동자로 규정하여 사회보험에 가입시키는 것이 필요하다. 플랫폼 노동자 등 비정형적 노동자들의 성격을 규정하고 그에 상응하는 보험료 부담 체계를 정립하여 사회보험에 가입시키기 위한 사회적 논의와 합의가 요구된다.

자영자들을 실업보험과 산재보험에 포괄하여야 한다. 실업보험과 산재보험의 경우 임금근로자들만을 적용 대상으로 하고 자영자들은 강제적용 대상에서 제외되어 있다. 그러나 영세자영자들의 경우 임금노동자로서의 취업기회를 확보하지 못하여 영세자영업으로 떠밀려 난 경우가 많고 폐업률이 높아 생활불안정성이 매우 높다. 그러므로 자영자들을 실업보험과 산재보험의 강제적용 대상으로 포함하여 실업과 산업재해 위험에 대해 사회보장을 제공할 수 있어야 한다.

또한 실업과 취업 간의 경계가 모호해지는 상황에 대응하여 부분실업과 부분취업의 가능성을 인정하여 유연하게 대응하는 체계를 구축하는 것이 필요하다. 과거에는 전일제 일자리에의 취업과 실업의 경계가 명확했다. 하지만 노동시장의 유연화가 진행됨에 따라 실업과 취업의 경계가 모호해지고 있다. 이러한 경향은 향후 기술 발전과 여성의 노동시장 참여 증가 등으로 인하여 더욱 증가할 가능성이 크다. 단시간 근로자 등을 사회보험 적용 대상으로 포괄하고 또한 실업자들의 부분취업 시 실업급여 자격을 박탈하기보다는 실업급여 수급자격을 유지하면서 부분취업 정도에 상응하여 수급자격을 재충전할 수 있도록 하는 등의 방향으로 사회보험체계의 유연성을 증가시켜야 한다.

그리고 사회보험의 재원을 마련함에 있어서 조세지원을 강화하는 것이 필요하다. 불안정 노동이 증가하는 상황에서 보험료 수입만으로 사회보험을 운영하는 경우 사회보험은 안정적인 정규직 근로자 중심의 제도로 전락하고 다수의 불안정노동자들의 사각지대에 방치하게 된다. 그러므로 사회보험의 재원을 보험료뿐만 아니라 조세지원을 혼합하여 불안정 노동자 등의 취약계층들의 사회보험 적용을 지원하여야 한다.

셋째, 보편적 인구학적 수당제도와 보편적 서비스의 강화가 필요하다. 보편적 인구학적 수당으로 한국에서는 아동수당과 기초연금이 도입되어 있다. 아동수당의 경우 5세 이하 아동에 대하여 월 10만 원의 급여를 지급하고 있다. 아동수당의 연령을 전체 아동으로 인상하고 급여수준도 아동양육을 필요한 비용을 사회적으로 부담하는 수준이 될 수 있도록 인상하여야 한다. 기초연금의 경우에는 국민연금과 함께 노후소득보장 패키지의 한 부분으로 기능하고 있다. 그러므로 일정한 수준의 공적연금 수준을 전제하면, 기초연금의 정액급여를 전체적으로 인상하고자 하는 것은 국민연금급여와의 충돌 문제를 발생시킨다. 그러므로 기초연금과 국민연금급여를 조화시키는 차원의 개혁이 이루어져야 한다.

보편적 서비스의 경우 전 국민에 대한 적정수준의 보편서비스가 제공될 수 있도록 하는 개혁이 필요하다. 의료, 교육, 보육, 장기요양 등의 서비스에서 한국은 본인부담이 너무 높다. 본인부담을 축소하여 실질적인 전 국민 보편서비스가 시행될 수 있도록 내실화하여야 한다. 또한 사회서비스의 질이 최저보장의 수준을 넘어 적정수준의 서비스를 제공할 수 있도록 서비스의 질을 제고해야 한다. 그리고 서비스의 질 제고를 위하여 지나치게 영리와 비영리 민간기관에 의존하는 공급체계를 개선하여야 한다. 과거 한국이 사회서비스 분야에서는 정부가 재정적 능력이 취약하고 사회서비스를 빠른 시간 내에 공급할 수 있는 인프라를 갖추기 위하여 서비스의 공급을 영리 및 비영리 민간기관에 의존해 왔다. 하지만 이제 사회서비스의 양적 공급만이 아니라 질적인 측면에서 개선이 필요하다. 이러한 측면에서 국공립 기관들을 확충하여 국공립 서비스 제공기관들이 품질의 기준을 제시하고 민간기관들과 경쟁해 나가는 체계를 구축하여야 한다.

2) 급진적 개혁 방향: 기본소득제?

사회보장제도의 개혁과 관련하여 기본소득제 논의가 최근 많은 주목을 받아 왔다. 기본소득제는 기존의 사회보장제도들이 개인들의 생활안정성을 제공하는 데 실패했다는 인식으로부터 기존 사회보장제도에 대한 대안으로 제시되어 왔다. 기존의 사회보장제도는 남성들이 정규직의 전일제 일자리에서 완전고용되고 핵가족을 중심으로 돌봄이 제공되는 사회경제적 구조에 기반해 있었다. 그런데 노동시장이 더 이상 모든 성인 남성들에게 안정적 일자리를 제공하지 못하고 노동의 불안정성이 만연해짐에 따라 불안정 노동시장에 처한 사람들과 그 가족들의 생활불안정이 사회적 문제로 등장하게 되었다. 더욱이 이러한 노동의 불안정성 문제는 디지털, 인공지능, 빅데이터 등의 기술의 발전과 함께 기계가 인간 노동의 상당 부분을 대체해 감에 따라 심지어는 일자리 소멸까지 진행될 것으로 우려되고 있다. 이러한 상황에서 기존의 정규직 노동자들의 보험료 기여에 기반을 둔 사회보험제도는 불안정 노동의 상황에 처한 많은 사람들에게 적절한 생활보장을 제공하기 어려우므로 그 대안으로 기본소득제가 필요하다는 주장이 지지를 얻어 왔다.

또한 기존의 사회보장제도가 개인들을 자유롭게 하기보다는 억압하는 기제로 작동해 왔다는 비판이 제기되어 왔다. 안정적 일자리가 사라지고 있는 상황에서 기존의 사회보장은 노동자들을 유급노동시장으로 내몰아 노동을 강제하고 예속시키는 부정적 기능을 수행해 왔다는 비판이다. 열등처우의 원칙에 따라 임금노동자와 복지수급자를 차별하고, 임금노동자들 내에서도 임금수준에 따라 사회보험급여를 차등화함으로써 서열화를 조장하고, 또한 워크페어(workfare) 정책을 통하여 실업자와 복지수급자들을 저임금의 불안정한 노동시장으로 내몰아 상황을 악화시켜 왔다. 그러므로 사회보장제도가 개인을 억압하고 통제하기보다는 자유롭게 하기 위해서는 기본소득제가 필요하다는 것이다.

　기본소득제는 모든 사회구성원 개인들에게 조건 없이 정기적으로 지급하는 현금급여다. 기본소득제는 사회구성원 모두에게 지급한다는 측면에서 보편성(universal), 가구나 가족 등의 집단이 아니라 개인 단위로 지급한다는 측면에서 개별성(individual), 아무런 조건 없이 지급한다는 측면에서 무조건성(unconditional), 월 단위 등 정기적으로 지급한다는 측면에서 정기성(periodical), 서비스나 현물이 아니라 현금을 지급한다는 측면에서 현금급여(cash benefit) 등을 특징으로 한다.

　이러한 기본소득제의 특성을 충족시키는 순수한 형태의 기본소득제 이외에도 그 특성 중 일부를 완화한 기본소득제 유사 형태들이 대안으로 제시되어 왔다. 기본소득의 특성 중에서 정기성을 완화하여 매월 현금급여를 지급하기보다는 일생에 한 번 현금급여를 제공하는 방안이 제기되었다. Ackerman과 Alstott(1999)은 개인이 성인이 되는 시점에 일시금을 지급하는 사회적 지분급여(The Stakeholder Grant)를 제안하였다. 사회적 지분급여는 개인이 성인이 될 때 일시금을 지급하여 인적 자본 투자나 개인의 창업 등에 활용할 수 있도록 하여 기회의 평등을 제고하고자 하는 제도다. 또한 Offe(1998)도 정기성의 원칙을 완화하여 안식년계좌제도를 제안하였다. 안식년계좌제도는 일생에서 제한된 일정 기간 동안 현금급여를 제공하여 개인의 재충전이나 직업 전환 등의 기회로 활용할 수 있도록 하는 대안이다. 그리고 Atkinson(1996)은 무조건성의 원칙을 완화하여 개인이 사회에 유용한 기여를 하는 활동에 참여한다는 것을 조건으로 현금급여를 제공하는 참여소득제(The Participation Income)를 제안한 바 있다.

　이러한 기본소득제 제안은 세계적으로 큰 주목을 받으면서 다양한 논쟁들을 야기해 왔다. 그중에서 가장 주요한 두 가지 이슈는 기본소득제의 정당성과 실현 가능성의 측면이다.

　첫째, 정당성의 측면에 대하여 살펴보자. 기본소득제는 모든 개인들에게 인간다운 생활을 위해 기본적인 소득을 제공함으로써 개인들을 자유롭게 할 것으로 기대된다. 개인들은 기본소득을 보장받음으로써 유급노동시장에서의 노동에 예속되지 않고 자유롭게 보다 창의적인 활동에 종사할 수 있게 된다. 또한 기본소득급여는 시혜가 아니라 인간으로서 당연히 가져야 할 권리이므로 정당하다고 한다. 인류가 물려받은 지구의 토지와 강, 바다, 그리고 공기 등의 자연자원은 특정 개인 또는 집단의 소유가 아니라 인류 모두의 소유이므로 각 개인들은 우리가 물려받은 자연자원에 대해 일정한 권리를 갖는다. 또한 인류가 만들어 온 과학과 예술 등의 지식과 문화유산 또한 특정 개인이나 집단의 소유가 될 수 없고 한 시대 인류 모두가 일정한 권리를 갖는다. 이러한 측면에서 기본소득은 인류가 물려받은 자연자원과 인공적 유산에 대한 정당한 권리라는 것이다.

이에 대하여 기본소득을 비판하는 쪽에서는 기본소득이 게으를 자유와 건전한 시민으로 살아가는 데 필요한 자유를 구분하지 않고 게으를 자유를 조장하게 될 것이라고 경고한다. 개인은 자유와 함께 사회의 구성원으로서 협력적 관계 속에서 수행해야 할 책임이 있는데 이를 무시한다고 비판한다. 그리고 인류가 물려받은 유산에 대해서도 인류의 노력으로 형성해 온 생산물에 대해 권리를 가지기 위해서는 개인이 사회적 협력관계 속에서 생산적 기여활동을 해야 한다는 책임과 의무를 이행해야 한다고 한다.

둘째, 실현 가능성의 측면이다. 기본소득제의 시행에는 막대한 재정이 소요되는데 이슈는 이것이 가능한지다. 이 이슈는 기존 사회보장제도들과의 관계 측면에서 검토될 필요가 있다. 기본소득제가 기존 사회보장제도를 폐지하고 그 대신 들어서는가 하는 것이다. 기본소득제를 주장하는 사람들의 일부에서는 기존 사회보장제도를 폐지하고 기본소득제를 실시하자는 주장들이 있다. 하지만 기본소득제가 기본생활 보장을 목표로 하는 반면 기존 사회보장제도들의 상당수는 기본생활 보장을 넘어서 이전생활수준 또는 사회의 표준적인 생활수준을 유지하는 것을 목표로 하고 있으므로 기본소득으로 기존 사회보장제도를 대체하는 것은 현실적으로 어렵다. 반면, 기존의 사회보장제도는 그대로 두고 기본소득을 추가로 도입하자는 주장도 있다. 하지만 이 경우 이미 포화 상태에 이른 것으로 평가받는 사회보장제도들에 더하여 기본소득을 추가로 도입하는 것은 실현 가능성이 거의 없다. 그러면 남는 가능성은 기존의 사회보장제도를 부분적으로 축소하면서 기본소득을 도입하여 조정을 하는 것이다. 현실적인 조정은 다양한 방식으로 이루어질 수 있다. 하지만 이 경우 기존 사회보장의 축소와 기본소득 도입을 둘러싼 사회적 합의 형성의 지난한 과정을 거쳐야 한다.

이상에서 사회보장의 개혁 방향으로 전통적 사회보장제도의 강화를 통한 개혁과 급진적 개혁으로 기본소득제의 도입에 대하여 살펴보았다. 이 책에서 두 가지 방향 중에 하나를 선택하는 어떤 성급한 결론을 내리기보다는 시기적으로 사회보장의 개혁 방향을 설정해 보는 것이 적절할 것으로 생각된다. 우선 현재의 상황에서는 전통적 사회보장을 강화하여 개인들의 생활불안정성을 완화하고 개혁하는 데 초점을 두고 진행하는 것이 필요하다. 한국의 사회보장제도가 아직 포괄성이나 급여수준 측면에서 제한성이 큰 상황에서 사회보장제도의 포괄성과 급여수준을 제고하는 데 초점을 두어야 한다. 현재 사회보장제도의 핵심이라고 할 수 있는 사회보험제도가 불안정 노동자들을 포괄할 수 있도록 확대하고 급여수준을 제고할 수 있도록 내실화해 나가야 한다. 이러한 과정에서 보험료 기여에 더하여 조세 지원을 통한 사회보험 확대 강화 노력이 필요하다. 또한 사회부조나 보편적 수당, 그리고 사회서비스의 확충 노력도 동시에 진행되어야 한다. 이를 위하여 전반적으로 조세에 기반을 둔 사회보장의 확대가 이루어질 필요가 있다.

장기적으로는 기술진보와 노동시장의 변화 양상 등에 따라 기본소득제의 도입이 고려될 수 있다. 노동시장에서 인간의 유급노동이 상당히 축소되거나 소멸되는 상황이 오면 기본소득제의 도입은 개인의 생활안정을 위하여 불가피한 선택이 된다. 하지만 개인의 자유와 이에 상응하는 책임의 이슈는 계속 논란의 대상으로 남을 것으로 생각된다.

그리고 중간 단계에서는 노동능력이 없는 노인, 아동, 장애인 등에 대한 생활보장과 보편적 사회서비스 강화, 그리고 사회적으로 의미 있는 무급노동에 대한 사회적 보상이나 사회에 유용한 기여를 조건으로 일정한 급여를 제공하는 참여소득 등이 주요한 대안으로 고려될 수 있을 것이다.

참고문헌

신화연(2014). 사회보장장기재정추계와 정책과제. 보건복지이슈 & 포커스, 234호.

통계청(2018). 경제활동인구조사.

통계청(2018). 일 · 가정 양립 지표.

OECD (2016). 2016 한눈에 보는 사회.

Ackerman, B., & Alstott, A. (1999). *The Stakeholder Society*. New Haven, CT: Yale University Press.

Anderson, E. (2001). "Optional Freedoms". In Van Parijs, P. (Eds.), *What's Wrong with a Free Lunch?*. Boston, MA: Beacon Press, 75–79.

Atkinson, A. B. (1996). "The Case for a Participation Income". *Political Quarterly*, *27*(1), 67–70.

OECD (2015). Tax-Benefit Models. http://www.compareyourcountry.org/benefits-taxes-wages?cr=oecd&lg=en&page=0

OECD (2017). Pensions at a Glance.

OECD (2018. 9.). 「http://stats.oecd.org, Income Distribution and Poverty」 (http://www.index.go.kr/potal/stts/idxMain/selectPoSttsIdxSearch.do?idx_cd=4012&stts_cd=401202)

OECD (2019). Health spending (indicator). doi: 10.1787/8643de7e-en (Accessed on 10 May 2018)

OECD (2019). Social spending (indicator). doi: 10.1787/7497563b-en (Accessed on

04 January 2019).

Offe, C. (1998). "*The German Welfare State: Principles, Performances, Prospects.* Paper Presented for the Conference The Welfare State at Century's End: Current Dilemmas and Possible Futures. Tel Aviv, 5-7 January 1998.

찾아보기

인명

내 용

저자 소개

▎이상은(Lee, Sang Eun)

University of Wisconsin-Madison, Social Welfare(Ph.D.)

현 숭실대학교 사회복지학부 교수

〈대표 논문〉

한국에서의 노인소득보충급여 도입방안: 선진국의 경험과 제도도입 효과분석
　(사회복지연구, 2017)

한국의 낮은 아동빈곤과 저출산의 역설 그리고 정부 가족지출(사회보장연구, 2017)

4차 산업혁명과 사회보장(사회보장연구, 2018)

▎권혁창(Kwon, Hyeok Chang)

University of Wisconsin-Madison, Social Welfare(Ph.D.)

현 경남과학기술대학교 사회복지학과 조교수

〈대표 저서〉

실록, 국민의 연금(국민연금공단 국민연금연구원, 2015)

사회복지개론(학지사, 2017)

사회복지법제론(제2판)(형지사, 2017)

▎김기태(Kim, Ki Tae)

University of Birmingham, Social Policy(Ph.D.)

현 한국보건사회연구원 부연구위원

〈대표 저서 및 논문〉

대한민국 건강불평등 보고서(나눔의 집, 2011)

병원장사(씨네북스, 2013)

The Relationship between Income Inequality, Welfare Regimes and Aggregate Health:
　a Systematic Review(European Journal of Public Health, 2017)

┃ 김정근(Kim, Jeung Kun)

University of Wisconsin–Madison, Social Welfare(Ph.D.)

현 강남대학교 복지융합대학 실버산업학과 조교수

〈대표 논문〉

Successful aging in Southeast Asia(Springer, 2015)

Work longer, better satisfaction? Financial and psychological satisfaction among Korean
　　baby-boomers and older workers(International Social Work, 2018)

시간빈곤과 사회복지지출이 일하는 노인의 직업만족도에 미치는 영향: 시간빈곤모형
　　(LIMP)과 위계선형모형(HLM)을 중심으로(사회복지정책, 2018)

┃ 남현주(Nam, Hyun Joo)

Vienna University of Business and Economics(Ph.D.)

현 가천대학교 사회복지학과 교수

〈대표 저서 및 논문〉

사회복지법제론(제2판)(형지사, 2017)

독일의 사회보장제도(나남, 2018)

Versorgung der älteren Pflegebedürftigen in Korea. Tendenz zur Verstärkung der Rolle
　　der integrierten Altenpflege in den Kommunen(Zeitschrift für Gerontologie und
　　Geriatrie, 2018)

┃ 손동기(Son, Dong Ki)

Université Paris Descartes, Sociologie(Ph.D)

현 한국외국어대학교 EU연구소 초빙연구원

〈대표 논문〉

은퇴전환기 중고령자의 일·여가 현황과 여가증진방안 연구(한국보건사회연구원, 2015)

고령화 시대 문화의 역할과 과제: 고령자를 중심으로(한국문화관광연구원, 2016)

국민여가활성화를 위한 문화서비스 개선 연구(한국문화관광연구원, 2018)

┃ 윤상용(Yoon, Sang Yong)

서울대학교 대학원 사회복지학 박사

현 충북대학교 아동복지학과 부교수

〈대표 저서 및 논문〉

장애인 최저소득보장제도 국제 비교 연구: 최저소득보장체계의 국가 간 유형화에 기초한
　　유사 국가군의 비기여 소득보전급여 내용분석을 중심으로(보건사회연구, 2013)

장애인복지론(신정, 2015)

장애인 고용의 다차원적 성과 및 장애인 근로자의 노동시장 내 역동(장애와 고용, 2019)

┃ 정인영(Jung, In Young)

University of York, Social Policy and Social Work(Ph.D.)

현 사립학교교직원연금공단 연금연구소 연구위원

〈대표 논문〉

국민연금 사각지대완화를 위한 제도적 개선방안 연구(사회복지정책, 2015)

실록, 국민의 연금(국민연금공단 국민연금연구원, 2015)

미취업 청년층을 위한 국민연금 크레딧제도 개선방안 연구(사회과학연구, 2018)

┃ 정찬미(Jeong, Chan Mi)

숭실대학교 일반대학원 사회복지학 박사

현 보건복지부 사회보장위원회 전문위원

〈대표 논문〉

아동수당과 아동 관련 조세지원 제도의 빈곤 및 소득불평등 완화효과(사회복지정책,
　　2017)

한국 아동수당 도입에 따른 이슈와 정책방향(입법과 정책, 2017)

한국에서의 노인소득보충급여 도입방안: 선진국 경험과 제도도입 효과분석
　　(사회복지연구, 2017)

정창률(Jung, Chang Lyul)

University of Sheffield, Social Policy(Ph.D.)

현 단국대학교 사회복지학과 부교수

〈대표 저서 및 논문〉

사회복지법제론(제2판)(형지사, 2017)

공무원재해보상의 개선에 관한 연구(사회보장연구, 2017)

퇴직연금 적용방식 개선 방안 연구: 노후소득보장 체계와의 조화를 고려하여
    (사회복지정책, 2018)

최유석(Choi, You Seok)

University of Wisconsin-Madison, Social Welfare(Ph.D.)

현 한림대학교 사회복지학부 교수

〈대표 저서 및 논문〉

세대 간 연대와 갈등의 풍경(한울아카데미, 2016)

Evaluating Performance-Based Contracting in Welfare-to-Work Programs: Selection
    and Earnings Gain Effects in Wisconsin Works(Korean Journal of Policy Studies,
    2016)

행복 불평등: 행복의 분산과 관련요인(한국인구학, 2018)

사회보장론
-제도의 원리와 형태-
Social Security
Principles and Types

2019년 8월 20일 1판 1쇄 발행
2021년 2월 25일 1판 2쇄 발행

지은이 • 이상은 · 권혁창 · 김기태 · 김정근 · 남현주 · 손동기
　　　　 윤상용 · 정인영 · 정찬미 · 정창률 · 최유석
펴낸이 • 김진환
펴낸곳 • ㈜ 학지사
　　　　 04031 서울특별시 마포구 양화로 15길 20 마인드월드빌딩
대표전화 • 02-330-5114　　팩스 • 02-324-2345
등록번호 • 제313-2006-000265호

홈페이지 • http://www.hakjisa.co.kr
페이스북 • https://www.facebook.com/hakjisa

ISBN 978-89-997-1940-0　93330

정가 19,000원

저자와의 협약으로 인지는 생략합니다.
파본은 구입처에서 교환해 드립니다.

이 책을 무단으로 전재하거나 복제할 경우 저작권법에 따라 처벌을 받게 됩니다.

이 도서의 국립중앙도서관 출판시도서목록(CIP)은 서지정보유통지
원시스템 홈페이지(http://seoji.nl.go.kr)와 국가자료공동목록시스템
(http://www.nl.go.kr/kolisnet)에서 이용하실 수 있습니다.
(CIP 제어번호: CIP2019027643)

출판 · 교육 · 미디어기업 학지사
간호보건의학출판 학지사메디컬 www.hakjisamd.co.kr
심리검사연구소 인싸이트 www.inpsyt.co.kr
학술논문서비스 뉴논문 www.newnonmun.com
원격교육연수원 카운피아 www.counpia.com